学前教育专业系列教材

学前教育学

主编 ◎ 丁名夫　杜青芬　孙雁

中国书籍出版社
China Book Press

图书在版编目（CIP）数据

学前教育学 / 丁名夫, 杜青芬, 孙雁主编. -- 北京：中国书籍出版社, 2017.2

ISBN 978-7-5068-6073-4

Ⅰ.①学… Ⅱ.①丁… ②杜… ③孙… Ⅲ.①学前教育-教育理论 Ⅳ.①G61

中国版本图书馆 CIP 数据核字(2017)第 030214 号

学前教育学

丁名夫　杜青芬　孙　雁　主编

责任编辑	肖　雪
责任印制	孙马飞　马　芝
封面设计	葛文浩
出版发行	中国书籍出版社
地　　址	北京市丰台区三路居路 97 号（邮编：100073）
电　　话	（010）52257143（总编室）　（010）52257153（发行部）
电子邮箱	eo@chinabp.com.cn
经　　销	全国新华书店
印　　刷	青岛瑞克印务有限公司
开　　本	787 mm × 1092 mm　1 / 16
字　　数	246 千字
印　　张	13
版　　次	2017 年 2 月第 1 版　2019 年 8 月第 3 次印刷
书　　号	ISBN 978-7-5068-6073-4
定　　价	30.00 元

版权所有　翻印必究

学前教育专业系列教材
编审委员会

主　任：肖明胜
副主任：杨世诚　陈章侠　马培安
委　员：杨　民　王来圣　张丽丽　郑　清
　　　　赵　妍　田广庆
总策划：肖明胜　张同光　毕于民

本书编委会

主　编：丁名夫　杜青芬　孙　雁
副主编：杜召荣　马丽芳　李广兴　徐　冰
　　　　鞠楠楠
编　委：（以姓氏笔划为序）
　　　　丁名夫　王　璐　冯永娜　刘胜民
　　　　苏　敏　李　鹏　张小仪　高　波
　　　　高建群　贾素宁　隋立国　彭明妍
执行主编：杨世诚

前　言

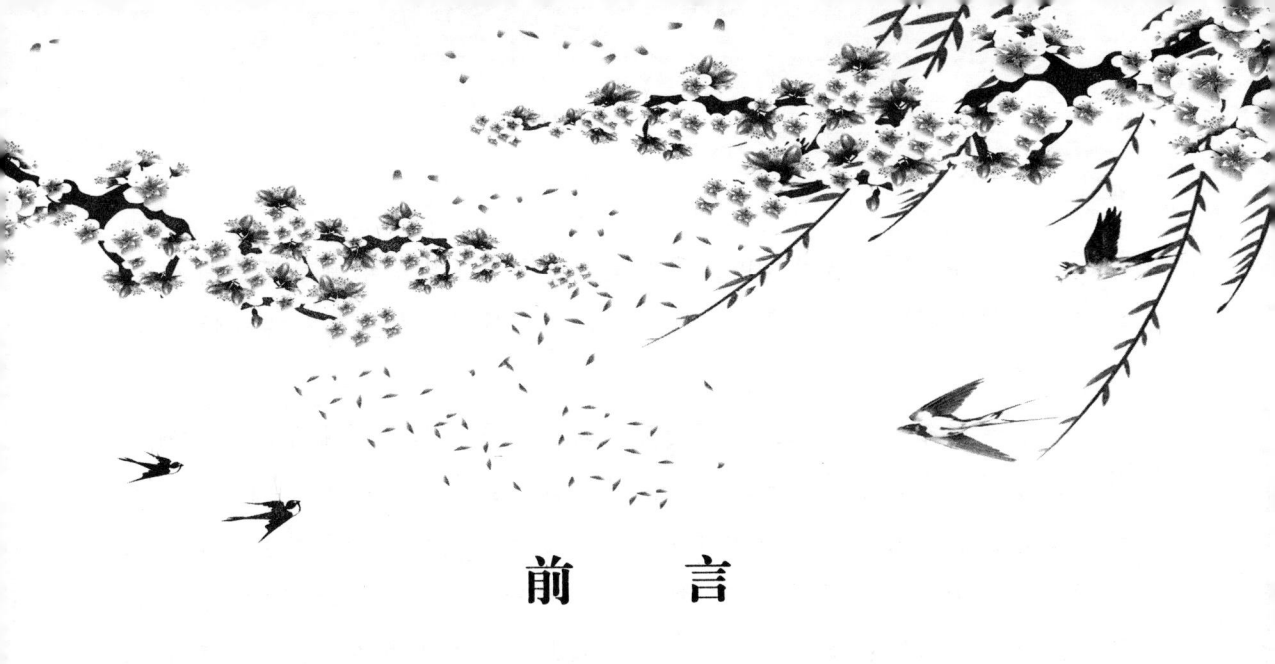

很多老师在学前教育理论课的授课过程中，感觉难以把握教学深度：教学内容过于深奥，则被人们诟病为是本科的压缩饼干；若是过于简单，又被说为是重复中职教育内容。所以老师们在选择教学内容时，感觉比较迷茫。目前高职教育提倡就业导向，实践导向，要求从做中学，高职理论课程如何做到做中学呢？

首先，我们应该从学前教育专业的实际出发。高职学前教育首先应区别于其他高职专业，特别是一些理工类专业。由于学前教育专业学生毕业后主要从事的岗位是幼儿教师，而目前我国幼儿园教师的工作任务极其复杂，因为其面向的是一些心智正在快速发展的儿童们，幼儿老师无法以一种固有的思维或是模式要求儿童。所以，我们在培养儿童的过程中应注意与其他理工类专业的培养目标有区别，我们培养的是"人师"，并非"机师"，幼儿教师面对的工作对象更具有能动性。所以，在培养过程中，学生必须掌握本专业相对应的理论知识。

其次，我们在授课过程中，必须考虑学生未来从事幼儿教师这一岗位的准入情况。我国要求所有的幼儿教师在从业时必须具有教师资格证，而目前我国教师资格证笔试的考核内容主要是学前教育专业的理论知识。但是我们也应该看到考核方向的改变，即目前教师资格证考核内容正由原先省考中单纯的理论知识转向了实践性知识，也就是现在教师资格证的考核点主要是考查学生怎么将理论知识应用于实际工作所遇到的问题，这同样也是我们理论教学过程中所必须做出的改变。

所以，在编写本书过程中，我们适当地调整了传统学前教育学的内容，使其尽量符合高职学前教育专业学生的需求，尽量增加一部分实践性知识、案例、教师资格证考核点等。

本书是由潍坊工程职业学院与东营职业学院、德州职业学院三所院校的学前教育专业教师所编写，更能在把握高职学前教育专业学生的特点上，选取知识内容。其中项目一和项目二为杜召荣（东营职业学院）所写；项目四为马丽芳（东营职业学院）所写；项目三和项目八为李广兴（潍坊工程职业学院）所写；项目五为杜青芬（潍坊工程职业学院）所写；项目六为鞠楠楠（潍坊工程职业学院）所写；项目七为徐冰（潍坊工程职业学院）所写；项目九为丁名夫（潍坊工程职业学院）所写。最终由我和杜青芬、孙雁三位老师统稿修改。

本书的成功出版要特别感谢潍坊工程职业学院学前教育学院杨世诚院长为我们提供了这次机会。感谢中国书籍出版社肖雪编辑，为教材的撰写提出了宝贵的修改意见。

当然，本教材在形式上和内容上无疑还有不少不足之处，请批评指正。

丁名夫

潍坊工程职业学院学前教育学院

2016 年 5 月

目 录

项目一　学前教育与学前教育学 ………………………………………… 1
　　模块一　学前教育 ………………………………………………………… 1
　　模块二　学前教育学 ……………………………………………………… 4
　　模块三　二十一世纪学前教育的发展趋势 ……………………………… 6

项目二　学前教育理论的形成与发展 …………………………………… 19
　　模块一　国外学前教育理论的形成与发展 …………………………… 19
　　模块二　中国学前教育理论的形成与发展 …………………………… 33

项目三　学前儿童观 ……………………………………………………… 46
　　模块一　学前儿童观概述 ……………………………………………… 46
　　模块二　建立科学的儿童观 …………………………………………… 60

项目四　幼儿教师 ………………………………………………………… 70
　　模块一　幼儿教师概述 ………………………………………………… 70
　　模块二　幼儿教师专业化发展 ………………………………………… 85

项目五　幼儿园教育活动设计 …………………………………………… 101
　　模块一　幼儿园教育活动概述 ………………………………………… 101

模块二　幼儿园教育活动目标的设计 ……………………………… 105
　　模块三　幼儿园教育活动的设计策略 ……………………………… 109
　　模块四　幼儿园教育活动指导策略 ………………………………… 111

项目六　幼儿园环境 ……………………………………………………… 129
　　模块一　幼儿园环境概述 …………………………………………… 129
　　模块二　幼儿园物质环境的创设 …………………………………… 132
　　模块三　幼儿园精神环境的营造 …………………………………… 142

项目七　幼儿园日常生活活动 …………………………………………… 147
　　模块一　幼儿园日常生活活动概述 ………………………………… 147
　　模块二　幼儿园日常生活的组织与指导 …………………………… 149

项目八　家园合作 ………………………………………………………… 166
　　模块一　家园合作的概述 …………………………………………… 166
　　模块二　家园合作的方式 …………………………………………… 171

项目九　早期教育 ………………………………………………………… 184
　　模块一　早期教育的概述 …………………………………………… 184
　　模块二　早期教育的内容 …………………………………………… 188

项目一 学前教育与学前教育学

话题导入

学前教育的重要性

据查访，在我国沿海许多小工厂内，有不少年龄在15~18岁的孩子辍学在那里打工。这些辍学的孩子中有不少是因为家境贫寒不能完成学业，但是他们当中大多数是不想读书（或者是不喜欢读书）。对学习不感兴趣，这是否可以说是教育的一大败笔呢？针对这个问题，我认为这与孩子当年接受的幼儿教育有很大的关系，到底是什么导致了孩子们的厌学情绪呢？

学前的启蒙教育不但可以使幼儿掌握一些有关周围环境的粗浅知识，拓展其初步的抽象逻辑思维能力，而且更能对幼儿进入小学甚至中学后的学习产生积极的影响。

教学任务

表1-1 学前教育与学前教育学教学任务一览表

教学任务	掌握知识→培养能力→陶冶品德。
掌握知识	了解学前教育和学前教育学的含义，掌握学前教育学的发展历程，了解学前教育的特点和实施形式，了解二十一世纪学前教育的发展趋势。
培养能力	学前教育的产生和发展历程，学前教育实施的原则。
陶冶品德	追寻教育理想，热爱教育事业，尊重和关爱幼儿。

掌握知识

模块一 学前教育

对人们的教育基于教育对象的年龄不同，分为学前教育、普通教育、高等教育和成人教育等教育阶段。各教育阶段的具体任务、内容和方法各不相同，具有各自的特点和规律，需要分别进行研究。学前教育是指从出生到入学前（我国一般指 7 岁前）儿童的教育。对儿童的教育从出生后就开始，从出生到 3 岁前这一阶段为婴儿教育，3~7 岁前阶段为幼儿教育。

一、学前教育的界定

要明确什么是学前教育，我们必须先要明确人的年龄特点和年龄划分。人一生按年龄可分为若干阶段，不同的年龄阶段有不同的特征、不同的发展需要。因此，要适合不同年龄阶段的人，教育必须分阶段进行。学前教育主要指对 7 岁前年龄阶段的儿童所实施的教育。学前教育包括 3 岁前的婴儿教育（早期教育）和 3~7 岁前的幼儿教育，是一个人教育与发展的重要而特殊的阶段。

二、学前教育的概念

从国际上看，目前对学前教育的年龄分期尚未统一。有的国家是指出生到 5~6 岁儿童的教育，有的国家则指从 2~3 岁开始到 6~7 岁入学前儿童的教育。我国以前曾把学前教育定为 3~7 岁前儿童的教育。

（一）广义的学前教育

学前教育有广义和狭义之分。从广义上说，凡是能够影响和促进儿童身体成长和认知、情感、意志、性格和行为等方面发展的活动，如儿童在成人的指导下看电视、收拾家务，等等，都可以说是教育。

（二）狭义的学前教育

狭义的学前教育则是指学前教育工作者整合儿童周围的资源，对 6 岁前年龄阶段儿童的发展施以有目的、有计划、有系统的影响活动。学前教育可以细分为婴儿教育（早期教育）和幼儿教育，两者既相互联系，又各自具有特点。婴儿教育主要由教育工作者指导家长在家庭中实施的，同时还可以在亲子园等早教机构中开展亲子活动予以配合。幼儿教育是在幼儿园中实施的。

三、学前教育的实施形式

学前教育包括学前社会教育和学前家庭教育。学前社会教育指凡是由社会设施或资助，指派专人实施或辅导的各种机构或组织，其形式多种多样。在我国以托儿所、幼儿园为主，具有群体性、计划性、专业性、多样性的特点。

学前家庭教育指在家庭中由父母或其他年长者对其子女进行的教育。家庭是人一生中最早接触且生活时间又最长的场所，是学前儿童出生后第一个重要的生活与学习的环境。家庭教育对学前儿童成长具有重要的影响作用。在历史上，家庭教育曾经是学前教育的主要实施形式，具有单一性、终身性、随机性、随意性等特点。

四、学前教育的特点

学前教育是整个教育系统的子系统，具有以下几个特点：

（一）学前教育是终生教育的根基部分

学前阶段是整个人生的根基阶段，幼年处于人生发展早期，这个时期是生理发育、心智发展、个性萌芽的初级阶段，幼儿开始了初步的社会化历程，面对世界，他们好奇、迷惑，并主动探索，展现自己内在的生命本质。这一时期为以后良好素质奠定基础，为以后的发展提供保障。

（二）学前教育是基础素质教育

受到教育和得到发展是儿童应该享有的权利。教育要促使儿童获得最有利的发展，首先要讲到素质教育。

素质是人内在的身心组织结构及其质量水平，包括生理素质和心理素质。

学前教育是基础教育的基础，更应该以素质教育为基本价值取向，人生早期的素质具有自然性、易塑性，各种素质处于萌芽阶段，是促进人的素质发展的大好时机。学前教育应该创造良好的条件，为幼儿提供积极影响，从根本上促进幼儿素质的发展。

（三）学前教育是基础教育的基础部分

我国《幼儿园工作规程》规定："幼儿园是对3周岁以上学龄前幼儿实施保育和教育的机构，是基础教育的有机组成部分，是学校教育制度的基础阶段"。这样，就把幼儿园教育纳入统一的基础教育制度之内。

我国的基础教育由学前教育、小学教育、初中教育、高中教育这四个联系阶段构成。作为整个基础教育的基础阶段，学前阶段主要是打基础，特别是为小学教育打基础。

（四）学前教育是非义务教育

义务教育是指依照法律规定，全体适龄儿童和少年都必须接受的，国家、社会、学校和家庭必须予以保证实施的国民教育。我国目前的义务教育年限包括小学阶段和初中阶段共9年，还没有把学前教育纳入其中。

学前教育不属于义务教育，教师在教学中不需要强迫幼儿学习，而应当根据幼儿的发展水平、发展需要和兴趣，安排幼儿以个别的、小组的和集体的方式，从事不同水平的实践性和操作性的活动，以促进其在原有水平上的发展，不可留作业、进行考试，或者对因故不上幼儿园的孩子进行补习。

模块二 学前教育学

一、学前教育学的界定

学前教育学是一门独立的科学，是德国的福禄贝尔提出的，是教育学的一个分支学科，它的产生是以福禄贝尔《幼儿园教育学》一书的出版为标志的，是一门研究学前儿童规律和学前教育机构的教育工作规律的科学。

二、学前教育学的建立和发展

研究学前教育学的形成和发展过程，可以比较透彻的认识这门科学的现状和存在的问题，预测发展趋势，明确今后研究方向。

学前教育学是随着社会的发展而逐步发展的，直到十九世纪中叶，才开始成为一门独立的学科。学前教育学是从教育学中分化出来的，它的形成和发展可以概括为以下几个阶段来说明。

（一）孕育阶段

十五世纪以前，学前教育学的思想散见在各种著作之中。

从人类原始社会开始，逐步积累了教养儿童的经验，出现了儿童教育思想的萌芽，最初散见在谚语中。如："3岁看大，7岁看老"等等。

国外最早关注学前儿童教育的是古希腊的柏拉图，然后是亚里士多德、昆体良等等。

古希腊哲学家柏拉图在他的著作《理想国》中，论述了学前教育的重要性，并第一次提出了学前社会教育的主张，还提出了学前儿童的游戏和讲故事活动。

古希腊哲学家亚里士多德在《政治论》中提出了胎教，主张婴儿出生后喂母乳，从小要多运动，除此之外还主张儿童应学习唱歌和演奏。并第一次作出年龄分期的尝试，从出生后每7岁为一阶段，到21岁止。

罗马教育家昆体良提出人的教育应从摇篮时开始，主张为儿童挑选好的乳母和教育者，利于培养孩子的品格。

我国的一些古书中很早就有关于学前教育的记载，如西汉贾谊在《新书》中记载了公园前十一世纪周成王母注意胎教直说，《大戴礼记》记载有一些学前教育思想，颜之推的《颜氏家训》、朱熹的《小学》、《须知》等等总结了胎教和儿童出生后家庭教育的实践经验，重视幼小儿童的价值，提出了宝贵的经验。

（二）萌芽阶段

十六世纪后，在一些教育论著中有对学前教育的论述，随着教育学的建立，学前教育理论也逐渐丰富起来。

随着教育和教育理论的发展，出现了许多著名的教育家，且发表过许多有名的教育著作，教育学的发展进入了一个新阶段。在这些教育著作中，较早的是捷克教育家夸美纽斯的《大教学论》，后来又有一些有名的教育著作，如英国哲学家洛克的《教育漫话》、法国启蒙思想家卢梭的《爱弥尔》、瑞士教育家裴斯泰洛齐的《林哈德和葛笃德》、德国教育家赫尔巴特的《普通教育学》及教育家福禄贝尔的《人的教育》等。这些著作对学前教育理论有很大的建树。

我国在十八世纪以后，蒙养教育有所发展，这对学前教育也有影响，还有一些思想家提出了一些可贵的教育思想，如，王守仁的自然教育论思想等等都在当时引导人们的教育行为。

（三）初创阶段

从十八世纪后期到二十世纪前半期，学前教育学从普通教育学中分离出来，开始形成为一门独立的学科，并初步发展起来。

学前教育学从普通教育学中分化出来成为一门独立的学科，学前教育学是德国教育家福禄贝尔创立的。他不仅建立了学前教育机构，设计了一套游戏与作业材料，命名为"恩物"，意为神恩赐给儿童的玩具，还研究了已有的学前教育思想和理论，系统的阐述了幼儿园的基本原理和教学方法。

意大利的蒙台梭利是继福禄贝尔之后对学前教育理论有重大影响的代表人物，她在从事智力落后儿童的治疗工作后，学习和研究教育，建立了学前教育机构——儿童之家，推动学前教育学的发展。

我国在清末维新运动中，维新运动的领导人康有为在《大同书》中第一次提出在我国实施学前社会教育。民主教育家蔡元培在对学校教育进行了一些重要改革的同时，也提出了学前社会教育体系，主张设立胎教院、乳儿院等一套养育机构，以代替家庭教育。

另外，陶行知、张雪门、陈鹤琴也为学前教育学的建立作出了自己的贡献。

（四）发展的新阶段

二十世纪中叶以来，辩证唯物主义的广泛传播和教育学、心理学、生理学等相邻学科的发展，提高了学前教育学的理论和科学化水平，学前教育学进入了发展的新阶段。

三、学前教育学的研究任务和内容

学前教育学的任务在于总结我国学前教育的经验、研究学前教育理论，并引进国外学前教育的理论和实践，以探讨我国学前教育的规律及今后发展趋势。通过学前教育理论研究，从而提高学前教育科学水平，指导学前教育实践，为培养一代新人打好基础。

学前教育学以教育学和心理学的基本原理为基础，研究学前教育的任务、内容、手段和方法，揭示在儿童和教育者的共同活动中，怎样对儿童施加教育影响，促进儿童身心健康和谐发展。学前教育学研究主要阐明以下内容：学前教育和学前教育学，学前教育理论的形成与发展，学前儿童观，幼儿教师，幼儿园教育活动设计，幼儿园环境，幼儿园日常生活活动，家园合作，早期教育等。

模块三　二十一世纪学前教育的发展趋势

爱伦·凯将二十世纪称为"儿童的世纪"，那么，二十一世纪呢？在这个美好的世纪中，学前教育会呈现出哪些发展趋势呢？

一、二十一世纪将是一个更为光辉灿烂的"儿童的世纪"

在当今的中国和世界，有一批学者分别从心理学、教育学、文化学、社会学、伦理学等视角，提出"向儿童学习"的主张。"向儿童学习"这一口号可以帮助教师乃至整个成人社会认识儿童、尊重儿童，建立更为民主的师生关系，建立更为民主的儿童与成人关系，这一口号将会使成人社会从儿童生活里得到滋养，从儿童文化中得到"反哺"。我们相信，"向儿童学习"的研究以及成人"向儿童学习"的信念将使儿童空前地凸显在历史与人群之中，他们将获得前所未有的地位和尊严。

二、二十一世纪将会建立与世界保持同步，同时又适合我国国情的现代学前教育理论

我国的学前教育确实在探索、在前进。中国有自己的国情，西方的现代观念要与中国的国情相结合，要经过摸索、实验，将先进的观念变成中国本土的东西，才有可能在中国发挥其重要作用。

二十一世纪，我们将尝试着建立有中国特色的学前教育，我国的学前教育工作者自觉地将自己的理论视野打开，走得出去，又回得进来。"走得出去"，就是要向相邻学科乃至于全部的人文科学、社会科学、自然科学学习，要向国外先进的学前教育理论学习；"回得进来"，就是要将所学的这一切消化吸收，为我所用，

成为学前教育观念不断成长的营养成份。只有"走得出去，又回得进来"，我们才有可能在汲取教育史，特别是儿童教育史一切精华的基础上，建立体现时代精神、民族特色、现代科学水平、与世界同步的现代学前教育理论。

三、二十一世纪中国学前教育的理论架构中"儿童发展"将真正成为一个关键词

传统教育观念强调知识获得，强调"填鸭式"的灌输，强调成人权威的师生关系等。应试教育便是一种较为典型的传统教育模式。我国近年来出现的素质教育思潮便是针对应试教育而发的。素质教育最初反对的是应试教育在实践层面上存在的种种弊端，但随着素质教育研究的不断深入，人们将会对应试教育背后的原因——传统教育观念进行理论的反思，进而使素质教育思潮逐步发展为一场反对传统教育观念、建立现代化教育理念的运动。

儿童总要成为成人，成为社会的一员，成为文化的继承者和建设者，因而，儿童教育是不可能回避社会对儿童的种种要求的。而儿童中心论者则认为这种社会需要无可厚非，但欲实现这一需要，仍然要考虑到儿童发展的特点和规律，只有按照儿童的本性实施相应的体现社会需要的教育，才能真正实现社会对儿童发展的要求，也才能真正实现教育对社会进步的推动。

二十一世纪，在学前教育理论的建构过程中不断强调"儿童发展"这一概念，让人们重视这一概念，我们还有许多工作要做。"儿童发展"这一概念将是二十一世纪中国学前教育学中的一个重要的关键词。

四、二十一世纪将逐步要求幼儿园教师具有大学学历

幼儿园教师具有大学学历，这已是时代的要求和学前教育的发展趋势。不过，我国目前还存在着城乡差别，我国东部地区与西部地区发展水平有较大差别，各地区的发展极不平衡。因而，学前教师具有大学学历这一要求开始于局部的发达地域，然后才会逐步扩及全国。社会对高质量学前教育师资的要求，归根结底取决于经济、文化的发展水平。只有经济、文化发展了，学前教育事业才会有条件全方位地提高质量。

五、二十一世纪学前教育机构类型更加多样化和社区化

个体办、家庭办、集体办、单位自办及政府办等各种性质的学前教育机构构成了复杂立体的幼教网络的经，托儿所、幼儿园、儿童乐园、玩具图书馆、流动幼儿园、游戏小组、家庭托儿中心等各种类型的学前教育机构则构成了复杂幼教

网络的维，经纬交织便形成了多样化、多元化的中国学前教育机构系统，从而有效地促进了学前教育的广泛普及和推广。

另外，学前教育向社区迈进，各种各样以社区为依托的学前教育机构如雨后春笋般涌出，为推广学前教育起到了促进作用。

六、二十一世纪学前教育方法和手段的科学化和系统化

我国的幼教理论工作者和幼教实践工作者进行了更为广泛的合作和研究，对具体的幼儿教育方法和手段进行临床的实证研究，并促使学前教育的方法和手段向科学化和系统化方向发展。

培养能力

一、学前教育的产生及发展

人是社会的人，人要在社会中生存下去，就必须掌握社会的行为规范和经验。然而，社会又是人的社会，社会要延续和发展就必须要向个体传递其规范和经验。由此，自从有了人类社会就有了教育，这其中就包括学前教育。

根据人类社会的生产活动方式，主要是生产力发展水平高低，我们可以把迄今为止的人类社会分为原始社会、农业社会、工业社会、现代社会等不同的历史发展阶段，每一个社会的学前教育实践活动，都反映了该社会的发展水平和特点。

（一）原始社会的学前教育

原始社会中，还没有出现专门的教育机构，没有学校教育，但并不意味着原始社会中缺乏对儿童的教育，不过这一时期的儿童教育实行的是公养公育，儿童由氏族公共抚育。由于当时的生产力水平低下，儿童在3~4岁时就会参与到成人的生产生活中，做一些力所能及的劳动，所以，儿童教育的内容和形式都与社会生活和生产活动有着直接的关系。这种教育主要是在社会生活和生产活动中展开，通过成人的示范、讲解进行生产、生活经验的传授。

（二）农业社会的学前教育

随着生产力水平的提高和私有制的产生，产生了一夫一妻制的家庭，原来由氏族承担的许多任务开始转移到家庭中，人们开始以家庭为单位来进行社会生产和生活活动，此时的家庭兼具生产、生活、抚幼、养老等多种功能。在这个时期，人们对幼儿教育的意义以及实施方法等都缺乏科学深入的认识。他们认为幼儿并不需要什么教育，只要吃饱穿暖就可以了，但是却十分重视幼儿道德行为习惯的培养。

（三）工业社会的学前教育

随着人类社会的经济和科学文化的发展，在资本主义大工业兴起后，对劳动力的需求急剧增长，妇女开始走出家庭参加社会的生产劳动，年幼的儿童无人照管，出现了在家庭以外建立学前教育机构的社会需求。同时，由于文化教育的发展，人们对儿童和儿童教养问题也逐渐重视起来，推动了学前社会教育的建立和发展。在这种历史背景下，一些热心于社会平等和改革的思想家和政治家、社会团体等开始兴建了最早的托幼机构。其中最早的是法国牧师奥贝尔林于1776年在他的教区建立的一所托儿所，聘请青年妇女照顾小孩。英国的空想社会主义者罗伯特·欧文1816年在他的模范区新拉纳克建立了"性格形成新学园"，其中包括招收2~5岁儿童的学前教育机构，最多时有三百多名儿童，它是历史上第一所为工人阶级创办的学前教育机构。与此同时，德国教育家福禄贝尔1837年在德国的勃兰根堡创设了收托1~7岁儿童的教育机构，实验他的教育设想，并于1840年首次命名为幼儿园。以后，这一名称在国际上一直沿用至今。

总体来说，在工业社会早期，儿童的教育问题还没有得到社会的普遍重视，托幼机构的数量比较少。而且，早期的这些托幼结构大多带有慈善性质，目的只为照料儿童的生活，因此大多设备简陋，对儿童的教育中只有"育"，而很少有"教"的因素。

（四）现代社会的学前教育

二十世纪下半叶以来，随着二战的结束，各国转向发展本国经济，国际间的竞争慢慢转为了科技和人才的竞争。在发展的过程中，出现了诸如青少年犯罪、吸毒等众多的社会问题，教育成为人们解决这些社会问题的重要方法之一。在社会要求的推动下，教育事业得到前所未有的重视，并且受教育对象的起始年龄逐渐下移，婴幼儿生理学、心理学、教育学等相关学科的科研成果也为早期教育的开展提供了科学的依据。二十世纪六十年代以来，学前教育问题引起了社会的普遍关注，学前教育进入了飞速发展时期。主要呈现了以下趋势：

1. 学前教育事业成为社会公共事业

现代社会学前教育发展的一个明显特点是养育儿童已不再局限于家庭中，而成为家庭、社会与政府共同的公共事务。为了保障学前教育的质量、指导学前教育的发展，许多国家都颁布了有关的政策法规，有的国家还通过立法明文规定了家庭、托幼机构和社区教育的三结合。

2. 托幼机构教育职能进一步加强

历史上，托幼机构的主要功能限于保育，主要接收贫穷家庭的子女。二十世纪六十年代以后，托幼机构的性质开始发生变化，逐渐成为保育与教育功能为一体的重要学前公共教育机构。托幼机构的社会地位，逐渐超过家庭教育并在学前教育领域中占据核心地位。

3. 扩大托幼机构的教育规模，重视提高教育质量

为了满足人们对子女入园的需求，各国都努力扩大托幼机构的规模，增加托幼机构的数量，提高适龄儿童的入园率。但当托幼机构的数量发展到一定程度后，人们必然把关注点转到托幼机构的教育质量问题上。托幼机构教育质量问题早就成为早期教育家和儿童发展心理学家研究的中心问题。大量的研究已经消除了人们的疑虑，高质量的托幼机构不仅不会阻碍儿童的发展，还会促进儿童身心的全面发展。怎么理解"高质量"呢？联合国教科文组织的教育宣言《学会生存》中提出，教育机会的平等是要肯定每一个人都能得到适当的教育。美国的幼儿教育协会指出，高质量的托幼机构教育应当是适宜于儿童的教育，该协会还制定了高质量的托幼机构的评价标准，开展了高质量的托幼机构教育的评价和认证工作。

4. 重视教师的专业化发展

教师的专业发展已经成为当今教师教育领域的重大课题。它的核心问题是教师职业的专业化。在人们的传统观念中，教师是人人可以做的，不存在教师职业专业化的问题。其实，职业的产生是社会劳动分化的结果，它意味着特定的人做特定的事，为完成特定的事对这些特定的人有特定的要求。人们对幼儿教师这一职业的规范以及从业人员的资格认定进行了大量的研究，认为专业的幼儿教师必须具备专业化的知识、有较长职业训练的时间、有专门的自律的职业道德、有自主权、有行业性组织、有终身学习的意识和能力等等。研究表明，专业型的幼儿教师对婴幼儿有更多的鼓励、激发、指导等，有利于婴幼儿情绪的稳定、言语表达和社会性行为发展的行为表现。

5. 重视对处境不利儿童的补偿教育

美国二十世纪六七十年代先后建立了多项补偿教育方案，如著名的早期开端计划。如何保障处境不利幼儿学习与发展的机会和权力，已经成为许多国家关注的问题。学前教育是要面向每个儿童的教育，是消除贫困、保障儿童学习与发展机会均等的重要手段。当前，许多国家在学前教育经费的投入使用上，往往以保障处境不利幼儿入园接受托幼机构教育、弥补家庭教育不足为优先考虑的对象。

6. 关注特殊儿童"回归主流"，实施全纳教育

特殊儿童的教育历经了三个阶段：第一阶段以医学模式为主，注重诊断和治疗。第二阶段以心理学模式为主，注重测试和分类。第三个阶段以社会学模式占主导，打破传统的隔离式的特殊教育方式，让特殊儿童回归到普通教育机构中。这个阶段的教育是国际教育民主化推动下兴起的全纳式教育。全纳式教育是1994年由联合国教科文组织在西班牙萨拉曼卡召开的"世界特殊需要教育大会"上首次提出的。全纳式教育过程强调学生参与，主张促进学生参与就近学校的文化、课程等活动，减少排斥。在这种思潮下，学前教育阶段也开始注重对全纳式教育理论和实践的研究。

7. 走向多元化

学前教育从教育模式到教育教学过程无一不体现着多元化的发展趋势。具体表现在：一是托幼机构类型的多元化。当前除了比较正规的幼儿园、托儿所外，还有根据家长不同需求的方便灵活的全日制、半日制、钟点制等教育机构；二是课程模式的多元化。分科课程、主题活动课程、项目活动课程、方案教学课程等等；三是教学模式的多元化。打破传统的教师权威的教学结构，以彰显幼儿的个性和主动探究为核心来建构多样的教学模式。

二、学前教育的基本原则

（一）尊重儿童的人格尊严和合法权益的原则

儿童首先是一个人，是我们社会的一员。他们享有人的尊严和权利，没有对儿童的尊重，就谈不上真正的教育。

1. 尊重儿童的人格尊严

儿童虽然年龄小，但他们和教师之间的关系是平等的人与人的关系。教师要尊重他们的思想感情、兴趣、爱好、要求和愿望等，帮助幼儿建立良好的自我概念。

2. 保障儿童的合法权利

儿童享有不同于成人的许多特殊的权利，如受教育权等，但他们毕竟比较稚嫩，他们对自己权利的行使必须通过成人的教育和保护才能实现。因此，成人不仅是儿童的教育者，还是儿童权利的维护者。

（二）促进儿童全面发展的原则

1. 儿童的发展是整体的发展，而不是片面的发展

教育应当促进儿童身心及各方面的良好发展，才能完成社会交给教育机构的任务。否则，会给个人的生活和社会生活造成困扰，不利于社会的进步与发展。

2. 儿童的发展应是协调的发展

协调发展包括：儿童身体的各个器官、各系统机能的协调发展；儿童各种心理机能，包括认知、情感、性格等方面的协调发展；儿童的生理和心理协调发展；儿童个体的需要与社会的需求制作间的协调，等等。

3. 儿童的发展是有个性的发展

教育除了使每个儿童应达到国家统一要求的标准外，还允许根据儿童的特点的发展的可能性，充分发挥各自的潜能，使每个孩子都能够实现自制的、有特色的发展。

（三）面向全体，重视个别差异的原则

1. 教育要促进每个儿童的发展

教育必须面向每个儿童，使每个儿童都能达到教育目标的要求。教师必须要平等的、一视同仁的对待所有的儿童。

2. 教育要促进每个儿童在原有基础上的发展

由于每个儿童的需要、兴趣、性格、能力、学习方式等各有不同的特点，因此，必须考虑每个儿童的特殊性，因人而异的进行教育，使每个儿童都能发挥其优点和特长，在自己原有水平上得到更好的发展。

3. 多种组织形式促进儿童的发展

在教育中要充分利用集体、小组、个别的教育组织形式，既能照顾个体又能兼顾全体。

（四）充分利用儿童、家庭、社会的教育资源的原则

教育者必须认识到儿童自身、家庭、同伴以及家庭、社会都是宝贵的教育资源，要充分发挥它们的教育作用，其广泛性、灵活性、多样性是学校教育难以比拟的。因此，教师要有意识的去开发、利用这些资源，使教育效果更明显。

在学前教育中，学前教育机构必须是"开放的"，必须与家庭、社区紧密结合，这既是社会发展对学前教育提出的客观要求，又是学前教育自身发展的内部需求。

资料室

我长大了[①]

香港某幼儿园开展"我长大了"的主题活动，把课堂延伸到家庭。园方与家长一起拟定活动方案，使家长明白如何配合活动需要，具体做些什么、怎么做等。于是，除了幼儿园的活动之外，家长也同步在家里进行孩子小时候的"物品展

---

① 李季湄：《幼儿教育学基础》，[M]．北京：北京师范大学出版社，2001。

览",让孩子们看婴儿时的照片、用具、玩具、衣服等,和孩子一起忆小时候的趣事,然后把东西带到幼儿园,在老师的指导下分类、整理,和班上其他家长、幼儿一起办展览。爸爸妈妈还兴冲冲的给教师和其他小朋友当解说员。活动能够促使家长更加关注孩子的成长,亲子关系更亲密。孩子具体的看到自己的成长,更加感到父母的爱,他们也更爱自己的父母,幼儿园教育活动的效果也因此而倍增。

（五）保教结合的原则

1. 保育和教育是幼儿园两大方面的工作

保育主要是为了幼儿的生存,发展创设有利的环境和提供物质条件,帮助其身体和机能的良好发育,促进身心健康发展;教育则重在培养幼儿良好的行为习惯,这两个方面构成幼儿园教育的全部内容。

2. 保育和教育工作互相联系、互相渗透

保育和教育虽然各自有自己的主要职能,但并不是截然分离的。教育中有保育的成分,保育中也渗透着教育的内容。只有保教结合,幼儿身心的全面发展才可能实现。

3. 保育和教育在同一过程中实现

保育和教育是在同一教育目标的指引下,在同一教育过程中实现的,应做到保教结合。

（六）以游戏为基本活动的原则

游戏是幼儿园的基本活动,是幼儿健康成长所必需的活动,能满足幼儿的需要,有效地促进幼儿发展。

（七）教育的活动性和活动的多样性原则

1. 教育的活动性

活动是幼儿发展的基础和源泉。幼儿身心发展的特点决定了他们不可能通过书本知识的学习来获得发展,必须要通过活动去接触各种事物和现象,与人交往,实际操作物体,才能逐步积累经验,获得真知。

2. 教育活动的多样性

幼儿园的活动不是单一的,因为活动的内容和形式不同,在幼儿发展中的作用是不一样的。有的是符合认知的发展,有的是操作经验及其实践能力的发展,因此,教师要注意教育活动的多样性,才能有效促进幼儿发展。

（八）发挥一日活动整体教育功能的原则

幼儿园一日活动是指幼儿园每天进行的所有保育、教育活动,包括由教师组织的活动和幼儿的自主自由活动。每种活动都会对幼儿的发展发生这样或那样的作用。所以，一日活动必须统一在共同的教育目标下，形成合力，才能发挥整体教育功能。

陶冶品德

给幼儿教师的建议

朱家雄　张亚军

精彩摘录：

"爱美之心，人皆有之"，人们都会自觉或不自觉地在湖光山色中流连，在楼台庭院中徜徉，在轻歌曼舞中陶醉，在诗词曲赋中自得……美是人们的生活理想，是人们的力量源泉。追求美，是人们的一种生活态度。

契诃夫说过："人的一切应该是美丽的：面貌、衣裳、心灵、思想。"幼儿教师的一切也应该是美丽的。如何做一名美丽的幼儿教师，是教师的形象塑造问题。教师的形象是一种巨大的教育力量，教师的一言一行、一颦一笑，无不具有教育性；在与幼儿接触的过程中，对其产生潜移默化、耳濡目染的影响。幼儿也通过与教师的接触，从细节中学到很多东西，正所谓"桃李不言，下自成蹊"。

幼儿教师的形象应该是美的。美好的形象是内在美和外在美的和谐统一，内在美是外在美的本质和灵魂，外在美是内在美的外在表现。幼儿教师的外在美包括仪表美、语言美和行为美等。

幼儿教师的仪表要美。仪表指人的外表，包括形体、容貌、服饰、表情、姿态和动作等。我们都知道，幼儿教师的仪表应该直接传达给幼儿美的信息，每一位教师都应把仪表美作为极其重要的事情来对待。据调查，家长、园长、社会群体心目中理想的幼儿教师的形象是这样的：外表端庄、自然、亲切，服饰整洁、稳重、美观，声音温柔、清脆，态度耐心、和蔼。另外，幼儿教师的面部表情要自然而真诚、丰富而适度，微笑要发自真心。幼儿喜欢琢磨教师的每一个神情，特别是在活动时，幼儿教师丰富、适当的面部表情与所讲的内容相结合，能更准确、生动地传达所表现的情绪。欣赏幼儿教师组织教学活动时，我常常感叹他们就是天生的演员，丝毫不逊于舞台上光芒四射的明星。幼儿教师的一个手势、一个眼神都可以"颠倒众生"，因为一个抚摸是直达幼儿心灵的安抚，一个肯定的眼神是重树幼儿信心的开始。幼儿教师要善于利用这些体态语言。比如，我们可以在早晨迎接幼儿入园时，用美丽的微笑、温暖的拥抱，道一句"××小朋友，早上好",让幼儿顿时产生像对母亲般的信赖感和安全感,使其乐意留在幼儿园。我们可以在下午护送幼儿离园时,用同样的微笑和拥抱,再道一句"××小朋友,再见。",让幼儿跟着家长安心地离园,并回味幼儿园里一天的愉悦。

幼儿教师的语言要美。幼儿教师应十分重视自己的语言美。第一,语言要简洁、规范、温和、悦耳、生动、形象、富有感染力,语调要亲切、自然,语速要舒缓、柔和。第二,谈吐要文雅,使用文明用语。"请"、"谢谢"、"对不起"要常挂在嘴边。第三,依据面临对象的特殊性,幼儿教师的语言要有童真、童趣,这样教师才更容易和幼儿进行情感的交流。

幼儿教师的行为要美。幼儿教师的行为美既有对自己及生活的美化,又有对自身生活环境的美化。"其身正,不令而行;其身不正,虽令不从。"幼儿教师要时刻注意为人师表,以身作则,注重自身姿态、动作、修饰、打扮要合乎美的标准。因为在幼儿的心目中,幼儿教师既是母亲,又是导师。幼儿教师的形象是高大的、神圣的,幼儿会毫不犹豫地接受教师的一切言行,并加以模仿。

佩里计划

佩里学前教育研究计划(Perry Preschool Program Study)是美国最早启动也是最有名气的长期幼儿教育效果研究项目,实验研究结果有力地证明了幼儿教育对人的后来发展具有长远的、多方面的影响。

佩里计划是美国 High/Scope 教育研究基金会组织的实验研究项目,由戴维·维卡尔特(David Weikart)领导,实验地点在密西根州伊皮西兰特(Ypsilant),计划始于1962年。1962年至1965年先后共招收123名3~4岁儿童(大部分是3岁)作为被试,把同等智力水平的孩子随机地分为两组。一组为实验组,前后共58名孩子,对他们进行学前教育,并作家访;另一组为对比组,前后共65名孩子,没有对他们进行学前教育与家庭访问。此后,对两组孩子持续跟踪直至成年,掌握他们在各年龄段的发展与表现,比较其异同,从而了解学前教育的效果。

实验组与对比组孩子情况基本相同,都是家境贫困的黑人孩子,智商低,经测试,智商为60至90;父母文化程度都较低,只受过8~9年教育;居住同一地区,被试5岁后都进入同一幼儿园与学校。

实验组采用开放式教学模式与 High/scope 教育,研究基金会制定的课程,注重孩子在教师指导下自己开展学习活动,以促进智能、社会性、身体等方面发展。每年由4个教师教20~25个3~4岁的孩子,平均每个教师带五六个孩子。教师都具有从事早期教育与特殊教育的资格证书。

实验组每个工作日上午进行两个半小时教育活动，每学年30个学习周，从10月中旬至第二年5月。实验组大多数儿童接受两年教育，即60个学习周。

教师对每个实验组儿童每周做一次家访，每次一个半小时，与其母亲讨论孩子的发展、亲子关系与家庭教育。

在实验过程中通过各种方式收集两组孩子各方面情况，包括进行智力、语言等方面测试，查看在校学习成绩和教师评语，与家长谈话，后来还查阅警察局与社会服务部门的档案材料。在掌握与分析材料的基础上陆续写出一些阶段性实验报告。1984年发表了克莱门特等人题为"变化着的生命"的综合性研究报告，详尽地介绍了被试从3岁起直至19岁时各方面的情况，比较系统地总结了佩里计划的实验结果。

佩里计划实验结果：

实验结果表明，实验组孩子在其日后的发展上许多方面胜过对比组。

智力发展快。实验组3~4岁孩子经过1~2年的学前教育，智力明显胜过对比组。根据斯坦福智力测试，4岁时平均高出13分，5岁时高11分，6、7岁时高5分。

学习成绩好。根据加里福尼亚学习成绩测试，实验组孩子在6、7、8岁时平均分数明显高于对比组，9、10岁时仍胜过对比组，14岁的差异显著。据教师评语，实验组孩子学习积极性与学习表现胜过对比组。

精神发展迟缓与受特殊教育的少。实验组有15%精神发展迟缓，对比组有35%精神发展迟缓。对比组有39%孩子曾因智商过低或其他方面的缺陷进特教班接受特殊教育，而实验组只有19%受过特殊教育。

中学毕业率高。实验组有67%高中毕业，而对比组仅49%高中毕业。

文化水平率高。孩子到19岁时实验组的成人文化水平高于对比组。根据国家测试标准测试结果，实验组有39%低于全国平均水平，而对比组有62%低于平均水平。在读写能力和职业知识等方面前者胜过后者。

进大学的多。被试19岁时大学学习或接受中学后职业教育的，实验组为38%，而对比组仅21%。

有职业的多。被试19岁时，实验组有一半有职业，而对比组有职业的为32%。

经济上能自立的多，领取救济金的少。19岁时，实验组有45%经济上能自立，而对比组仅25%经济上自立；领取福利救济时，实验组为18%，对比组为32%。

犯罪被捕的少。据警察局档案，19岁前，实验组有31%被拘留或逮捕过，对比组有51%被捕或拘留，被捕5次以上屡犯者，实验组为7%，对比组为17%。

女孩怀孕相对减少。13岁~19岁女孩怀孕次数，实验组为人均0.7次，而对比组为人均1.2次。

上述结果表明，良好的学前教育，对幼儿的影响是多方面的、长远的。

自助餐厅

教师资格证考试部分练习题

1. 被世人誉为"幼儿教育之父"的教育家是（　　）。
   A. 福禄贝尔　　　B. 蒙台梭利　　　C. 裴斯泰洛齐　　　D. 洛克

2. 我国现代著名教育思想家陶行知认为幼儿教育应解放儿童的（　　）。
   A. 主动性　　　B. 活动　　　C. 兴趣　　　D. 创造力

3. 我国幼儿教育的基本出发点是（　　）。
   A. 对幼儿实施全面发展教育　　　B. 对幼儿开展智力教育
   C. 保护幼儿健康成长　　　D. 对幼儿进行道德教育

4. 新中国成立以来，国务院批准颁发的第一个幼儿教育法规是（　　）。
   A.《城市幼儿园工作条例》　　　B.《幼儿园管理条例》
   C.《幼儿园教育纲要》　　　D.《幼儿园工作规程》

5. 在我国幼儿教育系统中处于核心地位的教育是（　　）。
   A. 社区中心的幼儿教育　　　B. 流动站幼儿教育
   C. 学前班教育　　　D. 幼儿园教育

6. 幼儿教育活动的基础是（　　）。
   A. 培养幼儿的生活习惯　　　B. 对幼儿身心安全和卫生的维护
   C. 教幼儿认识简单的字　　　D. 发展幼儿的语言能力

7. 1904年清政府颁发的《奏定学堂章程》规定幼儿教育机构名称为（　　）。
   A. 幼稚园　　　B. 幼儿园　　　C. 蒙养院　　　D. 蒙学院

8. （　　）是人类最早呈现出来的一种幼儿教育形态。
   A. 采用讲故事形式对儿童进行教育　　　B. 模仿游戏
   C. 老少相随，以老教小　　　D. 宗教仪式

9. 广义幼儿教育包括（　　）。
   A. 幼儿园、家庭和社区的幼儿教育
   B. 幼儿园、托儿所和亲子班的幼儿教育

C. 学前班、幼儿园和家庭的幼儿教育

D. 社区、幼儿园和儿童游戏场的幼儿教育

10. 在罗马贫民区创办第一所幼儿学校——"儿童之家",创立以感官为基础的幼儿教育教学体系的教育家是（　　）。

A. 福禄贝尔　　B. 蒙台梭利　　C. 德可乐利　　D. 凯米

答案：A D A B C B C C A B

项目二 学前教育理论的形成与发展

话题导入

当今社会，人们越来越重视孩子的教育问题，在孩子成长的过程中，父母们不断学习不同的教育理论，不停的和同龄人交流自己的教育心得，恨不得将所有曾经用在成功人士的教育方法和教育理念都在自己的孩子身上用一遍。殊不知，每个孩子都是独一无二的，都是"小天使"。作为家长的我们，到底该用什么样的教育理念教育孩子才能收到好的教育效果呢？学完本章内容，相信你一定能更加了解我们的宝贝，一定能找到适合自家宝贝的教育方法的。

教学任务

表2-1 学前教育理论的形成与发展教学任务一览表

教学任务	掌握知识→培养能力→陶冶品德。
掌握知识	掌握国外古代、近代、现代教育家的思想；熟悉中国古代、近代、现代教育家的思想。
培养能力	科学分析王守仁的自然教育论思想；分析福禄贝尔和蒙台梭利教学思想的异同点。
陶冶品德	走进历史，学习先进。

掌握知识

模块一 国外学前教育理论的形成与发展

一、古代社会学前教育思想

（一）柏拉图的学前教育思想

柏拉图是西方学前教育思想的重要奠基人，他认为教育是为实现其政治理想的工具。围绕培养"哲学王"的教育问题，构建了一个庞大的教育体系。学前教育在这个体系中占有基础地位。他的教育思想具体如下：

1. 学前教育的意义和任务

在柏拉图式的社会里，最重要的公职是"教育部长"的职务。他认为，学校必须有适当的建筑物和场地，孩子每天必须上学。在西方教育史上，柏拉图最早论述了学前儿童的教育问题。他认为，儿童从出生到接受正规的教育，这一阶段大家公认是教育最难的时期。因为孩子幼小时可塑性非常大，最容易接受陶冶，所以他认为，早期教育的任务就是对儿童施加合适的影响，形成良好的习惯。

2. 学前教育阶段的划分及教育内容

柏拉图在《理想国》中拟定了一个从胎儿到50岁的长期而庞大的教育计划，按照他的教育计划，7岁以前的教育是人生的奠基时期。所以，他主张优生。并且把7岁前细分为两个阶段。

3岁前为第一阶段。这一阶段柏拉图主张实行儿童公育，儿童出生后就送往国家特设的托儿所，由母亲喂奶，并注意使婴儿保持心平气和。

3~7岁为学前时期的第二个阶段。这一阶段的孩子本性需要游戏，另外，他还给孩子安排了讲故事、寓言、诗歌、音乐、美术等活动。柏拉图指出，和谐的教育应当是用体操来训练身体，用音乐来陶冶心灵。

3. 论幼儿游戏和讲故事

柏拉图认为游戏符合儿童玩的天性，应给予满足，但是游戏的内容和方式必须符合法律精神。在不违反法律精神的前提下，让孩子发明自己的游戏是最好的，并且强调游戏还应与音乐相配合，借助音乐的游戏能使儿童养成守法的精神。

柏拉图重视给幼儿讲故事，认为故事可以塑造儿童的心灵，但应该对故事题材加以选择。儿童最初听到的故事最好是能培养儿童美德的故事。

4. 论幼儿道德习惯的培养

他主张利用儿童喜欢模仿的特点，引导儿童从小模仿那些具有勇敢、真诚、诚信良好品质的一类人物，凡与自由人的标准不符合的事情，就不应该参与或模仿。至于其他丑陋的事情就更不应该模仿，否则弄假成真，变成真正的丑陋了。总之，从小到老一生连续模仿，最后成为习惯，习惯成为自然和天性，一举一动、言谈、思想、方法上都受到影响。

（二）亚里士多德的学前教育思想

亚里士多德的思想在西方教育思想史上也有重大影响。他认为人天生是政治的动物，人不可能以单独的个人而存在，而总是处于一定的家庭、部落和国家之中。个人只有在国家之中才能实现自我。

1. 论教育目的

亚里士多德指出了教育目的的双重性,从人是政治的动物来说,需培养有道德的公民;而从人是理性的生灵来说,教育还需要以充分发展人的理性为终极目的,发展知德,进而达到至善。因此,政治家在拟定一个国家的教育法规时,不应只看到勤劳和战争,要使公民任劳任怨和具备作战的能力,更要关注到要使公民擅长闲暇和生活的能力。所以,他主张自由教育。他的自由教育在西方教育思想史上产生了深远的影响。

2. 年龄分期与教育程序

在西方教育史上,亚里士多德首次提出了教育适应自然的主张。他把年轻一代受教育的时期划分为三个年龄阶段:7岁前为第一个阶段;7~14岁为第二阶段;14~21岁为第三个阶段。第一阶段为学前时期,应该在家庭中进行训导,在后两个阶段中则要求实施正规的集体教育。

他根据灵魂学说来安排教育的程序:人有肉体和灵魂两个部分,灵魂又分为理性和非理性两部分,顺应这个部分的要求,就应该有体育、德育和智育。亚里士多德把发展人的理性放在最高位置。按照人类生理和心理的自然顺序,应该先发展体育,然后再训练灵魂的本能部分,最后才是发展理性。

3. 论学前儿童的保育和教育

亚里士多德和柏拉图一样,非常重视优生问题。他反对早婚的陋俗,并主张婚嫁的良辰应选在冬季,已成眷属的夫妇要主动学习生育的知识,孕妇要注意经常运动,锻炼自己的身体,并且做到劳逸结合,保持安静的情绪。

关于婴儿的保育,他认为首先应重视儿童的营养问题。其次,应及时引导孩子做适应于他们肢体的各种活动。这些活动最好安排成游戏或其他的娱乐方式。

对于婴儿的教育主张7岁前都在家庭中实行,重点是注意儿童日常生活的管理,7岁以后则进入正规学习的阶段。

(三) 昆体良的学前教育思想

昆体良是古代罗马著名的教育家,他是西方最早的教学法学者、西方教学论的奠基人。主要的教育思想如下:

1. 论教育与人的天性

他认为,除了极少数生来就有缺陷的人以外,大多数人都能敏捷地思考,灵敏地学习。人都是可以经由教育培养成人的。

教育就是应该适应人的天性,并且可以将这两者关系的思想及其意义大致概括为:①人的禀赋大致相同,因此都具有通过教育成为人的可能性。②一方面肯定了人的自然性在教育中的基础地位,另一方面肯定了教育的建树作用。③他强调个体在自然特性上的个别差异。

2. 论道德与知识

重视道德修养是罗马教育思想的一个主要倾向,也是昆体良教育理论的一个特点。

首先,他强调道德比知识重要,是第一位的,在雄辩术上达到完美境界则是第二位的。因此,他特别强调所培养的雄辩家首先必须是善良的人,在德行上是无可指责的人,一个品德邪恶的人不可能成为完美的雄辩家。

其次,摆脱各种邪念的干扰是潜心治学的重要条件。他指出人的头脑在不能完全摆脱邪念的情况下,是不可能追求到最高尚的理想的,只有当头脑变得无牵无挂而成为自己的主人时,才能集中精力于所追求的目标。

3. 论学前儿童的教育

他特别重视家庭教育。对于保姆、父母和教仆都提出了严格的要求。首先,应慎选保姆。保姆最好是受过教育的,在道德和语言方面没有问题的。其次,孩子的父母要受过良好教育,而且特别强调母亲在家庭教育中的重要作用。

在强调及早开始对儿童的教育的同时,昆体良告诫人们注意防止另一个极端的倾向,即对幼儿逼得太紧。

在学前儿童智育的内容方面,他主张教儿童认识字母、书写和阅读。在教育史上,他第一次提出了双语教育的问题,希望儿童学习希腊语和拉丁语两种语言。

4. 论教师和教学原则

昆体良提出了德才兼备的教师标准,并且论述了因材施教的思想。他强烈反对体罚儿童,认为体罚有五大罪状:第一,体罚事实上是一种凌辱,是一种残忍的行为;第二,若是盛行体罚,则儿童会对鞭打习以为常,教育就难以起到作用;第三,如果儿童在幼年时期遭受体罚,长大以后往往更难以驾驭;第四,体罚只能造就奴隶的性格,而不能培养雄辩人才;第五,体罚的结果必然使儿童心情沮丧压抑,导致抑郁,产生恐怖心理。

二、近代社会学前教育思想

(一) 夸美纽斯的学前教育思想

1. 儿童观

在《母育学校》中,他把儿童比作"上帝的种子",生而具有和谐发展的根基;还将儿童比作比金银珠宝还要珍贵的"无价之宝";把儿童比作一面镜子。在"镜子"里面,人们可以看到谦虚、有礼、亲切、和谐以及其他基督徒的品德。

在夸美纽斯的儿童观中,虽然还表现出宗教思想对他的约束,但毕竟从根本上不同于中世纪的"性恶论"、"预成论"这样的儿童观,表达了夸美纽斯的人文主义思想以及将实现新社会的理想寄予新生一代的热切愿望。

2. 论幼儿的游戏及玩具

在夸美纽斯的教育体系中,游戏得到了很高的评价。游戏被认为是在沐浴学校时期对儿童进行全面教育的手段。

他从幼儿的年龄特征出发,强调多给幼儿活动的机会。他认为儿童天性好动,精力旺盛,所以,对儿童的活动不应加以限制,而是让他们常常有事做。至于活动的方式,他认为游戏是最适合于幼儿的,并且提出给儿童活动的自由有三大好处:一是可锻炼身体,增进健康;二是可运用和磨炼思想;三是可以练习四肢五官,使之趋于灵活。

夸美纽斯对玩具也提出了详细意见。他认为日常生活中的生活用具可能会给孩子带来危险,所以必须要为儿童寻找一些能发展儿童动手操作能力和社会交往的,并适合他们操作的用品,即玩具,所以必须找一些可以取代的没有危险的玩具。通过这些玩具可以发展儿童的动手操作能力和社会交往能力等。

(二) 洛克的学前教育思想

约翰·洛克是17世纪英国著名的思想家,资产阶级自由主义最早的代表之一。1692年出版的《教育漫话》,系统表述了新兴资产阶级在教育方面的要求,成为西欧中世纪的宗教教育发展到近代,为现实生活服务的世俗教育的中间环节。

1. 论教育的作用和目的

洛克高度评价了教育在人的成长中的作用。他认为,人们品行的好坏,能力的大小,90%都是由他们所受的教育决定的。尤其是在幼年受到的教育,对于孩子的发展非常重要。在他看来,幼小儿童好像是一张白纸,教育者可以随心所欲地涂写与塑造,幼时所得到的印象哪怕极其微小,都对儿童的成长有着极其重大和长久的影响。

他把培养"绅士"作为教育的目的。绅士是指有德行、有用、能干的人，善于处理自己的事务，使自己成为国内著名的和有益于国家的人。他坚信，一旦绅士受到教育，上了正轨，其他人自然跟随就能走上正轨，他看到当时英国学校教育的种种弊端，主张最好通过家庭教育来培养绅士。

2. 体育

洛克重视体育的意义，指出，精神固然是人生的主要部分，可是心外的躯壳也是不可忽略的，并认为健康的精神寓于健康的身体之中。事业的成功和生活的幸福都是以身体健康为前提的，并提出了身体健康的三个标准：首先，他反对娇生惯养，强调及早锻炼，儿童应多在户外生活。其次，应多运动，多睡眠，并主张学习游泳。最后，儿童的食物要清淡、简单，除了基本的食物以外不用别的调味品，要少用药物甚至不用药物。

3. 德育

洛克认为善恶观念是后天的，人的本性就在于追求幸福。德行越高的人，其他一切成就的获得也就越容易。所以，他认为，在绅士所具备的各种品行中，德行应是第一位的。

"及早"是洛克所主张的德育的一个重要的教育原则，主张通过及早联系来培养儿童的习惯。

他特别重视榜样的教育力量。父亲与导师都应以身作则，决不可食言，还应把儿童应该做的或是应该避免的事物的榜样放在他们的眼前。

在进行德育的过程中，洛克把玩具看成重要的教育手段，他认为，儿童应有玩具，应教育儿童爱护玩具，但玩具最好不是购买来的，可以让儿童尝试自己做，这样可以养成儿童动脑、动手设计和节俭等品质。

4. 知识教育

洛克认为：知识是应该有的，但应该是居于第二位的，只能作为辅助更重要的品质之用。一个有德行、有智慧的人比一个大学者更加可贵。他为绅士教育提供了广泛的内容，每一门学科应给学生带来一定的益处，训练学生去应付实际。

在教学方法上，他提出了许多积极的、正确的主张，提出做好以游戏为载体把儿童应该做的事情呈现出来，利于激发幼儿的学习兴趣、鼓励好奇心。

（三）卢梭的学前教育思想

让·雅克·卢梭是18世纪法国启蒙思想家、哲学家和教育思想家，自学成才，他是一位自然神论者，尤其提倡自然主义教育思想。

1. 自然主义教育观

回归自然是卢梭政治、宗教和伦理思想的基本原则，也是其教育思想的主要依据。从性善的观点出发，卢梭提出自然教育的原则，他认为，人类的教育来源于三个方面：人、自然和事物。他要求教育适应人的内在自然发展的要求，促进人的身心的自然发展。他也因此被认为是"主观自然主义"的典型代表。

根据教育适应自然的原则，提出了近代儿童观，并要求教育者考虑儿童的年龄特征、个别差异以及性别特征，尊重并研究儿童，在此基础上决定教育的程序、内容与方法，这就是卢梭教育思想的主线，也是他对于教育发展的主要贡献。

2. 自然教育的培养目标和基本要求

卢梭在《爱弥尔》中提出了通过家庭教育或自然教育培养"自然人"的设想。他所要培养的"自然人"是一个"有见识、有性格、身体和头脑都健康的人"。

所倡导的自然教育的基本要求体现在如下几点：

（1）自由教育。他所说的自由指的是由人的意志产生的自动的活动。他主张"有节制的自由"，反对将自由和放纵混为一谈的做法。

（2）消极教育。卢梭认为，在儿童的心灵还没有具备种种能力之前，不应当让他们运用他们的心灵，对孩子最初几年的教育应当是消极的，不在于教学生道德和真理，而在于防止学生的心沾染罪恶，防止学生的思想产生谬见。

（3）身心调和发展。

卢梭认为，教育的最大秘诀是身体锻炼和思想锻炼互相调剂。人类真正的理解力是有了良好的体格才能使人的思想敏锐和正确。

（4）活动教育。

他指出，上帝赋予人以活动的自发性。教育者必须为儿童提供活动的机会和自由，他想做什么就应该让他做什么，尽可能让儿童使用大自然赋予他们的一切力量。

（5）行动多于口训。

在任何事情上都应是行动多于口训，孩子们容易忘记自己说的或是别人对他们说的话，但是对他们做的和别人替他们做的事情就不容易忘记。

（四）裴斯泰洛齐的学前教育思想

约翰·亨利希·裴斯泰洛齐是瑞士教育家，生于一个医生家庭，1780~1798年主要从事写作，发表了大量的关于社会和教育问题的文章和著作。

1. 人性论与教育目标

关于人的观念是裴斯泰洛齐教育学说的基础。他提出人的二重本性及生存的三种状态的学说。他认为，人兼有动物性和崇高性。前者指个人保存自己的本能，是一种低级的天性；后者是追求自我完善，能懂得和实现真善美的更高价值，是高级天性，教育的任务就是尽可能地把低级天性往高级天性阶段培养和造就。

裴斯泰洛奇把人理解为原则上是生存在或能够生存在三种状态中的生物，这三种状态分别是自我状态、社会状态和道德状态。在人的进化过程中，这三种状态是依时间顺序展开的，并且认为道德化应该是个人的生活目标，因此也就是教育的目标。

2. 教学心理化与要素教育

教学心理化是裴斯泰洛齐新式教学总的原则。要素教育是裴斯泰洛齐简化大众教育手段的一个显著成果，是其教育思想中的科学性与民主性结合的产物。他坚信，通过这种简化了的教学方法，使最无经验、最无知的人也能教育自己的孩子。

裴斯泰洛奇认为，在一切知识中都存在着一些最简单的要素，教育过程应从一些最简单的、能为儿童所理解和接受的要素开始，逐步过渡到更加复杂的要素，促进儿童各种天赋能力的和谐发展。要素方法简单的程序使任何年龄的儿童都能够与其他儿童共享他们所学的东西。

3. 家庭教育

家庭教育思想在裴斯泰洛的教育体系中占有重要地位，几乎贯穿在他一生之中的大部分教育作品，他反复强调家庭教育，尤其在早期教育中的重要意义。

（1）起居室是"人类教育的圣地"。家庭是教育的起点，家庭应当成为任何自然教育方案的基础，它是培养人品和公民品德的大学校。

（2）教育父母是教师的最重要的任务。他强调国民教育的首要目标就是要恢复家庭教育的力量，首先就要激发父母的自觉性。他认为，当有足够多的人认识到正确的教学和教育方法时，就可以在起居室进行最初的教育，并由母亲们来进行这种教育。所以，他试图用教育的通俗读物影响广大民众，尤其关心对母亲们的教育，并始终如一地把教育母亲看成教师的最重要的任务。

（3）必须从家庭教育中寻找教育科学的出发点。他认为学校不可能包括对人教育的全部内容，不能替代父母、起居室和家庭生活的地位。学校教育必须与家庭生活相一致。完善教育的首要条件就是使两者配合一致，互相弥补。

4. 论儿童的早期教育

他认为，人类无论在过去还是现在，都一如既往的支持改善学校，直到现在几乎到处都忽略了儿童早期教育的重要性。为此，他提出了对儿童的早期教育应从德育、智育、美育、体育四个方面来进行。

（1）德育。

他肯定了教育的最终目的是提高人的道德性，把心灵的培养视为获得人生幸福的基础，所以，他研究了早期德育的内容与方法，首先应该唤起儿童的道德情感；然后培养儿童的自我克制力；最后鼓励儿童在道德上逐步独立。

（2）智育。

裴斯泰洛奇重视发展儿童的智力。他认为，幼年时期，必须为脑的发展奠定基础，"智育永远开始于经验"，这是他的智育原则，也是他长期从事教育实验活动的宝贵经验总结。在智力教育的方法上，他认为实物教学是首要的方法。

（3）美育。

裴斯泰洛奇认为美育对儿童道德、想象力和创造力的发展以及对其他科目的学习都大有裨益。他所说的美育包括音乐、美术、绘画模型等内容，他认为美育可以培养儿童的动手操作能力，能够陶冶情操，开阔心胸，不断杜绝一切恶念。

（4）体育。

他肯定了体育对人的发展的意义。根据教育原则来发展人的一切禀赋，并把人的一切潜力调动起来，就必须注意体育的发展。

体操是他最为认可的一种体育内容，并且还按照儿童的自然的动作安排了身体训练，主张将体操和儿童的游戏以及自由玩耍结合起来，锻炼儿童的身体。

（五）赫尔巴特的学前教育思想

约翰·弗里德里希·赫尔巴特是十九世纪德国著名的教育家和心理学家，是使教育学成为一门独立科学的先驱，在西方教育史上，被誉为"科学教育学的奠基人"。

1. 教育基本理论

赫尔巴特将教育过程分为相互联系、前后衔接的三个部分：管理、训育和教学。管理的目的是为教学和训育创造秩序，教学是实现教育目的的基本手段。训育即道德教育，在赫尔巴特的教育体系中，德育问题既是贯穿一切、贯穿始终的纲，又是专门的组成部分。在他看来，训育不同于管理，它应具备陶冶性，要使受训者心悦诚服，使其形成道德性格。

2. 论3岁前儿童的教育

（1）体育、智育和德育。

强调3岁前儿童养护的重要性，认为每个儿童可以根据其体质来判断可以进行何种程度的锻炼，并把健康的身体看作德育和智育的必要基础。在对儿童进行智育的时间分配方面，也应该视其健康状况的不同做出区别。

（2）早期教育。

他十分重视3岁前儿童的智育，设想用综合的方式丰富婴儿的感觉经验，主张直观教学思想，要求从儿童早期就要认真细心的对他们进行语言教育。并认为这个时期的管理比较容易，而在儿童养成了顺从的习惯之后，管理也比较容易继续下去。

3. 论4~8岁儿童的教育

（1）德育。

赫尔巴特主张这个年龄阶段儿童的德育应给予儿童更多的自由，以"仁慈"观念的培养为主要内容。

他同时注意到，在4~8岁这个年龄阶段，儿童的情绪还直接依赖于我们如何对待他们，长期对他们的态度冷淡会使儿童的心灵变冷，所以，我们要进行必要的宽容和和蔼可亲，这样孩子才会有所收获。

（2）智育。

赫尔巴特十分明确地指出"智育是全部教育的中心"。所以，他十分重视儿童的提问，并且主张要不断鼓励儿童爱提问的倾向，利用解答儿童问题的机会，为今后的教学打下基础，回答儿童的问题要及时彻底，不应当拖延。

（六）福禄贝尔的学前教育思想

弗里德力希·威廉·奥古斯特·福禄贝尔是德国近代著名的教育家、幼儿园的创始者，近代学前教育理论的奠基人，被称为"幼儿园之父"。

1. 统一的原则与教育的本质及任务

"上帝是万物的统一体"是福禄贝尔教育思想的哲学依据。他认为一切事物只有通过上帝的精神在其中发生作用才能存在。在每一个事物中发生作用的上帝精神，就是每一事物的本质。

在他看来，一切事物的命运和使命就在于展示它们的本质，即展现它们内部存在的上帝的精神。这就是教育的本质和任务。

2. 人性论与教育顺应自然

以人性来源于神性为根据，福禄贝尔断言人性是善的。

他认为，人性是善良的，人天生具有完美性和健全性，因此，教育、教学和训练最初的基本标志必须是容忍的、顺应的、保护性的和防御性的。一切专断的、干扰的教育必然会毁灭存在于人身上那种上帝的精神。

3. 幼儿园的课程与教材

福禄贝尔将其后半生的主要精力放在幼儿园课程的研究和教材的发展上。福禄贝尔确信不是所有的活动和游戏都有教育价值，必须对儿童的活动和游戏的内容、材料进行选择和精心的研制，加上必要的指导，才能使其在幼儿教育中发挥应有的作用。

（1）游戏与歌谣。

1843年，他在《母亲与儿歌》中，系统地介绍了通过歌谣及其相关的游戏活动教育婴幼儿的方法。这些歌谣都反映了母亲对孩子的情感，也是他后来进行幼儿园教师训练的重要内容。

（2）恩物。

"恩物"是福禄贝尔对他创制的一套供儿童使用的玩具的称谓，意为上帝的恩赐。通过这些恩物可以帮助儿童由易到难、由简到繁循序渐进地认识复杂的大千世界，了解自然及其内在的规律。1836年，福禄贝尔创制出5中恩物。1844年，恩物的体系才基本建立。1850年，他在《教育周刊》上正式公布了8种恩物。

（3）作业。

作业主要是以恩物教学为前提的。主要体现福禄贝尔关于创造的思想，要求将学习到的恩物的知识运用到实践活动中。因此，作业是以恩物教学为前提条件的。

作业的材料包括各种大小和色彩不同的纸和纸板，可用来剪裁或折成各种不同的形态，需要较高的手工技巧。

（4）运动游戏。

这是一种团体游戏，是一种户外进行的、围成圆圈并伴随着歌曲进行的运动活动。这种游戏的原理是"部分-整体"，有助于了解个体和团体的关系，发展儿童相互合作、团结友爱的精神和品质。

三、现代社会学前教育思想

（一）杜威的学前教育思想

约翰·杜威，1859年生于美国的柏林顿，自幼受到良好的教育。1884年在霍普金斯大学获得博士学位，之后在明尼苏达大学、密西根大学任教。他是二十世纪最伟大的教育思想家之一。

1. 儿童观

(1) 重视儿童的本能。

杜威的教育观及其教育理论是建立在其儿童观基础之上的。他认为儿童的本性在于他具有与生俱来的本能、冲动和需要，可分为语言和社交的本能；制作的本能；研究和探索的本能；艺术的本能。在儿童的这几种本能中，杜威认为最重要的是制作的本能。

(2) 儿童具有自我生长的能力。

这种能力是儿童在活动中通过与环境相互作用而获得发展的。他以心理学为基础，把儿童发展的过程分为三个阶段：一是游戏期，这一时期儿童通过活动和工作来学习。二是自发的注意时期，这一时期主要学习间接知识。三是反射的注意时期，这一时期主要学习系统的理论知识。

(3) 儿童与成人在心理上存在着很大的差别。

成人是在社会中负有特定的责任，已经形成了一定的习惯，而儿童的心理不是固定的，是一个不断生长的过程。天生具有好奇心的儿童能利用环境养成某种习惯，形成某种倾向。

2. 杜威的进步主义教育思想

在杜威的教育体系中，教育的目标与功能是以生长、"经验的改造"、民主等概念组成的。

(1) 教育即生长。

杜威认为，生活就是生长，儿童是具有独特生理和心理结构的人。儿童心理活动实质上就是他的本能发展的过程。他的成熟要经过一定的时间，不能操之过急，所以，要是儿童正常生长，需要认真研究儿童的特点，正视他们的需要，并提供相应的环境，以便使两者相互作用。

(2) 教育即生活。

他认为，没有教育就不能生活；他认为，人不能脱离环境，学校不能脱离生活。杜威强调，应使学习成为社会生活的一种形式。学校必须呈现和简化现实的社会生活，方法是提供由家庭负责的那些教育因素，把各种不同形式的活动作业，如烹调、缝纫等引进学校。

(3) 教育即经验的不断改造。

他认为，教育应该是一个通过儿童活动去体验一切和获得各种直接经验的过程。儿童学习知识、认识外部世界的本质在于儿童通过活动不断去增加、改造自己的亲身经验。他认为，教育为了实现其目的，必须从经验即始终是个人实际的生活经验出发。但是，并非所有的经验都具有教育的价值。

3. 杜威的教育原则

(1) 儿童中心论。

杜威将儿童比作"教育中的太阳"，他反对传统的以教师、书本和课堂为中心，主张从儿童的本能、兴趣和需要出发，以儿童自身的活动为教育过程的中心。他认为教育应该把重心放在儿童的身上，以儿童为中心，一切需要的措施都应该是促进儿童的生长。

(2) 从做中学。

杜威强调最根本的基础在于儿童的活动能力，使儿童意识到他认识社会的一条重要途径就是去实践，并且认为儿童在出生以后对每一件事都要学习，但现实是他们只有对真实的活动本身产生了兴趣，才会对活动中产生的一切进行观察。然后发现问题，寻求解决问题的方法，最后解决问题，从而提高他们的思维能力。

(二) 蒙台梭利的学前教育思想

玛利亚·蒙台梭利，1870年出生于意大利的吉亚瓦莱的一个宗教家庭里。1907年在罗马贫民区创设"儿童之家"，招收3~6岁的幼儿，并且进行教育实验，逐步制定了整套的教材、教具和方法，创立了蒙台梭利教学法，受到全世界的瞩目。

1. 发现儿童

她认为教育的目的在于发现儿童的"生命的法则"，帮助儿童发展其生命。她对于儿童有新的认识，她并不把儿童看作是未长成的"小大人"，而是把他们看成是与成人互为相反的两极：儿童是成人之父，是现代人的老师。

2. 吸收的心智

蒙台梭利认为，在各个物种中甚至在昆虫中，都存在着一种无意识心理。它驱使生物主动的吸收外界的养料，以满足自己生长的需要。儿童也不例外，受生命潜能的驱使，所有儿童天生具有一种吸收文化的心理，因此他们能自己教自己。

所以，她视教育为促进幼儿内在力量自然发展的过程，强调幼儿的自由活动，反对以成人为中心的教育，反对传统的班级统一教学，允许幼儿个别学习。

3. 自由的原则

蒙台梭利认为要建立一种合乎科学的教育，其基本原则是使儿童获得自由，使儿童的天性得以自然的表现。她把"活动"看作实现儿童自由的关键。

这种自由不是盲目的、放纵的，而是由很强的秩序控制下约束。秩序有三个方面：一是纪律上的约束；二是以培养儿童具有责任感的秩序；三是培养儿童的意志力。

4. 强调感觉训练

蒙台梭利教育中，感觉教育是重要内容。她认为，感觉教育主要是一个儿童依据教具进行自我教育的过程。为此，她专门设计了一套感觉训练教具，如：以辨别各种形状的镶嵌板，辨别粗细、高低、长短的圆柱插板等，这些教具具有简单、自我纠错、教师易掌握指导时机的特点，幼儿专注、独立反复的进行操作练习，可以获得自我学习和提高。

（三）皮亚杰的学前教育思想

皮亚杰是瑞士著名的心理学家，他的认知发展学说是二十世纪对儿童教育影响最大的理论。

1. 皮亚杰的教育思想

（1）强调活动的重要性。

他提出让儿童在活动中学习，活动法是儿童教育最重要的原则，只有儿童通过参与自发的各种活动，才能获得真实的知识。因此他也提出要重视视听教学，使儿童直观形象思想得到充分的发展，为日后的抽象逻辑思维打下坚实的基础。

（2）强调兴趣和需要的重要性。

皮亚杰强调兴趣和需要在儿童心理发展中的动力作用。他说应该考虑每个年龄阶段的特殊兴趣和需要，而且，每一个发展阶段都不是以一种固定的思想内容为其特征的，而是以能够按照儿童的生活环境得到某种结果的某种力量、某种潜在的活动为其特征的。

（3）发现式教学方法。

他主张要给儿童提供相应的材料和设备，激发儿童的兴趣，使儿童自由地去探索事物、发现问题，寻找答案，这就是发现式教学法。这个过程就是利用儿童的好奇心使儿童发挥自己的能力，允许他们根据自己的方式来进行学习，从而满足他们发现需要的过程。

（4）强调智力发展是一种积极的、主动的建构过程。

皮亚杰认为教育的首要目标在于培养有能力创新的人；第二个目标在于塑造能有批判力的人，因此教育必须重视发挥儿童的主动性，鼓励他们学会自己去学习，培养他们的创造力。要想达到以上的教育目的就要去创设一个适合儿童特点的环境，以帮助儿童组织发展自己的认知能力。

2. 儿童教育的基本原则

皮亚杰提出了一系列学前儿童教育的原则：

（1）教育要符合儿童心理发展阶段。符合儿童心理发展的水平，避免儿童成人化的倾向。

（2）发展儿童的主动性。他认为，儿童的教育必须是一个主动的过程，教育者必须注意发展儿童的主动性。

（3）强调儿童的实际活动。皮亚杰认为认知起源于动作，动作在儿童心理发展中起着重要的作用，因此，教育者应该使儿童通过实际生活和具体事物进行学习。

（4）重视儿童的社会交往。他认为，与他人交往及儿童之间相互交往，有助于儿童语言和思维的发展以及情感和道德的发展。

模块二　中国学前教育理论的形成与发展

一、古代社会学前教育思想

（一）贾谊的太子儿童教育思想

贾谊，西汉初期著名的政论家、文学家。他的学前教育思想有以下几点：

1. 早谕教

贾谊特别关注早期教育，并且主要从加强中央集权的政治观点出发，重视针对皇太子的教育。他认为，对太子的教育应尽早实施，早期教育是教育的最佳期，当婴幼儿的赤子之心尚未受到外界熏陶时，先入为主，对他进行教育，就会受到最佳的效果。胎教是早期教育的开端，王室之家应当重视对太子实施胎教。

2. 选左右

贾谊认为，一定要慎选左右，这是对太子进行早期教育成功的保证。为了加强皇太子的早期教育，在宫廷内应设置专门辅佐太子的师、保、傅，建立保傅教育制度，旨在太子周围形成良善的教育环境。处于良好的教育环境之中的太子，当然也不会不良善。

3. 重儒术

贾谊是西汉初期继孙通、陆贾之后又一位向西汉统治者提出以儒术治国的儒家学者。对于皇太子的早期教育，他期望以儒家学说作为主要内容来塑造太子的理想人格。以儒家学说作为太子早期教育的主要内容，主要包括文化知识教育、道德教育两大方面。

（二）颜之推的儿童家庭教育思想

颜之推，北齐文学家，出生于士族之家，自20岁步入仕途，历官南梁、北齐、北周、隋四朝。根据自己的经历，写出了我国封建社会第一部系统完整的家庭教科书——《颜氏家训》，是他学前教育思想的主要依据。

1. 提倡及早施教

他主张要对孩子及早施教，而且越早越好，原因是人在幼年时，可塑性大，心理纯净，精神专一，是进行教育的最好时机。幼儿期是教育的最佳期，有条件的家庭都应及早施教。由于各人的境遇不同，所以也并非所有的人都能受到良好的早期教育。

2. 主张慈严结合

主张父母对子女不仅要爱护，更要进行教育，父母对子女要"威严而有慈"，将慈爱与严教有机的结合起来。但在实际生活中，许多家庭往往忽视了对子女的教育，无教而有爱，这是颜之推非常反对的。同时他推崇棍棒教育，视体罚为家庭教育中不可缺少的手段，显然是错误的，不可取的。

3. 要求均爱勿偏

所谓均爱，就是指父母对所有子女应一视同仁给予相同的爱。他认为如果父母对于子女施爱不均，不仅直接造成受偏爱者的骄横习气，还会导致兄弟不睦。

4. 主张博习致用

认为知识不但需要广泛涉及，还要能抓住要领，能够灵活应用；如果只追求广博，不得要领，只能是纸上谈兵。他教育子弟不要把读书当成追求功名利禄的敲门砖，要把学习当成自己修身立行的途径。

5. 重视风化陶染

所谓风化就是家庭中成年人对年幼者的榜样模仿作用。在家庭中，家长是儿童感情上最近亲的人，也是儿童心目中的权威，他们的言行常被儿童当成金科玉律。可见，父母对子女的影响远远超过他人，所以，父母要作出良好的榜样，自觉加强自我道德修养，除此之外，在家庭教育中，还要关心儿童所结交的朋友。

（三）朱熹的儿童教育思想

朱熹，南宋时期著名的客观唯心主义哲学家、思想家、教育家。他的儿童教育思想除散见于一些诗文中，还见于他为儿童们编写的教材《小学》和《童蒙须知》中。

1. 重视蒙养教育

他把整个学校教育的过程分为小学和大学两个阶段：8~15岁为小学教育阶段，也就是蒙养教育阶段。15岁以后是大学教育阶段。

朱熹非常重视蒙养教育阶段的作用，在他看来，蒙养阶段的教育非常重要，必须抓紧抓好。

2. 要求慎择师友

因为幼儿模仿能力非常强，周围环境的好坏对他们的影响很大，所以，他特别强调要慎择师友，还应开始注意培养儿童辨别是非、交游益友的能力；要尽量保证幼儿学到的、看到的、听到的都是被社会所接受的，符合社会要求。

3. 强调学"眼前事"

他认为小学的主要任务就是学习眼前日用的事。这样不仅符合儿童认识发展的水平，还能够为大学的学习打下基础，比较容易被儿童所掌握，同时也有助于培养儿童良好的道德习惯。

4. 提倡正面教育为主

朱熹在教育工作中一贯重视和提倡以正面教育为主，对于儿童观教育他更为强调多积极诱导，少消极限制，非常重视榜样的教育作用，还对教师提出指导、示范和适时启发的要求。

二、近代社会学前教育思想

康有为的学前儿童公育思想：

（一）儿童的公养公育

康有为的儿童公共教育体系：儿童从母亲怀孕时起至出生前，在人本院接受胎教。从出生至断奶后入育婴院、慈幼院接受公育。满6岁后进入小学接受公教，直至中学和大学。

（二）论胎教

首先，论述了胎教的重要性，不但将胎教视为教育最基本的一环，还肯定了胎教是"人种改良之计"。

其次,为了实施胎教,康有为专为孕妇设立的人本院的环境、建筑、设备、医疗、卫生等方面提出了40多条要求。

此外,他还认为人本院应该对孕妇有极大的尊重。

(三) 论婴幼儿教育

凡婴儿出生后,满6个月即断奶,产母离开人本院,婴儿则被送到育婴院养育。满3岁后,移入慈幼院或怀幼院教养,直到6岁入学为止。这样就免去了母亲生育孩子后抚育孩子的责任,一律由公办政府另请专人养育。

首先,对工作人员的任用提出了具体的要求,拟定了分工和奖惩制度。

其次,对院址的选定和院舍的布置作了规定。

再次,对教育目标、内容也作了明确的规定。

此外,他还非常重视婴幼儿的保健工作。

三、现代社会学前教育思想

(一) 张雪门的学前教育思想

张雪门,中国现代著名的幼儿教育家,一生写下了《幼稚教育》、《幼教论丛》等专著,为我国幼儿教育留下了极为宝贵的财产。

1. 儿童身心发展与社会环境相统一

张雪门认为,儿童身心发展与环境有着密不可分的关系,儿童身心发展依赖所生存的自然环境和社会环境,只有这两种环境达到和谐统一才会有利于儿童身心健康发展。

2. 幼稚园课程

他认为,生活就是教育,5、6岁孩子在幼稚园生活的实践就是行为课程,这种课程应该来源于生活,从生活而展开,也从生活而结束。这种课程的内容包括幼儿的工作、游戏、音乐、故事儿歌以及常识等科的教材,在实施的时候,彻底打破各学科的界限,强调儿童的实际行为,使儿童获得直接经验。

3. 幼稚园教师

张雪门对教师的培养非常重视,并采用多种形式培养幼儿园教师。在他的幼儿教育工作实践中,经常把幼儿园的实验与培养师资相结合,他还引导学生面向幼儿园、注重参观实习的工作。他主张通过实习,可以使幼稚教育达到合理和普及。

（二）陶行知的学前教育思想

陶行知，安徽人，现代教育史上伟大的人民教育家。

1. 儿童创造力的培养

陶行知是我国创造教育的首创者。提出创造的儿童教育，同时提出了6大解放的要求：

（1）解放儿童的头脑，让他们能够去想、去思考。

（2）解放儿童的双手，让他们去做、去干。

（3）解放儿童的眼睛，让他们去观察，去看事实。

（4）解放儿童的嘴巴，使他们有足够的言论自由。

（5）解放儿童的空间，让儿童可以接触大自然，扩大认识的眼界，以发挥其内在的创造力。

（6）解放儿童的时间，让他们做自己支配时间的主人。

2. 幼稚师资教育的改革

普及教育的最大难关是教师的训练。他认为改革训练教师的制度是普及幼稚教育的重要步骤之一。主张采用两种途径来训练幼儿教师。

首先，把旧的幼稚师范改造成新的幼稚师范。

其次，提出用"艺友制"的方法来培养大批幼稚教育的师资。

3. 生活教育理论在学前教育中的运用

陶行知主张"生活即教育"，强调寓教育于幼儿的生活之中，使幼儿生活无时不含教育的意义。其次，主张"社会即学校"。学前教育机构的教育要使幼儿生活在大自然、大社会的怀抱中。再次，主张"教学做合一"。这种方法非常适合学前教育，可以让儿童在活动中通过操作进行学习，教师在儿童的活动过程中进行教育、教学。

4. 重视开展乡村幼稚教育的研究工作

陶行知针对当时幼稚教育的现状提出要建立省钱的、平民的、中国乡村的幼稚园，为此，他不断的进行研究和实验，并成立了晓庄幼教研究会，这是中国幼教史上唯一一个专门研究农村幼儿教育的群众性组织，用以开展乡村幼稚教育的研究工作。

（三）陈鹤琴的学前教育思想

陈鹤琴，浙江人，我国现代著名教育家和儿童心理学家。

1. 幼儿心理特点

(1) 好动。家长及教师要正确对待，应当给予他们充分的机会，适当的启发，使儿童多与大自然接触。

(2) 好模仿。模仿是幼儿学习的最主要的学习方式，所以要求成人要注意以身作则，并创设良好的环境，同时要教他们鉴别是非善恶。

(3) 易受暗示。儿童最容易受暗示，所以，成人要发挥好积极暗示的作用，强化良好行为习惯。

(4) 好奇。好奇心在教育上的价值非常大，它使得孩子对周围环境充满了求知的兴趣。

(5) 好游戏。游戏是幼儿期最主要的活动形式。通过游戏可以促进幼儿身体的发展、言语的发展和社会交往能力的提高。

(6) 喜欢成功。幼儿喜欢成功，成人可以利用这种心理去鼓励幼儿尝试做各种事情，增加孩子的活动范围，同时扩大孩子的眼界。

(7) 喜欢合群。成人要利用好这种心理教育孩子，给孩子创设一定的环境，增加社会交往的对象。

(8) 喜欢野外生活。根据这个特点，成人可以尽可能地让孩子接触大自然，对于孩子的身体、知识、行为都有很好的影响。

2. 幼稚园的课程理论

陈鹤琴根据幼儿身心发展特点，提出幼稚园课程思想的主要内容有：

(1) 课程应为目标服务。

(2) 课程应以自然和社会为中心。

(3) 课程应实施"整个教学法"。

(4) 课程应当采用游戏式、小团体式等的教学方法。

(5) 课程应当有考查儿童成绩的标准。

3. 活教育

活教育理论体系，包括三大纲领：目的论，课程论，方法论，教学原则和训育原则等。

(1) 目的论。

陈鹤琴指出活教育的目的就是"做人、做中国人、做现代中国人"。不仅体现了他的爱国主义精神，还反映了它具有放眼世界的胸怀。

(2) 课程论。

他指出"大自然、大社会都是活教材"。认为，大自然、大社会才是活的书、直接的书，应该向大自然、大社会学习。

(3) 方法论。

"做中教、做中学、做中求进步"是陈鹤琴主张的活教育的方法论。活教育重视直接经验，强调以"做"为中心。

(4) 教学原则和训育原则。

陈鹤琴提出了活教育的17条教学原则、13条训育原则，其基本精神已经被当代心理学和教育学的科学研究所证实，尤其适用于学前教育。

(四) 张宗麟的学前教育思想

张宗麟，浙江人，我国著名的幼儿教育专家，我国幼教史上男大学生当幼儿园教师的第一人。

1. 揭示我国幼稚教育的症结

他认为，当时我国幼稚教育存在的症结，首先是教会的垄断，其次是社会的漠视。针对以上两个问题，他提出了几个补救的办法：

(1) 停办外国人设立的幼稚师范及幼稚园。

(2) 严定幼稚师范及幼稚园标准。

(3) 筹措幼稚师范并制定幼稚教师的从业要求。

(4) 引起社会对幼稚教育的注意。

2. 幼稚教育的服务对象

张宗麟认为幼稚园为谁服务的方向问题至关重要。因此，他明确地指出幼稚教育运动应该转向劳苦大众的队伍去。到农村去，到贫民区去办幼稚教育，对社会的贡献要比办任何的幼稚园大。他对陶行知提出的幼稚园下乡进厂运动的主张非常拥护，并且参与了晓庄的乡村幼稚教育。

3. 幼稚园的课程

在探讨幼稚园课程问题时，他特别注意研究了世界上幼稚园课程的历史发展进程，并于二十世纪三十年代出版了《幼稚园的社会》一书。在此书中提出关于幼稚园课程的主张：幼稚园各种活动都应倾向于社会性，因为教育的灵魂在于养成适合于某种社会生活的人民。从这个意义上，他认为幼稚园的课程应是社会化的幼稚园课程。

张宗麟认为社会化的课程有两个根据，即儿童社会和成人社会，而这两者是有很大不同的，他主张成人社会应当尊重儿童社会，应当让孩子们到他们自己的社会中去，而不是拉他们到成人的社会中来。

培养能力

一、王守仁的儿童教育思想

王守仁，即阳明先生，明代著名思想家、教育家、理学家。其理学思想继承了"心学"的主张，并加以发展提出"心即理"、"致良知"、"知行合一"的学说。本着"破山中之贼易，破心中之贼难"的认识，非常重视教育工作，大办书院，设立地方学校，"门徒遍天下，流传逾百年"。

1. 顺导性情，激发兴趣

关于儿童教育，王守仁的基本思想是：教育儿童应根据儿童生理、心理特点，从积极方面入手，顺导儿童性情，促其自然发展。他认为，顺导儿童性情进行教育最重要的是要激发儿童学习的兴趣，兴趣在提高儿童教育质量方面起着十分重要的积极作用。

2. 循序渐进，量力施教

王守仁认为，对儿童进行教育必须注意从本源上用力，在他看来，任何人的认识水平都有一个由婴儿到成人的发展过程。

循序渐进的原则应用到教学中，必然要求教育者在确定教学内容时，注意量力而施，符合儿童的认识发展水平。

3. 因材施教，各成其材

王守仁认为，教育者对儿童施教，不仅要考虑儿童认识水平的共性特征，而且还要注意个体发展水平的差异，针对每个人的个性差异，因材施教，使其成材。

4. 全面诱导，不执一偏

王守仁认为，对儿童进行教育的内容和途径应当是多方面的，为此他对教育者提出了通过习礼、诗歌和读书对儿童进行全面诱导的要求，并对习礼、诗歌和读书的教育意义和作用分别作了说明。

为了能够有条理、有步骤的进行多方面的教育，他还拟定了一个比较详细的日课表，在上课顺序上注意到了动静交替、张弛结合。

二、蒙台梭利和福禄贝尔学前教育思想体系的比较

（一）福禄贝尔是近代古典幼儿教育体系的创始人，蒙台梭利则是国际公认的进步幼儿教育的先驱

（二）蒙台梭利和福禄贝尔在教育理论上有许多相似或相同点

1. 他俩都把教育看做是一个潜在能力不断向外展现和发展的过程；

2. 都特别强调儿童活动的价值，反对迫使儿童静止的、被动的接受知识；

3. 都强调在活动中给儿童更多的自由；

4. 都主张通过具体物件进行活动，诱发和发展儿童的活动本能；

5. 蒙台梭利也采取了福禄贝尔幼儿园的某些游戏和活动的方式。他们的这些共识在某种程度上反映了幼儿教育的一些规律。

（三）蒙台梭利和福禄贝尔的教育体系产生于不同时代、建立在不同的理论基础之上

1. 福禄贝尔主要以德国的古典哲学为其教育的理论依据，蒙台梭利则以现代实验心理学、生物学和生理学等为其主要的理论基础。

2. 蒙台梭利的体系更彻底的贯彻了自由教育和自我教育的原则，并设计的更详尽、更直接的感觉训练计划，强调个别教学和全神贯注的反复练习，教育具有矫正的性质。福禄贝尔的体系更重视儿童想象力和创造力的发展，教学以小组为基本单位，更重视儿童社会参与精神的培养。

陶冶品德

四块糖果

有一天，陶行知发现学生王友用泥块砸自己的同学，他当即制止了王友，并让他放学后到校长办公室。

放学后，陶行知来到校长室，王友已经等在门口准备挨批了。陶行知立即掏出一块糖果送给他："这是奖给你的，因为你按时来到这里，我却迟到了。"

王友惊疑地接过糖果后，陶行知又掏出一块糖果放到他手里："这也是奖给你的，因为我让你不再打人，你就立即住手了，这说明你很尊重我。"

王友迷惑不解，陶行知又掏出第三块糖果，说："我调查过了，你砸他们，是因为他们欺负女同学。这说明你很正义，有跟坏人作斗争的勇气！"

王友感动地哭了，他后悔地说："陶校长，你打我两下吧，我错了，我砸的不是坏人，是我的同学呀！"

陶行知满意地笑了，他随即掏出第四块糖果递过去："为你正确地认识了错误，我再奖给你一块糖果……我的糖奖完了，我看我们的谈话也该结束了吧！"

面对王友的错误，陶行知既没有批评更没有打骂，而是换了一个角度，用充

满赏识的心态,从错误中发现学生诚实守信、尊众师长、为人正直、敢于承认错误的优点,并及时给予赞扬。陶行知用赏识唤醒学生的良知,让学生主动承认错误、接受教育,从而在心灵深处产生改正错误、完善自己的愿望。

陶行知修表

有一天,一位朋友的夫人来看陶行知先生。陶先生热情地让她坐下,又倒了一杯茶给她,问道:"怎么不带儿子一起来玩?"

这位夫人有点气呼呼地说:"别提了,一提就叫我生气。今天我把他结结实实打了一顿。"

陶先生惊异地问:"这是为什么?你儿子很聪明,蛮可爱的哩!"

朋友的夫人取出一个纸包,里面是被拆得乱七八糟的一块手表。这表成色还很新,镀金的表壳打开了,玻璃破碎,连秒针也掉了下来。她生气地说:"陶先生,这表是才买的,竟被我儿子拆成这样,您说可气不可气!他才7~8岁,就敢拆表,将来大了恐怕连房子都敢拆呢!所以我打了他一顿。"

陶先生听了笑笑说:"坏了,恐怕中国的爱迪生被你枪毙了!"

夫人有点愕然:"为什么呢?难道我这样做不对吗?"

陶先生摇摇头。

夫人又接着问:"陶先生,您是大教育家,您说对这样的孩子该怎么办呢?"

陶先生把拆坏的表拿过来,对夫人说:"走,我们上你家去,见见这个小'爱迪生'。"

到了朋友家里,陶先生见到那个孩子正蹲在院子的大树下,聚精会神地看蚂蚁搬家。夫人一见又来了气,正要骂他,陶先生立即劝住了。

陶先生把孩子搂起来,搂在怀里,笑嘻嘻地问:"你为什么要把妈妈的新表拆开来呢?能告诉我吗?"

孩子怯生生地望了妈妈一眼,低声说:"我听见表里嘀嗒嘀嗒的声音,想拆开看看是什么东西在响。我错了,不该把手表拆坏,惹妈妈生气。"

陶先生说:"想拆开看看是什么东西在响,这没有错。但你要跟大人说一声,不能自作主张。来,你跟我一起到钟表店去好吗?"

孩子又望望妈妈,说:"去店里干什么?"

陶先生说:"去看师傅修表啊,看他怎么拆,又怎么修,怎么装配,你不喜欢吗?"

孩子高兴得跳起来："我去！我去！"

陶先生拿着那只坏表，带着孩子一起到了一家钟表店。修表师傅看了看坏表，说要一元六角修理费。

陶先生说："价钱依你，但我带着孩子看你修，让他长长知识。"师傅同意了。

陶行知和孩子站在旁边，满怀兴趣地看师傅修表。看他怎样拆开，把零件一个个浸在药水里；又看他加油后，把一个个零件装配起来。从头到尾，整整看了一个多小时。全部装好后，师傅上了发条，表重新发出清晰的滴答声。孩子高兴地欢叫起来："响了，响了，表修好了！"

陶先生临走又花一元钱买了一只旧钟，送给孩子带回去拆装。孩子连声说："谢谢伯伯！谢谢伯伯！伯伯真好！"

陶先生把孩子送到家后，孩子立即跳呀蹦的跟妈妈说："妈妈，伯伯买了一只钟，让我学习拆装呢！"

那位朋友的夫人不解地问："还让他拆啊？"

陶行知笑笑说："你不是问我对这样的孩子该怎么办吗？我的办法是，把孩子和表一起送到钟表铺，请钟表师傅修理。这样修表铺成了课堂，修表匠成了先生，令郎成了速成学生，修理费成了学费，你的孩子好奇心就可得到满足，或者他还可以学会修理咧。"

陶先生停顿了一下，接着说："孩子拆表是因为好奇心，孩子的好奇心其实就是一种求知欲，是有出息的表现。你打了他，不是把他的求知欲打掉了吗？与其不分青红皂白地打一顿，不如引导他去把事情做好，培养他的兴趣。中国对于小孩子一直是不许动手，动手就要打手心，往往因此摧残了儿童的创造力。我们应该学习爱迪生的母亲，理解、宽容孩子，善于鼓励孩子去动手动脑，这样，更多的'爱迪生'们就不会被打跑、赶走了。"

夫人听了恍然大悟，她不好意思地笑了一下，诚恳地说："陶先生，您说得对，太谢谢您了，我今后一定照您的办法去做。"

自助餐厅

一、简析王守仁的"自然教育论"

1. 王守仁揭露和批判了传统儿童教育"鞭挞绳缚，若待拘囚"的危害。

2. 他充分认识到儿童好动喜乐的天性，并把这种天性视为教育儿童的基础和基本原则。

3. 他主张教育儿童要顺应儿童性情，使其自然发展。这样才能让他们乐于接受教育，自然地不断长进。

4. 王守仁"自然教育论"对当今儿童教育的借鉴意义。

二、裴斯泰洛奇非常重视儿童的家庭教育，从三个方面说明了家庭教育的重要性

1. 母亲在儿童教育中占据着重要地位。他把母亲看做是孩子的天然教养员，母亲拥有对孩子的最初的教育权，教育孩子是母亲的天职。并指出，儿童最初的教育都从母亲那里得到的。母亲和孩子之间的爱和信赖的关系是教育的必要条件。

2. 父母最了解自己的孩子，他们知道自己的孩子的个性和能力，所以在孩子的教育方面最有发言权，也最适宜进行遵循自然的教育。

3. 教育应从摇篮开始，应从儿童生下来的时候开始，因为人的潜在的力量和才能从他诞生的时刻起就需要培育发展，这样也就使得家庭教育显得格外重要了。

三、福禄贝尔的学前教育思想

1. 学前教育目的：由于世界、自然和人都是上帝精神的体现。教育的目的就是唤起和发展埋藏在人体内部的"上帝的本源"，把人身上潜在的上帝精神表现出来。

2. 学前教育原则：①发展的原则；②教育适应自然的原则。

3. 学前教育的地位和作用：①幼儿时期是人生的一个最重要的阶段，此时的生活方式和所受的教育将影响其整个一生，应把学前教育作为人在教育过程中的一个极其重要的阶段；②单由家庭来教育儿童存在很多问题，应建立专门的学前教育机构，以保护儿童身体和精神的健康成长，培养训练有素的幼儿教师，并推广幼儿教育经验。

4. 学前教育的内容和方法：①通过游戏及"恩物"，发展儿童的认识能力、创造能力和体力，并培养良好的道德品质；②通过各种作业，将恩物的知识运用于实践。

5. 福禄倍尔学前教育思想的历史地位：福禄倍尔创立了幼儿园教育体系，使学前教育成为教育领域中的一个重要分支和独立部门，标志着学前教育机构的作用开始由"看管"转向"教育"，通过幼儿园的教育促使儿童的身体和精神的健康成长。这套理论对许多资本主义国家的学前教育的发展都有很大的影响。但他的

理论带有神秘主义和形式主义的倾向。

四、分析和评价蒙台梭利的感官教育论

幼儿的感官训练和智力培养是蒙台梭利创建的"儿童之家"的重要特色，也是蒙台梭利教学法的一大特点，有很多值得我们参考和借鉴。

首先，蒙台梭利强调感官教育的重要性，认为幼儿正处在各种感觉的敏感期，应加强适当的教育，不失时机地使感官得到最充分的发展；感官训练是形成认识能力的第一道门。这种观点是符合人的认识规律的。

其次，在教育实践中，她设计了一套"感官练习材料"对儿童进行了各种感官教育。这些材料是符合儿童认识特点的；感官训练活动有助于儿童智力的发展。但是，蒙台梭利的感官教育论也有其不足之处。她的感官训练是孤立地进行的，割裂了各种感觉之间的内在联系；其感官教育的方法有机械、呆板、枯燥乏味倾向，不利于儿童想象力和创造力的培养。

参考文献：

[1] 陈幸军:《幼儿教育学》，人民教育出版社，2013年版。

[2] 黄人颂:《学前教育学》，人民教育出版社，2001年版。

[3] 郑建成:《学前教育学》，复旦大学出版社，2007年版。

[4] 梁志燊:《学前教育学》，北京师范大学出版社，2000年版。

[5] 唐淑、钟昭华:《中国学前教育史》，人民教育出版社，1999年版。

[6] 周采、杨汉麟:《外国学前教育史》，北京师范大学出版社，1999年版。

[7] 刘晓东：二十一世纪中国学前教育的发展趋向，《教育导刊》幼儿教育版（广州），2001.2.6。

[8] 刘焱:《学前教育原理》，辽宁师范大学出版社，2002年版。

项目三　学前儿童观

话题导入

苏霍姆林斯基说过"今天的孩子将来会成为一个什么样的人,这里起决定性作用的是他的童年如何度过,童年时期由谁携手带路,周围世界的哪些东西进入了他的头脑和心灵。人的性格、思维、语言都在学龄前和学龄初期形成。"现代学前教育主张"让教育适应儿童",发展"适宜性教育",重视儿童的兴趣和需要,强调把每个幼儿潜能的开发、健康个性的发展、为适应未来社会发展变化所需要的自我教育、终身学习的愿望和探索能力的初步形成作为最重要的任务。

教学任务

表3-1　学前儿童观教学任务一览表

教学任务	掌握知识→培养能力→陶冶品德。
掌握知识	掌握学前儿童发展的基本特征和影响因素,掌握科学儿童观的内涵,掌握学前教育对儿童发展起到的作用。
培养能力	能在幼儿园实际工作中合理运用学前教育与儿童发展之间的关系,形成科学的儿童观。
陶冶品德	树立科学儿童观,立足"适宜性教育"、"发展性教育",关注学前儿童发展的全面性和差异性,帮助幼儿养成终身受益的意志品质。

掌握知识

模块一　学前儿童观概述

一、学前儿童的发展

（一）学前儿童发展的含义

学前儿童发展是指儿童的生理、心理有规律地由量变到质变的发展过程。儿童发展包括生理发展和心理发展。生理发展是指身体形态、结构、功能的生长和发育，例如身高、体重的增长，骨骼与肌肉的生长，神经系统的发育，运动机能的发展等。心理发展包括两个方面：一是感知觉、记忆、想象和思维等认知因素的发展；二是情感、意志、兴趣、需要和个性等非认知因素的发展。

学前儿童的发展是生理发展和心理发展相互作用的过程。儿童的生理发展与心理发展密切联系、相互影响。身体各器官、各系统的发育为儿童的心理发展奠定了物质基础，而心理的发展也保证和促进了儿童身体的正常发育。

（二）学前儿童发展的基本特征

学前儿童发展的基本特征是指在儿童身体和心理发展中普遍存在的特点。总体上看，儿童的发展变化从开始到成熟大致体现为：一是反应活动从混沌未分化向分化、专门化演变；二是反应活动从不随意性、被动性向随意性、主动性演变；三是从认识客体的外部现象向认识事物的内部本质演变；四是对周围事物的态度从不稳定向稳定演变。

1. 顺序性

在儿童的发展过程中，身体和心理的发展都表现出一种稳定的顺序性。例如，在儿童身体结构的发展中，首先是头部的发展，而后是躯干的发展，最后才是四肢的发展；在骨骼与肌肉的协调发展中，首先是大骨骼与大肌肉的发展，而后才是小骨骼与小肌肉群的发展与协调。与此相适应，在儿童基本动作的发展中，首先是翻身、坐、站、走和跑等粗大动作的发展，然后才是写字、绘画等精细动作的发展；人的记忆，由机械记忆到意义记忆；人的思维，由具体思维到抽象思维；人的情感，由喜怒哀乐等一般情感到理智感、道德感、美感等复杂情感；人的认知能力，按照感知运算水平、前运算水平、具体运算水平、形式运算水平的顺序发展。总之，儿童身心发展的顺序是固定不变的，先前的生理发展是紧随其后的心理发展的基础。顺序性使儿童身心发展成为了一种连续的、不可逆转的过程。

2. 阶段性

儿童身心发展是连续的、渐进的，儿童身心的特点发展到一定时期或一定程度，就会发生质变，进入一个新的发展阶段，因而说儿童的发展具有阶段性。根据儿童生理年龄和心理发展的特点，可以把儿童的发展划分为婴儿期（1岁前）、幼儿前期（1~3岁）、幼儿期（3~6岁）、童年期（6~12岁）、少年期（12~15岁）、青年初期（15~18岁）。

儿童在不同年龄阶段面临着不同的发展任务，具有不同的总体特征和主要矛盾。儿童在不同年龄阶段中形成的一般的、典型的、本质的特点就是儿童身心发展的年龄特点。例如，3岁前儿童的思维以直观行动思维为主，而幼儿的思维则以具体形象思维为主。

3. 不平衡性

儿童发展的不平衡性是指儿童身心各个方面的发展不匀速、不均衡的现象。不平衡性有两个具体的表现：

（1）儿童的身心发展不是匀速的。儿童在不同的年龄阶段，其发展的速度和水平是有明显差异的。例如，儿童的身高有两个生长高峰，第一个高峰出现在出生后的第一年，第二个高峰出现在青春期，在这两个发展期内，儿童身高的增长速度明显较快，而在其他发展期内，儿童身高的增长速度明显较慢。

（2）儿童身体和心理发展不完全协调、不统一。就儿童整体的发展而言，生理成熟是先于心理成熟的。但就某一具体方面而言，也会出现心理能力不受生理成熟条件控制的情况。例如，幼儿的语言掌握能力和机械记忆能力往往优于成年人。

4. 个别差异性

在儿童发展具有整体共同特征的前提下，个体身心发展在表现形式、内容和水平方面存在独特之处，这就是儿童发展的个别差异性。例如，同一年龄的两个幼儿在身高、能力、兴趣和性格等方面存在明显差异。儿童身心发展的个别差异性决定了教育活动应做到因材施教。

5. 学前儿童发展具有关键期

婴幼儿时期为人类能力发展的"关键期"，美国心理学家布鲁姆认为：个人的智力成熟从出生到4岁发展到40%，4岁到8岁再发展30%，8岁以后发展剩下的30%。如果儿童在非常重要的早期岁月里得不到理智刺激，他们的学习能力就受到严重的妨碍。而右脑开发专家、日本的七田真教授基于左右脑不同功能的研究，更是把这种学说向前推进了一步。他认为：人的智力犹如一个等腰三角形，在0~3岁时发展最快，就是三角形的底，8岁时就到了三角形的顶端，智力再也不会得到明显的提高，那以后，人们只会增长知识和技能了。他认为3岁前是人生的天才期，这一时期人的吸收力最为活跃，而且不分难易；3~6岁是以少许的学习游戏即可养成优秀资质的时期；6~8岁需特别的努力才能培育出优秀的资质。

（三）影响学前儿童发展的因素

1. 理论学说

（1）遗传决定论。

遗传决定论认为，儿童的发展是由先天的遗传基因决定的，儿童发展过程是这些内在遗传因素自我展开的过程，环境的作用仅仅在于引发、促进或延缓这种过程的实现。其创始人是英国人类学家、生物统计学家高尔顿。他主张人的体力和智力均由遗传决定。除高尔顿外，遗传决定论的代表人物还有美国生物学家威尔逊、美国心理学家格塞尔等人。威尔逊把"基因复制"看作决定人的一切行为的本质力量，格塞尔则强调成熟机制对儿童发展的作用。

中国俗话说："龙生龙，凤生凤，老鼠的儿子钻地洞。"形象的描述了基因优良对后代的重要性。而《荀子·劝学》中提到"蓬生麻中，不扶而直；白沙在涅，与之俱黑"，即"近朱者赤，近墨者黑"，以比喻的方式说明环境对于人的影响的决定作用。

（2）环境决定论。

环境决定论否定生物遗传素质在人的发展中所起的决定作用，认为个体发展是环境影响或塑造的结果，有什么样的环境就有什么样的心理和行为。其代表人物有英国教育家洛克和美国心理学家华生等人。洛克提出了"白板说"，认为儿童的心灵开始时就像一张白纸，观念和知识都来自后天。华生提出了"教育万能论"，他指出："给我一打健全的儿童，更给我一个特殊的环境，我可以运用特殊的方法，把他们加以任意改变，使他们成为医生、律师、艺术家、大商人，或者使他们成为乞丐和盗贼。"

环境决定论强调儿童成长的环境条件、教养内容和教育方法在儿童发展中的重要作用。环境决定论的盛行导致了传统教育实践具有重视教师权威、书本知识和学校纪律等特点。环境决定论在肯定儿童发展可塑性的同时，也将儿童牢牢地固定在失去自主性和被塑造的地位上。

（3）辐合论。

二十世纪五十年代前后，上述两种相互对立的儿童发展观，逐渐放弃排斥对方，开始走向相互包容，产生了辐合论。辐合论也称二因素论。这种儿童发展观认为，先天遗传因素和后天环境因素对儿童发展都有重要的影响，二者的作用各不相同，不能相互替代。儿童的发展不是单纯地靠天赋本能的逐渐显现，也不是单纯地对外界影响的接受或反映，而是其内在品质与外在环境相互作用的结果。

无论是遗传决定论、环境决定论，还是辐合论，以及在此基础上形成的多因素论，都没有对这些影响因素转化为儿童发展的机制做出科学解释，也不能说明儿童本人在其发展过程中的作用和意义。

(4) 其他理论。

瑞士心理学家皮亚杰认为，儿童的发展是以发展主体的自我调节为机制的自我演变过程。在这一过程中，儿童主体的活动是第一位的，是发展的根本因素，遗传与环境因素只是儿童发展的必要条件。皮亚杰非常重视儿童自主能动的自我调节功能在儿童发展中的关键作用，并清楚地阐述了遗传因素、环境因素和儿童活动三者的关系及其各自在儿童发展中的意义。这一研究成果为现代儿童发展观奠定了心理学的理论基础。

美国教育家杜威认为，在儿童的发展过程中，作为发展的主体，儿童对教育活动的参与和体验是影响其发展尤其是社会性发展的最重要因素。他在注重儿童作为发展主体地位的同时，更强调环境条件，尤其是教育情境对儿童发展的重要影响。他主张根据儿童的兴趣和能力来设计教育活动，尽量去除在教育过程中各种脱离生活、脱离儿童需求的内容与形式，去除其他可能会对儿童发展产生阻碍的因素，让儿童的发展更适合其个性需求、更贴近社会生活。这一思想对二十世纪初进步主义教育在全世界的兴起产生了极大的促进作用。

皮亚杰和杜威的思想促进了儿童发展观的进步与成熟。皮亚杰明确地揭示了儿童主体协调机制在连接刺激与反应方面的关键性作用，突出了在儿童发展过程中儿童的主体地位和作用。杜威在肯定儿童主体重要性的同时，指出了环境条件对于儿童主体发展的意义，提出了对环境尤其是对教育的改造与控制。

2. 影响因素

(1) 生物因素。

生物因素是指儿童的全部先天特点及儿童所有的生命现象，如遗传、制约儿童生长发育的成熟机制、儿童的先天特点和健康状况。儿童的发展受到生物学规律的制约，生物因素是影响个体发展的首要因素。

1) 遗传。是指亲代性状传给后代的现象。个体通过遗传获得了父母的生物特征，这些生物特征称为遗传素质。遗传素质是儿童身心发展的前提条件，它对儿童发展的具体作用主要表现在以下两个方面：

①遗传素质为儿童发展提供了物质条件。儿童通过遗传获得了父母的遗传素质，儿童出生之后就有了人的特点，而不是其他生物的特点。例如，一个生来就是色盲的孩子，无法辨别颜色，也就无法成为画家。由此可见，遗传素质是儿童身心发展的生理基础。

②遗传素质的差异是构成儿童发展差异的重要原因。儿童的遗传素质会导致

儿童在体貌、生理机能等方面的差异，进而导致儿童的心理出现一定的差异。新生儿出生后，有的比较安静、容易入睡，有的则手脚乱动、大哭大闹。这与儿童神经活动的特点有密切关系。

遗传素质为儿童的身心发展提供了物质前提，但是遗传素质提供的可能性能否成为现实性，关键还在于后天的环境和教育。印度的"狼孩"证明，人虽有优于动物的遗传素质，但若离开了人类的社会生活和教育影响，人依然会同动物一样，没有人的语言和思维，只能消极地适应环境。由此可见，遗传素质并不能从根本上决定一个人的发展。

2）机体的成熟程度。成熟是指一个人身体的成长过程。一个人在出生时的身体结构和机能是极不完备和软弱的，它的成长是一个缓慢的过程。随着年龄的增长，神经系统的逐渐成熟，身体的结构和机能才逐渐有规律地成熟。

美国心理学家格塞尔认为，支配儿童心理发展的因素有两个：一个是成熟，另一个是学习。其中，成熟起决定性作用。格塞尔用"双生子爬梯实验"说明了他的观点。有同卵双生子T和C，T从出生48周起每天进行10分钟的爬梯训练，而C不进行这种训练。在T进行了6周训练之后，C从53周开始每天也做10分钟的爬梯训练。结果表明，C的爬梯能力在2周以后就达到了T经过6周训练后的爬梯水平。虽然C开始爬梯训练的年龄大于T，但获得同样能力所需的时间却远远少于T。由此，格塞尔得出结论：不成熟就无从产生学习，学习只是对成熟起一种促进作用。儿童成长受生理和心理成熟机制的制约，在机体器官与机能没有成熟以前，对儿童进行任何提前开始的学习训练都是收效甚微的。

格塞尔的研究表明，教育应循序渐进，切不可拔苗助长。当儿童的发展为某一种学习做好了一定准备时，进行这种学习的效果最好。可见，儿童教育应当适时。

（2）环境因素。

环境是指影响儿童发展的外在因素，它包括胎儿的母体环境、儿童出生后的自然环境和社会环境等。胎儿在母体内形成的过程中，母亲的健康、营养、情绪、疾病和药物等构成一种环境，它对胎儿的发育有着重要的影响。胎儿通过胎盘从母体中获取营养，母亲营养不良可能导致胎儿发育迟缓，影响胎儿出生后智力的发展。母亲遭受了直接的、重大的精神刺激，可影响胎儿大脑的发育，并使新生儿身体瘦小、体质差，心理上易表现为神经过敏与偏执。此外，疾病、药物、酒精、放射线等不良因素也会对胎儿的成长造成不良影响。

出生后的儿童会受到自然环境和社会环境的影响。自然环境是指影响人类生存与发展的自然因素，包括空气、水、土壤、植物和动物等。社会环境是指人类在自然环境基础上创造的物质文化、精神文化和社会关系的总和，包括生产生活方式、民族文化、家庭环境、公共场所、社会风气和教育等。

环境既包括有利于儿童成长的积极因素，也包括不利于儿童成长的消极因素。它对儿童发展的影响是广泛的、潜移默化的，同时又带有自发性和偶然性。儿童只有认识、适应环境，才能生存并获得自身的发展。环境对儿童的发展具有重要影响，但儿童不是消极被动地接受环境的影响，而是通过自身的积极活动，与环境发生相互作用。

(3) 教育因素。

教育是社会环境的一部分，是社会环境中的特殊部分。教育，特别是教育机构的教育，具有明确的目的性和方向性，是专门培养人的活动，可控制和利用各种环境因素对人的发展产生影响。因此，与遗传因素和自发的环境影响相比，教育的影响力量更强大，教育在儿童的身心发展中起的作用更加明显深刻。

(4) 儿童发展的主观能动性。

主观能动性又称自觉能动性、意识的能动性，是指个体在认识世界和改造世界中积极主动的、有意识的活动能力。儿童的发展除了受到遗传、生理成熟、环境和教育的影响之外，还受到个体主观能动性的影响。儿童是独立的生命实体，有自己的身体结构和心理结构，有自己的需要和兴趣，会接受自己所需要的东西、拒绝不需要的东西。儿童发展的内在根源在于儿童自身的能动性。第一，儿童对环境的刺激有较强的选择性，所以同样的环境对不同的儿童有不同的影响。第二，儿童认识外界是儿童内部的主动活动的过程。没有儿童自身的探索和对外界环境影响的积极吸收，就没有儿童的发展。儿童的发展是儿童积极地自我创建的结果，这一过程就是儿童创造性地掌握社会文化和自我觉悟的过程。

二、学前儿童观

(一) 儿童观的含义

儿童观是人们对儿童的根本看法和态度，它包括对儿童的特点与能力、地位与权利，以及儿童发展的成因、教育同儿童发展之间的关系等诸多问题的认识和态度。

(二) 儿童观的演变

儿童观是人们的主观认识，但它不可避免地受到了社会、政治、经济和文化等因素的制约和影响。随着社会的发展，人们的儿童观也在不断地更新，它的演变可以分为以下三个阶段：

1. 古代的儿童观

从原始社会到文艺复兴之前，儿童的价值和权利并没有受到认可和重视。这一时期的儿童观处于被压抑的阶段，其主要观点有以下两种：

（1）儿童是"小大人"。这种观点认为，儿童是"缩小"的大人，是小大人，儿童与成人的唯一区别是年龄和身材的差异。在中世纪的欧洲，"儿童时代"这一概念是不存在的。人们用成人的标准去要求儿童，要求儿童像成人一样做事情，早日独立生活，儿童的特点、儿童期的意义被完全忽视。这种观点基于当时落后的生产发展水平，客观上不允许儿童长期依赖成人。

（2）儿童是"有罪的"。这种观点认为，儿童一生下来就充满了罪恶，是有罪的"羔羊"，并且卑贱无知，成人应该严加约束、管制，使儿童不断地赎罪。宗教的原罪说在14~18世纪被普遍接受。按照基督教的教义，亚当和夏娃偷吃了禁果而犯了罪，这一罪过由亚当和夏娃传给他们的后代，成为整个人类的原始罪过，这种"原罪"伴随人类始终。儿童是带着"原罪"来到人世的，故生来性恶，体罚能驱除儿童内在的恶性。因此，鞭挞、体罚儿童的现象普遍存在。儿童承受着肉体和精神上的折磨，受到成人的轻视，创新、尝试行为都会受到指责，人格受到严重摧残。

2. 近代的儿童观

从文艺复兴到十九世纪末，人类意识普遍觉醒，人的价值、尊严、地位和智慧得到肯定。人们开始认为儿童是没有"原罪"的，是天真的、纯洁无瑕的。儿童是有独立存在价值的实体，有自己的权利、思想、情感和需要。不应该用成人的标准要求儿童，儿童应该像"儿童"，要珍惜童年生活。这一时期的儿童观进入了发现儿童的阶段，其代表性的观点主要有三个。

（1）儿童是"白板"。这一观点的代表人物是英国哲学家洛克，他在《教育漫话》中指出，儿童生来是没有原罪、纯洁无瑕的"空白板"。"人心中没有天赋的原则"，人心如同白板，理性与知识都是从经验而来。现实社会中的任何道德观念和原则绝不是由上帝之手印入人心的，而是由人来形成的。儿童生来就像一张白纸，其心灵可以任意涂画描绘。儿童的发展主要是由教育来决定的，"我们日常所见的人中，他们之所以或好或坏、或有用或无用，十分之九都是由他们的教育决定的。人类之所以千差万别，便是由于教育之故。"这一儿童观在当时有其积极意义，但也容易对教育产生消极影响：一是把儿童看作空空的容器，教师的任务就是填满它，不考虑儿童的需要、兴趣；二是把儿童看作一模一样、没有个性的教育对象，忽视儿童的个性差异。

（2）卢梭的自然论。法国启蒙思想家卢梭尖锐地批判了封建社会对儿童的种种偏见和歧视，认为儿童并不是生来就有"原罪"的，也不是可以教育的"白板"，更不是"小大人"，儿童本身具有不可转让的价值。真正的教育应该遵循儿童内在的自然法则，使儿童的自然本性得到发展。他从根本上转变了用成人社会的要求对待儿童的传统，把儿童从社会的偏见和双亲的束缚中解放了出来，确定了儿童是有其固有法则的"自然"存在，人们认为他"发现了儿童"。

①儿童作为人，具有人的根本特性。卢梭认为，儿童首先作为"人"，应该具有人的特性。儿童生来性善，是纯洁无瑕的，心中没有任何罪恶的种子；儿童是自由的，自由是儿童的权利。教育者要保护儿童善良纯洁的心灵，顺从儿童的自由本性；要运用各种方法使儿童避开社会的不良习俗和偏见，让儿童返回自然，恢复儿童的天性。

②把儿童看作儿童。卢梭在其教育哲理小说《爱弥儿》中指出："在万物的秩序中，人类有它的地位；在人生的秩序中，童年有它的地位；应当把成人看作成人，把孩子看作孩子。"他认为，儿童首先是人，应当把儿童当作人来看待，但儿童又与成人不同，还应当把儿童当作儿童看待。"大自然希望儿童在成人以前就要像儿童的样子。如果我们打乱了这个顺序，就会造成果实早熟，它们长得既不丰满也不甜美，而且很快就会腐烂。"

卢梭认为，"把儿童看作儿童"就是要认识儿童与成人的不同，把儿童期看作特殊的发展时期。儿童生理、心理的发育是不成熟的，他们有自己的思维方式和方法，有自己的快乐和幸福。要想使儿童获得快乐和幸福，就应当尽可能使儿童保持在天生的自然状态下，尊重儿童的天性，对儿童的种种不成熟和孱弱给予精心保护和帮助。

③儿童期有自身的发展规律和价值。儿童期是个体发展的重要时期，它奠定了个体发展的基础，教育者不可为了儿童的未来而牺牲儿童的现在。儿童的现在和未来是前后连贯的发展过程，轻视儿童期的生活不仅对儿童今后的发展是不利的，而且也剥夺了儿童应有的权利。儿童是独立的个体，有自己的尊严和权利，应享受儿童应有的幸福。教育不应为了成人的利益而牺牲儿童的利益，应把属于儿童的东西还给儿童。

(3) 儿童是"成长的植物"。代表人物有瑞士教育家裴斯泰洛齐和德国教育家福禄贝尔等。

裴斯泰洛齐认为，人是依据特有规律发展的有机体。地下的种子会自己生长出来，开出美丽的花朵，儿童就好比是一粒等待生根开花的种子。

福禄贝尔认为，植物种子成长的源泉在其本性，园丁必须依从植物本性的发展顺序而栽培。儿童就像正在生长着的植物，家长和教师就像园丁，课堂和家庭就是儿童生长的花房。儿童的生长就像花朵在适当的条件下逐渐开放一样，开花由种子决定，开得好坏由阳光、水分、土壤决定。

3. 现代的儿童观

十九世纪末期以后，尊重儿童的呼声日益高涨。随着国际儿童福利联合会等国际儿童组织的成立，《儿童权利公约》等国际准则的通过，尊重、爱护儿童成为了全人类的行动，整个社会给予儿童越来越多的关注，这是前所未有的。这一时期的儿童观进入了儿童中心论时期。这一主张的代表人物有美国哲学家和教育家杜威、意大利儿童教育家蒙台梭利等。

(1) 杜威的进步主义儿童观。杜威反对把儿童看作无知无能的人，认为儿童身上蕴藏着学习和成长的力量和能力。他提出了儿童中心论，主张让儿童成为教育的主体和中心，让儿童积极主动地自我发展，彻底改变压制儿童自由和窒息儿童发展的传统教育。

①儿童是未成熟的人、发展中的人。杜威认为，儿童生长的首要条件是未成熟状态，这种未成熟状态不意味着一无所有或匮乏，也"不是指现在没有能力，到了以后才会有"，而是"表示现在就有一种确实存在的势力——即发展的能力"，表明积极的、向前发展的力量。未成熟状态具有依赖性和可塑性两个特征。依赖性是一种积极的力量和能力，而不仅仅是软弱。依赖性暗示着某种补偿能力、生长能力，较长的儿童期蕴藏着学习复杂技能的可能性。可塑性是儿童为了生长和生活而具有的特殊适应能力。儿童可以利用可塑性在环境中吸收信息，与环境保持平衡，同时又能调整自己的活动，保持自己的倾向性。可塑性意味着儿童拥有从经验中学习的能力，意味着从经验中获得应付困难的力量。

②儿童期的生活有自身的价值。传统教育认为，儿童期是人生的准备阶段，儿童的学习是为将来做准备的。而杜威强调教育过程是一种社会的过程和生活的过程，不是将来生活的准备，"生活就是发展，而不断发展、不断生长，就是生活"。儿童本能的生长、发展及经验改造过程表现为活动就是儿童的生活，儿童教

育不应当是生活的预备，而是儿童现在的生活过程。

③儿童是起点、是中心，而且是目的。杜威指出，"我们必须站在儿童的立场上，并且以儿童为自己的出发点""儿童自己的本能为一切教育提供了素材，并指出了起点""教育不是把外面的东西强迫儿童去吸收，而是要使人类'与生俱来'的能力得以生长"。教育的本质和作用就是促进这种本能的生长。基于教育目的应来自教育过程本身而不是教育过程之外的主张，他提出了"儿童中心"论，主张"儿童变成了太阳，而教育的一切措施则围绕着他们转动；儿童是中心，教育措施便围绕他们组织起来"。

（2）蒙台梭利的儿童观。重视与尊重儿童是蒙台梭利儿童观的基础。蒙台梭利认为，儿童发展的原动力来自儿童内部，儿童是教学活动的中心。教育者必须深入了解儿童"心灵内部的世界"和"内在潜能"，才能找到适合儿童发展的教育途径。

①儿童具有内在的生命力。蒙台梭利指出："生长是由于内在的生命潜力的发展使生命力量呈现出来，它的生命力就是按照遗传确定的生物学的规律发展起来的。"由于内在生命力需要适宜的环境，因此，"把头等重要性归咎于环境，这形成了我们教育方法的特点，成为我们整个体系的中心"，"教育工作者的首要任务是刺激生命——使儿童自由发展与展开"。

②儿童心理发展有自身的特点。蒙台梭利综合了当时的医学、生物学、实验心理学、人类学等研究成果，结合她在"儿童之家"的教育实践，认真研究了儿童心理发展的特点。

儿童具有独特的"心理胚胎期"。蒙台梭利认为，心理或精神胚胎期是人类所特有的。儿童的心理受到内在生命力的驱使而发展，吸收外界刺激和印象，形成许多感受点和心理发展所需要的器官，然后才产生心理活动。儿童从出生到能够行走和掌握语言，大概需要一年，这是婴儿从心理或精神一无所有发展到形成"心理或精神胚胎"的过程。

儿童具有"吸收性心理"。"吸收性心理"是指儿童通过与周围环境的密切接触和感情联系获得各种印象，吸收文化传统，并在此基础上形成自己的个性和行为模式。她强调儿童具有主动性，儿童是"利用他周围的一切塑造了自己"。儿童在幼年所获得的一切将保持和影响一生，"胚胎的生命和童年的改变对成年的健康与人种的未来是具有决定性的"。因此，教育要给儿童提供丰富的精神营养和环境。

儿童心理发展具有敏感期。儿童的发展存在着与动物相同的各种敏感期，敏感期内的儿童如果处于适当的环境之中，他们就可以在无意识中悠然自得地掌握某种能力。例如，3岁前是儿童学习语言的敏感期，在这段时间里儿童可以轻松地获得语言能力，但如果错过了这一时期，学习语言就非常困难。又如，儿童对秩序的敏感（秩序的敏感期）在出生后的第一个月里就可以感觉到，并一直持续到第二年。儿童在1岁至2岁时会表现出对细节的敏感（细节的敏感期），他们的注意力往往集中在细枝末节上。由于每个儿童各种敏感期出现的时间不同，教育者要及时发现儿童出现的敏感期，并安排适当的活动，发展儿童的这种敏感性。

③儿童心理发展是通过自由"工作"实现的。儿童的生命潜力通过自发的冲动表现出来，这种冲动的外在表现就是儿童的自由活动。儿童最喜欢的活动是"工作"，只有"工作"才能培养儿童多方面的能力、促进儿童人格的形成和意志的发展。"工作"不同于福禄贝尔所称的"游戏"，"游戏"是一种无目的的嬉耍，而"工作"是有目标、有秩序的活动。在自由的环境中，孩子会全神贯注地投入自己选择的活动，并表现出一种神奇的愉悦和宁静，任何使他们感兴趣的事情，即使是干扰性的，他们都会视而不见。儿童之所以这样投入，是因为这些活动已经满足了他的需求。儿童具有征服外界事物的潜在需求动机，完成他想要的活动以后，他会显得轻松与满足，使他感受到真实的自我。儿童的"工作"与成人不同，儿童是"为工作而生活"，成人是"为生活而工作"。儿童的工作遵循自然法则，服从内在的引导，工作的目的就是工作本身，没有外在目标。儿童工作可促进非压迫、非强制的纪律的形成，真正的纪律只能建立在自由活动的基础上。如果儿童处于主动状态，自由和纪律就是一个不可分的整体。

资料室

福禄贝尔

弗里德里希·威廉·奥古斯特·福禄贝尔（1782~1852年），德国教育家。现代学前教育的鼻祖。福禄贝尔不仅创办了第一所称为"幼儿园"的学前教育机构，他的教育思想与实践还对世界各国幼儿教育的发展起到深远的影响，迄今仍在主导着学前教育理论的基本方向。

福禄贝尔的父亲早晚在家做家庭礼拜，受此影响他们全家都信仰宗教。到入学时，他进入乡下一所女子小学。女子小学的教育主旨是安静、优雅、秩序，也影响他的精神生活，他整天在家过着孤独内向的日子。乡村里的人们遇到不能解决的事就找他父亲商谈。他在旁听了许多夫妇及男女间的问题，少年的他虽然不能十分了解，但亦形成他悲天悯人的个性。童年时代的他感觉到在冥冥中有一个主宰，因而福氏住在森林中常想的问题已渐渐明白起来了。以后几年，福氏教育的特色使他深深体会到神所创造的大自然和人类心灵关系，由大自然到神，由有限到无限之哲理。

1792年他刚好10岁，舅舅荷尔曼来访，与他小住的时候，深觉失去母亲的福氏非常可怜，乃将他带至自宅。舅舅是位忠诚坚贞的传道人，深深地影响了少年时的他，再加上在学校宗教课领受的更是让他获益无穷——跟随耶稣的脚踪。福氏日后教育思想的中心，即源于此——人、自然与造物主，三者有密不可分的关联，所谓教育，必须达到这三者的联结和谐。

福禄贝尔1805年至瑞士参观裴斯泰洛奇的学校教法，因裴斯泰洛奇教学法灵活，启发学生的兴趣，他很喜欢裴斯泰洛奇的教学，也确定了自己努力的方向。福氏收了四十名儿童（9~11岁），他按照裴斯泰洛奇的主观教学法，每周一次带儿童到郊外让儿童自由玩耍，特别引导他们接近大自然，由栽培花草、树木来培育儿童的爱心，由图画的教学来启发心智——线的平面关系、立体的空间关系，由简单进入复杂，让幼儿去发现和了解，这些教学法获得大家的好评，更增加他的信心。福氏决心将自己的一切奉献于教育界，又去研究卢梭的《爱弥儿》——"经验是来自儿童"，他觉得这种教育法才是真正给予人类幸福。

同时，福禄贝尔注重辨证看待裴斯泰洛奇教育法的优缺点，尤其重视研究户外游戏。他认为游戏是发展儿童精神、情绪、身体的强大力量，观察全神贯注做游戏的幼儿、儿童、少年、青少年，他们都充满着高贵的神情和强壮的体力，游戏可以培养优良的品质；在户外散步可以感受到大自然对培养人们高尚的情操、安静的心态以及思考力等方面都大有裨益。所以，人类应与大自然和谐共处。

福禄贝尔认为，游戏是儿童的内在本能，尤其是活动本能，因而对儿童的教育，不应加以束缚、压制，也不应拔苗助长，而是应当顺应其本性，满足其本能的需要，如同园丁顺应植物的本性，给植物施以肥料，配合以合适的日照、温度。如此，蕴含的神性将在人性里逐步被唤醒和体现出来。

福禄贝尔认为，游戏和手工作业是幼儿时期最主要的活动，因此相当重视手工材料和教具的准备，其中包括著名的恩物。同时，他也重视环境的设置，主张幼儿园必须设置花坛、菜园、果园，用以辅导幼童本身的活动，让幼童自己决定自己的行动，成人不加以干涉，让幼童借此来认识自己，知道自己的能力，并且辅导他们自我操练，通过他们的行动、工作，启发他们的潜在力量。

蒙台梭利

玛丽亚·蒙台梭利（1870~1952年），意大利幼儿教育学家，蒙氏教法的创始人。她的教育法建立在对儿童的创造性潜力、儿童的学习动机及作为个人的权利的信念的基础之上。

她认为干涉儿童自由行动的教育家太多了，一切都是强制性的，惩罚成了教育的同义词。她强调教育者必须信任儿童内在的、潜在的力量，为儿童提供一个适当的环境，让儿童自由活动。她特制了很多教具，如小型的家具、玻璃、陶瓷等小物件，供儿童进行感官练习。

她的重要教育理念主要有：

1. 尊重儿童独立性：只有独立的人才能享有自由。好动是儿童的天性，大人不要横加干涉或禁止，老师和家长千万别指挥或命令孩子，要让他自己指挥自己，自己听从自己的命令。尊重儿童的独立性，儿童就能自然的活动筋骨，健康的身体随之而至。

2. 肃静与活动：尊重儿童的独立性，并非让他为所欲为，且不可让孩子以为安静、顺从、听话、被动就是好事；而活动或工作就是坏事。蒙台梭利的教学法强调儿童主动探索，并着力于设计启发性的教学情境和教具，让儿童借由具体操作来学习，不只是听讲。

3. 精神胜利方法：蒙氏希望她的学生不要"主动"的去"教"孩子，应该做个"旁观者"来注视孩子的一切行为。唯一必须人为的就是设计或制作更多教具，甚至鼓励孩子尽情的游玩及操弄，就是对儿童最大的尊重。因为蒙台梭利方法的真正老师，就是儿童本身。

4. 个人自由先于社会纪律：自由第一，秩序只是其次。传统教育强调"群性"，而蒙氏注重"个性"。蒙台梭利在1932年向英国的蒙台梭利学会发表的文章中强烈痛责孩童受束于大人，还不如奴隶及工人。蒙氏毕生心血强调："解放儿童，是教育工作者的使命，因此，儿童个人自由应列为优先考虑。"

5. 童年期的秩序感：蒙台梭利发现儿童的行为特征之一，就是秩序感。一般人都认为孩子的房间或游乐场乱七八糟，玩具或纸屑丢的满地都是，大人为此很头疼，并认为这是孩子的问题，会想办法及早培养孩子整齐清洁的习惯。然而蒙氏相信，小孩之所以无法将屋内安排得井然有序，始作俑者是大人。儿童本有顺乎自然的秩序感，只是大人以"权力"予以弄坏了而已。

模块二　建立科学的儿童观

一、科学的儿童观

科学儿童观是指那些符合儿童本质的观点。形成科学儿童观的基本内涵包括以下四个方面：

（一）儿童是人

儿童作为人，具有和成人一样的人格和尊严、一样丰富的精神世界、一样的差异性。儿童是人，是具有独立个性的人，他们有自己的尊严、秘密，有自己感知世界和思索世界的方式，有着不同于成人的思想和情感。儿童是人，这里的"人"包括两层含义。

1. 儿童是能动的主体

儿童不是不能自主活动的自然材料，也不是没有意识的动物和植物，而是能动的主体。儿童不仅能够通过外界摄取活动，使自己的身体得以保存和发展，还能创造和满足自己物质和精神的需要以发展自己。儿童具有个人的爱好、兴趣、追求和独立意志。在教育活动中，他们不是消极被动地接受教育，而是能够意识到自己是被他人所影响，从而更可能自觉地参与到教育过程中，共同完成教育活动。

2. 儿童是具有思想感情的个体

儿童不同于可以听任摆布的物品，他们有血有肉，有自己的思想和情感，有自己的需要、愿望、尊严、意志和自身独立的人格。儿童合理的需要应当得到满足，正当的权益应当得到尊重。教师不仅要认识儿童，还要理解、尊重儿童，满足儿童的合理需求，与儿童建立良好的人际关系。

（二）儿童是发展中的人

1. 儿童具有与成人不同的身心特点

儿童不是成人的雏形，不是"小大人"，他们在年龄、身材、知识和能力等方面具有与成人不同的特点。例如，幼儿的思维以具体形象为主，而成人的思维则以抽象逻辑为主。

2. 儿童具有发展的可能性与可塑性

儿童是发展中的人，儿童期是一个人的生理、心理发展的重要时期，各种特征都处在变化当中，具有极大的可塑性，蕴藏着极大的发展可能性。这一时期，他们能否得到良好的教育，身心发展状况如何，对他们一生的发展将产生极大地影响。

3. 儿童具有发展的需要

儿童发展的可能性和可塑性能否转变为现实，取决于儿童发展的需要、儿童与环境的相互作用。客观现实不断作用于儿童，对儿童提出新要求，这些要求会转变为儿童的需要。环境对儿童的客观要求所引起的需要与儿童现有发展水平之间的矛盾运动，是推动儿童发展的动力。

（三）儿童是权利的主体

儿童是社会的未来、人类的希望。儿童是独立的社会个体，是权利的主体，有着独特的法律地位。他们不仅享有一般公民的生命权、生存权、人格权等绝大多数权利，还受到社会的特殊保护，享有儿童的身心健康权、人身自由权、人格尊严权、隐私权、名誉权等。

1989年联合国大会通过了《儿童权利公约》，它的核心精神就是维护儿童的社会权利主体地位。它的基本原则有以下四项：

1. 尊重儿童的观点与意见的原则

任何事情如果涉及儿童本人，必须认真听取儿童自己的观点和意见。

2. 无歧视原则

每一个儿童都平等地享有公约规定的权利。儿童不应因其本人或父母的种族、肤色、性别、民族、语言、宗教、出身、财产、伤残等受到任何歧视，他们所享有的一切权利也不应因其父母、监护人和家庭成员的身份、活动、信仰和观点而受到影响。

3. 儿童最大利益原则

以儿童最大利益为目标是公约中的首要考虑。凡涉及儿童的一切事务和行为，都应首先考虑以儿童最大利益为出发点。

4. 尊重儿童尊严的原则

该项原则要求尊重儿童的人格和尊严，保证儿童生存与发展的质量。《儿童权利公约》提到的儿童权利多达几十项，如姓名权、国籍权、受教育权、健康权、医疗保健权、受父母照料权、娱乐权、闲暇权、隐私权、表达权等。但其最基本的权利可以概括为以下四项：①生存权。所有儿童都有存活的权利，有权接受可行的最高标准的医疗保健服务。②发展权。儿童享有充分发展其全部体能和智能的权利，包括接受正规和非正规的教育，向儿童提供良好的道德和社会环境，以满足儿童在发展过程中的身体、心理、精神的需要。③受保护权。保护儿童免受歧视,免受身体虐待和经济剥削,免受战乱、遗弃;当儿童需要时,随时提供适当的照料或康复服务。④参与权。儿童拥有参与家庭、文化和社会生活的权利,有权对影响他做任何事情发表意见。

我国是《儿童权利公约》的缔约国,我国的《中华人民共和国宪法》(以下简称《宪法》)、《中华人民共和国未成年人保护法》(以下简称《未成年人保护法》)、《中华人民共和国教育法》(以下简称《教育法》)等法律法规,对儿童的法律权利做了明确规定,儿童的合法权利包括人身权和受教育权等。

这些法律、法规和条约体现了现代社会以人为本的儿童观,即要保护儿童的生命与健康,为他们提供基本的营养、居住、娱乐和医疗条件;为儿童提供平等的教育机会,使每一个孩子都能受到良好的教育,在身体、认知、社会性、情感等方面得到和谐发展;教育者和儿童在人格上是平等的,教育者必须尊重儿童的人格、意愿和兴趣,不得虐待、歧视和剥削儿童;儿童是学习的主体,教育者应该支持儿童主动地学习与发展。

二、儿童期有自身的价值

儿童期有不可替代的价值。儿童最终要长大成人,而成人是经过儿童期的努力成长起来的。因而,任何催促儿童尽快成熟、缩短儿童期的做法是对儿童期价值的否定。

三、儿童的社会地位

作为国家和社会未成年的公民,儿童享有未成年公民所享有的一切权利,如身心健康权和受教育权等,并受到特殊保护;在教育过程中,儿童享有受教育的平等权、公正评价权和学习权等。教师、教育机构或行政机关不能因为履行教育职能而侵害儿童的权利。当然,在教育过程中,教师、教育机构和教育行政机关有权教育、管理儿童,儿童有接受教育和管理的义务。

(一)儿童的权利

儿童是社会权利的主体,享有法律所规定的各项权利。我国作为《儿童权利公约》的缔约国,在履行《儿童权利公约》的同时,在《中华人民共和国宪法》、《中华人民共和国未成年人保护法》等法律法规中也对儿童的权利做出了规定。在这些规定中,儿童享有的权利主要有人身权和受教育权。

1. 儿童的人身权

人身权是公民权利中最基本、最重要的权利。由于儿童正处于身心发展的特殊阶段，因此，儿童人身权要受到特殊保护。国家除了对儿童的人身权进行一般保护外，还要对儿童的身心健康权、人身自由权、人格尊严权、隐私权、名誉权和荣誉权等进行特殊保护。教师、教育机构、家庭和社会要承担特殊的保护责任，切实保障儿童的合法权益。

2. 儿童的受教育权

受教育权是儿童应该享有的一项重要权利，我国法律对此做出了明确规定。例如，《中华人民共和国宪法》规定："中华人民共和国公民有受教育的权利和义务。国家培养青年、少年、儿童在品德、智力、体质等方面全面发展。"儿童的受教育权包括法律规定的教育年限、学习权和公正评价权。

（二）儿童的义务

作为法律的主体，儿童在享有法律规定的各项权利的同时，也应履行法律规定的各项义务。儿童的义务包括两个方面：一是宪法和法律赋予每个公民的义务，儿童作为公民也应承担；二是作为儿童应承担的特殊义务。具体说来，儿童应尽的义务有以下方面：①遵守国家法律、法规；②尊敬师长，养成良好的思想品德和行为习惯；③努力学习，完成规定的学习任务；④遵守所在教育机构的管理制度。

培养能力

探讨学前教育与儿童发展的关系

一、学前教育影响儿童的发展

（一）学前教育影响儿童的身体发展

母体环境对胎儿的发育具有重要作用，适当的教育和训练能促进胎儿的正常发育。现代科学证明，胎儿具有视觉、听觉、活动和记忆能力，能感受到母亲的情绪变化。在妊娠期间，采取适当的方法和手段，有规律地对胎儿的听觉和触觉实施良性刺激，通过神经系统传递到大脑，可促进胎儿大脑皮质的发育，不断开发潜在能力。

儿童出生后，身体的正常生长发育也离不开教育的影响。世界各地相继发现了一些兽孩，这些兽孩在身体发育方面具有以下特征：四肢着地爬行，不会直立行走和直立奔跑。他们重回人类社会后，经过长期教育也很难学会直立行走和奔跑。这说明教育对儿童的身体发育具有重要影响，同时也说明人的身体发育存在着关键期，一旦错过它，以后的教育和学习是难以补救的。另外，学前儿童生长迅速，可塑性强；身体各器官未成熟，身体形态结构没有定型，身体娇弱，自我保护意识差，易受伤害。高水平的学前教育注重保教结合，重视身体锻炼，注重培养儿童自我保护的意识和能力，这些都有助于儿童的健康成长。

（二）学前教育影响儿童的心理发展

1. 学前教育对儿童社会性、人格品质的发展具有重要影响

社会性、人格品质是个体素质的核心组成部分。研究表明，6岁前是人的行为习惯、情感、态度、性格等人格特征基本形成的时期；是儿童养成礼貌、友爱、互助、分享、谦让、合作、责任感、慷慨大方、活泼开朗等良好社会性行为和人格品质的重要时期。这一时期儿童的发展状况影响并决定着儿童今后社会性、人格的发展方向。同时，儿童在学前期形成的良好的社会性、人格品质有助于儿童积极地适应环境，顺利地适应社会生活；相反，如果儿童在学前时期没有形成良好的社会性及人格品质，后继阶段的社会化就会出现困难。一些研究表明，早期行为、性格发展不良的儿童，在学龄阶段更难适应学校生活，交往困难、厌学、逃学，纪律问题和少年犯罪率更高；成年时期更容易出现情绪不稳、交往障碍和行为问题，有的甚至出现人格障碍，走上犯罪的歧途。

儿童社会性、人格的健康发展需要成人提供良好、适宜的教育环境。高质量的学前教育对于儿童社会性、人格的发展具有积极的促进作用。研究表明，学前期适宜的社会性教育能够有力地促进儿童社会交往能力、爱心、责任感、自控力、自信心和合作精神等社会性与人格品质的发展，接受过适宜社会性教育的儿童上述各方面发展水平都要显著高于没有接受过这一教育的儿童。

不良的学前教育则容易使儿童形成消极的社会性及人格品质。对在早期学前教育教育环境中缺乏成人的关爱与发展支持、缺乏情感互动与交往引导的儿童的研究表明，这些儿童容易出现孤僻、冷淡、退缩、依赖、攻击性及破坏性强等问题，严重的还会产生情感、人格障碍。学前期是儿童形成各种行为、习惯和性格的重要时期，这一时期所受到的环境和教育影响是其行为、性格形成的基础。

2. 学前教育对于儿童的认知发展具有重要影响

学前期是人的认知发展最为迅速、重要的时期，在人一生的认识能力发展中具有十分重要的奠基性作用。研究表明，婴幼儿具有巨大的学习潜力：3个月的婴儿能进行多种学习活动；1岁的婴儿能学会辨认物体的数量、大小、形状、颜色和方位；幼儿具有很强的模仿力、想象力和创造力。

学前期还是个体心理发展的关键期。在关键期内，个体对于某些知识经验的学习或行为的形成比较容易，如果错过了这一时期，在较晚的阶段再来弥补则是很困难的，有时甚至是不可能的。研究发现，2~3岁是个体口头语言发展的关键期；4~6岁是儿童对图像的视觉辨认、形状知觉形成的最佳时期；5~5.5岁是掌握数的概念的最佳时期；5~6岁是儿童掌握词汇能力发展最快的时期。此外，学前期还是人的好奇心、求知欲、想象力、创造性等非智力品质形成的关键时期。

处于学前期的儿童虽然发展变化迅速，具有巨大的学习潜力，但是这种发展特点只是说明了婴幼儿具有很大的发展可能性。要将这种发展的可能性变为现实性，需要成人提供适宜于儿童发展的良好环境，尤其是良好的教育影响。研究证明，早期教育对于儿童的认知发展具有重要影响。单调、贫乏的环境刺激和缺乏适宜的教育，会造成儿童认知方面的落后；而为儿童提供丰富的感性经验并给予积极的引导、帮助和教育则能够促进其认知的发展。此外，学前教育的质量还直接关系到儿童能否形成正确的学习态度、良好的学习习惯和强烈的学习动机，从而对个体的认知发展和终身学习产生重大影响。不适宜的学前教育，如单纯对儿童进行机械的学业知识和技能的训练，不但会损害儿童的学习兴趣、学习积极性和内在的学习动机，降低其自我效能感，而且会使儿童逐渐丧失独立思考的能力和创新精神，从而对儿童的认知发展产生长远的消极影响。

正如美国儿童健康与人类发展组织1999年的研究指出：早期教育状况在很大程度上可以预测儿童将来的认知、语言和智力发展水平，成人对儿童恰当的关爱、支持、鼓励和引导等能够在很大程度上促进其今后认知与智力的发展。

总之，学前期是儿童发展的重要阶段，高水平的学前教育将对受教育者产生积极深远的影响，受教育者将终生受益。

二、学前教育受儿童发展的制约

学前教育是儿童发展的外部条件，它必须符合儿童发展的特点，只有调动儿童活动的积极性并通过儿童的内部转化，才能有效地促进儿童的发展。

（一）学前教育要以学前儿童为主体

学前教育的目的是促进儿童的发展，儿童发展的核心是主体性的发展。儿童是自身发展的主人，儿童的发展必须有儿童自身的积极参与，因此，学前教育必须以儿童为主体。

1. 要引导幼儿充分发挥自身的主体性

教师要理解、尊重幼儿，了解他们的兴趣和需要。在教育内容的确定、环境的创设等教育和生活的各个环节，都应使儿童成为活动的主人，让幼儿自己去操作、实践和体验。

2. 教师要充分发挥自身的主导作用

教育要以儿童为主体并不意味着放任儿童自由的发展。教师要明确学前教育的目标和要求，真正成为儿童学习活动的支持者、引导者和合作者，对儿童科学的施加教育影响；要关注儿童的个别差异，平等的对待他们，促进每一个儿童的全面发展。

（二）学前教育要符合学前儿童的年龄特征和发展规律

儿童的发展具有自身的规律，这些规律影响和制约着学前儿童的教育。学前教育要有效地促进学前儿童的发展，必须遵循儿童身心发展的规律。

幼儿前期的儿童活动范围扩大，活动能力和自主性不断增强，独立精神和能力逐步展现。成人要鼓励儿童多参加游戏和户外活动，加强各种动作的练习和认知能力的培养，加强活动积极性和良好习惯的培养。

3~4岁的儿童身心发展较快，个性开始发展。成人要通过游戏等多种方式提高他们的注意力、观察力、记忆力、想象力和思维能力，促进其认知能力的发展；要鼓励儿童与他人交往，学习交往的方法和技能；引导他们做力所能及的事情，培养其生活自理的能力和习惯。

4~5岁儿童的心理出现了较大的变化和发展，认知方面由直觉行动思维发展到具体形象思维，个性方面出现了活泼好动的特点。此时，要引导儿童运用正确方法观察周围事物，以增长见识，发展认知能力；保护儿童的学习兴趣，尊重他们的需要和情感。4岁儿童的表现力和创造力正在发展，要淡化表现与创造的成果，注重激发创造的兴趣和积极性，培养认真、专注、坚持和自信等品质。

5~6岁的儿童仍以具体形象思维为主，但抽象逻辑思维已经开始出现，表现出强烈的求知欲和好学的心理，个性特征有了明显发展，出现了较稳定的兴趣；独立性，自我意识等行为品质有较大发展，但还没有定型。此时的儿童处于学前晚期，开始为进入小学做准备。这一时期的教育重点是培养儿童的生活自理能力、合作交往能力、语言能力、思维能力和运动能力等。

陶冶品德

学前教育的教育内容应贴近幼儿的生活，贴近幼儿的兴趣和需求，要帮助幼儿培养终身受益的品质，让幼儿拥有积极的情感和态度，有自我发展和学习的能力，有主动获取知识的过程体验。幼儿教师要树立科学的儿童观，站在儿童的立场，保护、重视发现和引导儿童天性中固有的品质，如好奇心、探索欲、想象力等，同时创设条件，选择恰当的时机，支持推进幼儿的发展。

特别的爱给特别的你

一个截去整只左手的女孩引起了老师的注意。她性格孤僻，不爱交往，总是一个人默默地坐在一边。小朋友们看到她的残肢也有些害怕，不愿主动和她玩。在与家长的交谈中，老师了解到孩子在一次事故中失去了一只手，后来，她产生了自卑心理，渐渐地把自己封闭了起来。

孩子遭遇不幸令人同情，教师应该让她明白，她与正常的孩子是平等的，没什么区别，一只手照样可以生活、学习和游戏。一次，老师无意中轻轻碰到了她的残肢，她下意识地缩了回去。于是，老师轻轻拉过她的手臂，说："老师喜欢你。你虽然没有了左手，但你有能干的右手，它可以帮助你做得像别的小朋友一样好，甚至还要更好。"听了这话，她有些动容，手臂也随之放松了。

为了进一步消除她的自卑感，老师常和她玩些游戏。玩"你拍一，我拍一"的游戏时，她只是将残肢与老师的手碰一下，可老师却坚持道："这可不算数，我还没有拍到你的手呢！"她眨着眼，好像在说："我没有左手。"这时，老师不失时机地说道："你虽然只有一只手，但你的左臂还在，它能帮你做好多事。没有左手，我们就拍拍左臂，好吗？"她点点头。渐渐的，她不再感到害羞了，她甚至会主动伸出残肢与老师"握手"了。

在一次集体舞学习中，需要做双人拉手的动作，老师觉得这是让她在集体面前建立自信的好机会，就故意大声对全班幼儿说："今天，我要请我最好的朋友一起跳，大家欢迎。"小朋友们鼓起掌来，但不知道老师最好的朋友是谁。这时，老师走到她的跟前，轻轻拉起她的胳膊，说："她就是我最好的朋友。她的本领可大了，会和老师做拉手转圈跳的动作。"说着，拉起她的残肢跳了起来。小朋友们都拍起手来，老师笑着对她说："你看，小朋友们在为你打拍子呢，你跳得多好啊！"她露出了从未有过的笑容。这以后，基于对老师和同伴的信任，她愿意参加集体活动了，也能够大胆地表现自己了。

对于少了一只手的她来说，今后的人生道路还很长，会遭遇许许多多的困难，仅具备承受力是远远不够的，更重要的是要学会如何克服困难、战胜困难。在一次音乐活动中，老师故意请她来敲吊叉。演奏开始了，她把节奏敲打得很稳，但总是无法将余音迅速消除。她用目光向老师求助，而老师却装作没看见。她只好试着用左手的断面去按住吊叉，但吊叉仍然在振动。这时，老师提醒道："吊叉的声音好像比刚才好听多了，敲吊叉的小朋友可真会动脑筋。不过，还可以想个什么办法使吊叉的余音消除得更快呢？不用两只手，光用一只手是不是也可以呢？"听了这话，她寻思起来。不一会儿，她试着用右手敲完，马上再用右手握住吊叉的边缘，果然，吊叉一下子就不响了。老师很惊讶："哎呀，我发现了一个小小演奏家，她可会动脑筋了，用一只手来演奏吊叉，大家看。"小朋友的目光齐刷刷地转向了她……

在3年的幼儿园生活中，老师既把她当成特殊孩子，又把她看成普通孩子，时时刻刻关注她的成长，帮助她形成了乐观向上的性格和积极进取的态度，树立了她的信心。现在，在她身上再也找不到3年前自卑的影子了。有一次，孩子们学习双响筒的打击方法。老师考虑到她的不便，就示意她休息一会儿。没想到她执意把双响筒搁在腿上用残肢按住，右手握小棒敲打，直至成功……

在上述案例中，女孩在一次事故中失去了左手，随后产生了自卑心理，渐渐把自己封闭起来。如果没有老师的关注和帮助，她可能会越来越自卑，越来越封闭自己。幸运的是，她遇到了一位好老师。老师主动地关注、帮助她，尊重并严格要求她，为其他孩子做出了良好的榜样和表率。在孩子本人、同伴和教师的共同努力下，孩子走出了自卑，树立了信心。这一案例足可见学前教育对儿童的发展具有重要影响。

自助餐厅

中国父母深知这样的道理：成为行家里手的过程，其实毫无乐趣可言。要掌握任何高超的技艺，必须付出艰苦的努力。而孩子们从本性来讲，绝不会爱好努力。因此，一开始就不给他们选择"不努力"的机会便显得至关重要。

——蔡美儿，《我在美国做妈妈：耶鲁大学教授的育儿经》

夏山与别的学校主要的不同是，我们对孩子的天性有信心。我们相信假如汤米要做医生，他会自动读书以通过入学考试；而一个严格的学校则认为，不逼打或者强迫汤米按规定时间念书的话，他一辈子也成不了医生。

——尼尔，《夏山学校》

  我有一套"萧氏教育理论"。从他们3岁起，我就会和他们沟通好家规，一旦孩子犯规，他们就清楚地知道，爸爸会在什么时间、什么地点、用什么方式打哪个部位、打多少下、打的力量有多重……家中顽皮的孩子一周受罚的次数会超过三次。我会把鸡毛掸子反过来，用藤条打。会留疤痕，但不伤身体……而且我打之前会讲一个小时的道理，让所有的孩子一起来听训。什么是民主？在我家里，孩子是民，家长是主，这就是民主……只要我提出的要求，孩子们必须无条件服从、遵守。我无论在家还是在外工作，都会给孩子布置任务，随时监控孩子的行踪，而我妻子则是最大的督导师。

——"狼爸"萧百佑

  1. 阅读《夏山学校》《我在美国做妈妈》《萧氏教育理论》，分析夏山学校创始人尼尔和虎妈蔡美儿分别代表了哪种类型的儿童观，你会如何协调他们之间的对立？

  2. 分析下列观点："树大自然直"、"拔苗不能助长，神童非为人造"。

项目四 幼儿教师

话题导入

幼儿教师是人类灵魂的工程师，幼儿教师是崇高的社会职业。幼儿教师的工作对幼儿的影响长远，因此既要全面又要细致。幼儿教师的专业发展及生存状况直接影响其教育成效。这一职业对从业者的素质要求非常高，既要有基本知识和技能，又要有高尚的道德信念。曾有一位幼儿园园长说："如果你想赚大钱，就不要选择做幼儿园教师；如果你想当官，就不要选择做幼儿园教师；如果你嫌麻烦，就更不要选择做幼儿园教师。"新时期背景下我们需要高层次、高水平的幼儿教师，幼师专业化发展成为提高幼儿教育质量培养人才的关键所在。

教学任务

表4-1 幼儿教师教学任务一览表

教学任务	掌握知识→培养能力→陶冶品德。
掌握知识	了解幼儿园教师职业的发展史。
培养能力	理解幼儿教师专业化的必要性，掌握幼儿教师专业化的发展途径。
陶冶品德	掌握幼儿教师应具备的职业素养要求，发展自身素质。

掌握知识

模块一 幼儿教师概述

一、幼儿教师的职业特点

十九世纪中叶以前，学龄前儿童以接受家庭教育为主，父母或家庭其他成员担任教养任务。而后随着学前教育机构的建立和发展，专门从事学前教育的教育工作人员产生，福禄贝尔在创建幼儿园的同时还开始了培训学前教师的工作。随着学前教育事业的发展，逐渐形成了一支专门的教师队伍，学前教师成为一种特定的职业称号。我国从开始创办蒙养院，就有了第一批学前教师。新中国成立后，学前教育事业发展很快，入园儿童人数成百倍增长，学前教师队伍日益扩大。当前学前教育越来越为社会所重视，学前教师也成为社会上不可缺少的一种职业，对社会的作用也日益增长。

（一）工作对象的主动性和幼稚性

幼儿是独立的发展个体，主动发展的人。在幼儿教育过程中，幼儿既是教的客体，又是学的主体。儿童不是消极被动地接受教育，而是以原有经验为新经验的生长点，积极主动地建构自己的知识经验。幼儿教师工作对象的这一特点为其带来了工作的复杂性，要求幼师调动儿童的积极性和主动性。由于儿童的活动是不断发展变化的，活动的范围可能超出预期，这就使教师的劳动会遇到许多经常变动着的不可控制的因素，因而幼儿教师的劳动不会是单向性的，而应是双向性的，所谓"教学相长"，是人类最复杂、最艰巨的劳动之一。

幼儿教师的工作对象不仅具有主动性，还兼备幼稚性。幼儿整体发展水平尤其是心理发展水平不高。在幼儿的眼中，周围的一切都充满着活力和新奇。他们能独立地行动，语言的发展虽迅速但水平较低，思维以具体形象为主，知识经验比较贫乏，因而对周围事物的认识充满了天真和幼稚这就使得幼儿教师的工作更为艰巨。幼儿身心等方面的进一步发展，主要依赖于教师的正确引导。对于幼儿幼稚的语言和行为，幼儿教师要给予理解，并设身处地地为孩子着想，力图从幼儿的角度来考虑问题，与其沟通、交流，并用其可以接受的方式积极引导，把幼儿的幼稚性思维方式转化为幼儿的创造性思维与行为。

（二）工作任务的全面性和细致性

首先，幼儿教育的任务不同于其他的教育阶段，幼儿教师应根据教育目的和幼儿教育任务的要求，向幼儿进行体、智、德、美几个方面的教育，促进其身心和谐发展。因此，幼儿教育工作非常具体、繁杂。幼儿教师对学习活动、生活活动、游戏活动等构成的一日生活活动都要负责，且要承担幼儿各方面的发展任务，如幼儿的身体、智能、情感及社会性等方面。此外，幼儿教师还应关注全体幼儿，使所有幼儿都在其原有水平上，富有个性地全面发展，为其今后的可持续发展服务。工作任务的全面性要求幼儿教师始终具有"幼教无小事"的观念，对一点一滴的小事、要求都应该给予足够的重视，引发教育的契机。当然，教师工作的细致与周密也可以避免不必要的隐患的出现。

其次，儿童的成长因素是多方面的，包括遗传、环境、教育与人的自觉能动性因素。任何方面受到忽视都可能给儿童成长带来损失。儿童生长发育是迅速的，但身体各器官及机能比较稚嫩、发育不完善，对外界的适应能力和对疾病的抵抗力较差，易受损伤、易感染疾病。因此幼儿教师要在做好教育教学工作的同时，做好管理和卫生保健工作，使其身心得到全面健康的发展。

(三) 工作过程的创造性和工作手段的主体性

教育活动是不能单纯模仿或机械重复的，因为教师的劳动任务不是靠单纯模仿或机械重复所能完成的，幼儿教师的劳动更是这样。工作过程的创造性是幼儿教师职业特点的重心和基础，是由幼儿这一特殊的教育对象所决定的。幼儿教师的工作对象是具有不同特点的活生生的儿童，他们有着不同的兴趣、爱好，不同的能力和性格，不同的行为和习惯；而且他们又是处在迅速发展变化的阶段，其思想、行为的不稳定性，会出现更多问题。而一旦出现了问题、有了偏差，幼儿又不能及时调整自己的思想和行为，在这种情况下，教师如果按部就班地依照原有的计划进行，其教育的效果极可能事倍功半。因此，幼儿教师要有根据实际情况及时调整、应对的能力，避免"一刀切"、"一锅煮"的做法，要发挥自己的聪明才智，使工作的过程成为创造性发挥的过程。工作过程的创造性现今已经被提到一个很高的位置，《幼儿园教育指导纲要》明确指出："教育活动的组织与实施过程是教师创造性地开展工作的过程"，教师要根据《纲要》，从本地、本园的条件出发，结合本班幼儿的实际情况，制定切实可行的工作计划并灵活地执行。

任何劳动都需要以一定的手段，使用一定的工具，作用于劳动对象。幼儿教师的劳动手段带有很大的主体性，是教师劳动与其他的劳动的一个最大的不同点。教师主要是用自己的思想、学识和言行，通过示范的方式，去直接影响劳动对象。教师本人是最直观的、最有教益的模范。任何一名教师，不管他是否意识到这一点，不管他是自觉还是不自觉，他都在对学生起影响作用。

(四) 工作手段的长期性和滞后性

俗话说："十年树木，百年树人"，这说明了教师工作影响的长期性和教育效果体现的滞后性。教师工作的长期性主要表现在劳动效果需要很长时间才能得到检验。培养人是一个长期过程。虽然一个人在每个阶段的成长也能使教育效果得到某种检验，但人才成长和教育效果最终要在参加独立的社会实践后才能得到检验。这种劳动社会效果的长期性，既表现为后效性，又表现为长效性，即人才成长和教育效果在人的一生中都将发挥作用。一个人能够成才，需要幼儿园、小学、中学、大学等各个教育阶段教育者共同的集体劳动，学前教育教师从事的是人才培养的基础工作。教师对儿童的影响是极其深刻的，甚至会影响儿童的一生。教师工作的长期性和滞后性，要求教师有高瞻远瞩的精神和战略的眼光。尤其是幼儿教师，应该正确地认识自身的工作价值，以踏实的作风，良好的心态，高水平的职业素质展示幼儿教师的风采。对教育效果滞后性的认识会随着社会对幼儿教育价值观念的转变而日益理解。

二、幼儿教师的角色

幼儿教师这一社会角色是指在幼儿教育机构中专门从事保育及教育教学活动的角色。幼儿教师对其中任何一种角色的演绎都会对幼儿身心健康产生全面而深远的影响。幼儿教师扮演着教学与行政的角色、心理定向的角色、自我实现的角色等。但在众多角色中，幼儿教师要承担的核心角色是教育者。为了完成教育工作，幼儿教师又因师幼关系、职业要求、家园沟通、社会期待等因素的不同而承担具体角色。

（一）师幼交往中的引导者

按照现代教育观，由"教"到"导"的转变，赋予了幼儿教师新的角色定位，也对幼儿教师提出了一系列新的要求。

1. 知识经验的引导者

幼儿是有自身特性的学习者，不是被动接受者。因而教师也不能成为幼儿学习知识的灌输者，而是幼儿探索知识的启发者，帮助幼儿成为知识的主动获得者。教师要通过创设丰富的幼儿园教育环境情境和提供问题情境引导幼儿学习。例如，对传统节日中秋节的介绍，教师不应以传授知识的方式进行，而应通过做月饼、赏月，分享中秋趣事等活动让幼儿感受中秋节的浓厚气息，充分调动幼儿感官。

2. 情感发展的引导者

"爱"是幼儿教育的起点与精髓，是缔造成功幼儿教育的关键，如苏霍姆林斯基认为教师"最主要、最重要的品质是深深热爱孩子"。学前儿童对外在客观事物的理解和认识及其道德发展都与其直接的情感体验密不可分。幼儿教师任何不当的行为都有可能对儿童产生消极的情绪影响，进而影响到儿童的成长。因此，提倡教师对儿童进行"爱"的教育，要求教师以平等、谦和的态度对待儿童、关爱儿童，同时要求教师以积极向上的态度感染和引导儿童，帮助儿童获得有关学习和生活的积极体验，养成乐观向上的生活态度，增强其学习和探索的自主性。

3. 人际交往的引导者

师幼关系、幼幼关系是幼儿园里最重要的精神环境要素，其中起关键作用的是教师。教师的言行往往决定了师幼之间的气氛。教师应在幼儿一日生活中充分发挥幼儿主体作用，形成优质的师幼互动，还必须协调幼儿之间的冲突，引导幼儿正确理解和处理与同伴、长辈等的关系。

（二）教学与管理中的协调者、合作者

幼儿教师既是儿童父母在幼儿园的"代理人"、儿童的朋友与知己，又是其他教师的同伴、园领导的下属和幼儿家长的合作者。幼儿教师如何有效扮演这多种角色，对于提高教师的教学管理效果至关重要。

1. 父母的"代理人"

幼儿从家庭进入幼儿园时会对陌生的幼儿园环境产生自然的排斥和抵触，同时由于幼儿园集体教育会对儿童提出一定的要求，加之受关注度的减少、家庭优越感的丧失、选择性自由的减小等，儿童必然会产生一定的心理落差和情绪不稳定。这时最需要教师充当儿童父母的角色，注意给孩子多一些关心与爱护，在一言一行中透露出对儿童真挚的爱，从而使孩子感到自己受重视、被关心，进而逐步接纳教师和幼儿园。

2. 儿童的朋友与知己

幼儿教师要真正的理解幼儿、尊重幼儿，实现师幼人格上的平等，才能被幼儿真心接纳，成为儿童的朋友与知己。为此，幼儿教师首先应深入理解幼儿在发展水平、能力、经验、学习方式等方面的个体差异，关注幼儿的特殊需要，有目的、有意识地对儿童施加积极的影响。其次，教师应利用游戏等形式积极参与到儿童的探索和交流活动中去，与儿童分享知识，共同体会学习和成长的快乐。

3. 其他教师的同伴和幼儿园管理者的下属

幼儿园教育目标的实现要依靠幼儿园塑造的有利于儿童成长的整体性教育环境。幼儿教师应在正确领会幼儿园办学目标的基础上，依靠集体协作来有效完成各类教育任务，不能单打独斗。为此，幼儿教师要时刻认识到自己是集体中的一员，并能从集体智慧中汲取教育教学灵感，努力构建对儿童发展有利的课堂教学环境与氛围。

4. 家长的合作者

幼儿教师是沟通家庭和幼儿园之间的纽带和桥梁，是家庭和幼儿园沟通的引导者和参与者。为了与家长达成教育一致，幼儿教师一方面要积极向家长传达正确的教育理念和幼儿园的办学思想，以谋求家长的理解和支持，引导家长配合幼儿园，共同向儿童施加正面教育；另一方面，幼儿教师要及时将家长乃至社区对幼儿园的相关要求反馈给幼儿园管理者，以便幼儿园及时做出调整，更好地服务于社会生产生活。

总之，幼儿教师在处理与其他教师、领导、幼儿家长的关系时，要通过各主体之间的真诚对话、各主体之间的相互理解和沟通来实现认同与达成共识，共同营造幼儿园、社会和家庭关心支持幼儿成长的良好人文生态环境。

（三）自我实现的学习者与示范者

所谓学习者是指教师在教育教学活动中要不断更新自己的知识结构，提升自己的业务水平。此外，幼儿园教师还扮演了榜样和示范者的角色。要起到示范、促进幼儿发展的作用。我们经常会听到两个争执的幼儿会说："不信，我们就去问老师"，可见教师在幼儿眼中是无所不知、无所不能的权威存在。另外家长也会经常咨询："孩子在家不听话怎么办？""我该怎么奖励孩子？"等，这些都要求教师不断学习、充实自己，才能完成各项任务，更有效、更科学地促进幼儿的发展；才能实现从教学型教师向学者型、研究型教师的转变。

三、幼儿教师的职业素养

教师素养是一个经久不衰的讨论话题。在不同的背景之下，社会需要不同素质要求的教师。在新时期，随着社会的发展，人们越来越意识到了学前教育的重要性，学前教育事业也随之飞速发展。在我国加大教育事业发展力度、学前教育普及化趋势增强、幼儿教师队伍不断壮大的情况下，我国出台了《幼儿园教师专业标准（试行）》。《专业标准》在幼儿为本、师德为先、能力为重、终身学习理念指导下，从专业理念和师德、专业知识、专业能力三方面对幼儿教师的基本素养问题进行界定。

（一）专业理念和师德

1. 要有正确的职业理解与认识

为此，幼儿教师要做到：贯彻党和国家教育方针政策，遵守教育法律法规；理解幼儿保教工作的意义，热爱学前教育事业，具有职业理想和敬业精神；认同幼儿园教师的专业性和独特性，注重自身专业发展；具有良好职业道德修养，为人师表；具有团队合作精神，积极开展协作与交流。

2. 要有幼儿为先的理念

这一点强调了两个尊重：一是尊重幼儿的权益和主体地位；二是尊重幼儿的身心发展特点和保教活动规律；三是为人师表，教书育人。

教师要能够尊重和热爱幼儿，对幼儿要做到"四心"：爱心、责任心、耐心和细心。重视幼儿身心健康，将保护幼儿生命安全放在首位；尊重幼儿人格，维护幼儿合法权益，平等对待每一个幼儿；不讽刺、挖苦、歧视幼儿，不体罚或变相体罚幼儿；信任幼儿，尊重个体差异，主动了解和满足有益于幼儿身心发展的不同需求；重视生活对幼儿健康成长的重要价值，积极创造条件，让幼儿拥有快乐的幼儿园生活。

因此，在教育过程中教师要做到：

(1) 让幼儿主动积极学习；

(2) 让幼儿快乐健康成长；

(3) 还幼儿快乐幸福的童年！让幼儿接触自然与社会！

(4) 严禁小学化，谨防童年的消逝！

3. 良好的幼儿保育和教育的态度与行为

幼儿教师的日常工作繁琐且要求细致，幼儿教师要有良好的保育教育的态度和行为，要注重保教结合，培育幼儿良好的意志品质，帮助幼儿形成良好的行为习惯；还要注重保护幼儿的好奇心，培养幼儿的想象力，发掘幼儿的兴趣爱好。幼儿教师应重视环境和游戏对幼儿发展的独特作用，创设富有教育意义的环境氛围，将游戏作为幼儿的主要活动；应重视丰富幼儿多方面的直接经验，将探索、交往等实践活动作为幼儿最重要的学习方式；应重视自身日常态度言行对幼儿发展的重要影响与作用；应重视幼儿园、家庭和社区的合作，综合利用各种资源。

4. 优秀的个人修养与行为

幼儿教师一方面要富有爱心、责任心、耐心和细心，能认真倾听幼儿声音，体谅幼儿情绪，照顾幼儿需求；另一方面教师自身要有乐观向上、热情开朗的积极心态，有亲和力，善于自我调节情绪；能够勤于学习，不断进取，提升自身内涵；外在表现上也要衣着整洁得体，语言规范健康，举止文明礼貌。

拨动孩子的心弦[①]

孩子年龄越小,越需要得到成人的爱抚。爱抚会使他们感到温暖,产生幸福感。所以我平时采用各种巧妙的办法亲近他们、抚摸他们。如玩开火车的游戏时,我通过数数有几节车厢(摸摸孩子的头),检查车厢有没有毛病(轻拍每个孩子的肩膀),拧紧螺丝(用手指在每个孩子的耳朵眼转转)等方法亲近他们、抚摸他们,孩子们边玩边甜甜地笑着。我还通过"骑大马"的游戏,请他们轮流骑在我的腿上,一边颠,一边与他们进行简短的对话。这样,孩子们很快就和教师建立了感情。

(二)专业知识

1. 幼儿发展知识

要想完成有效的教育,幼儿教师在了解关于幼儿生存、发展和保护的有关法律法规及政策规定的基础上,掌握不同年龄幼儿身心发展特点、规律和促进幼儿全面发展的策略与方法。了解幼儿在发展水平、速度与优势领域等方面的个体差异,掌握对应的策略与方法;了解幼儿发展中容易出现的问题与适宜的对策;了解有特殊需要幼儿的身心发展特点及教育策略与方法。

2. 幼儿保育和教育知识

作为一线幼儿教师要能够熟悉幼儿园教育的目标、任务、内容、要求和基本原则;掌握幼儿园环境创设、一日生活安排、游戏与教育活动、保育和班级管理的知识与方法;熟知幼儿园的安全应急预案,掌握意外事故和危险情况下幼儿安全防护与救助的基本方法;掌握观察、谈话、记录等了解幼儿的基本方法;了解3岁前婴幼儿保教和幼小衔接的有关知识与基本方法。

3. 通识性知识

幼儿成长过程中所涉及的问题种类繁多、门类混杂,这要求幼儿教师需要具备相当广泛的通识性知识,要求幼儿教师对各个学科信息都要有所了解。应做到:

(1) 具有一定的自然科学和人文社会科学知识;

(2) 了解中国教育基本情况;

(3) 掌握幼儿园各领域教育的特点与基本知识;

(4) 具有相应的艺术欣赏与表现知识;

(5) 具有一定的现代信息技术知识。

[①] 琚贻桐:《拨动孩子的心弦》,[J].幼儿教育.1996(3).

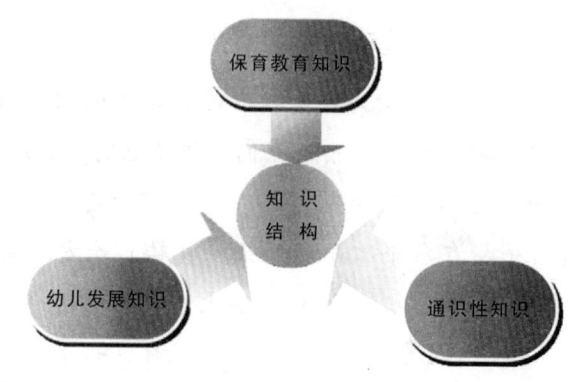

```
        保育教育知识
             ↓
          知 识
          结 构
         ↗     ↖
  幼儿发展知识    通识性知识
```

（三）专业能力

教育儿童的事业要求学前教师要实现自己的职业理想，成为教育幼儿的行家里手，应将教育理论知识转化为教育教学实践能力，这是做好教育教学的重要条件。为此幼儿教师应具备以下能力：

1. 创设和利用环境的能力

环境在幼儿生存和发展的进程中具有重大意义，环境不仅是他们赖以生存的基础，还是他们进行全部活动、并在活动中获得发展的、必不可少的条件。《幼儿园教育指导纲要》中明确指出："环境是重要的教育资源，应通过环境的创设与利用，有效地促进幼儿发展。"为了创设良好的幼儿园环境，教师需要从幼儿园物质环境和精神环境两方面入手，尤其要创设良好的精神环境。为此，幼儿教师需要做到：

（1）幼儿园建立良好的师幼关系，帮助幼儿建立良好的同伴关系，让幼儿感到温暖和愉悦。

（2）建立班级秩序与规则，营造良好的班级氛围，让幼儿感受到安全、舒适。

（3）创设有助于促进幼儿成长、学习、游戏的教育环境。

（4）合理利用资源，为幼儿提供和制作适合玩的教具和学习材料，引发和支持幼儿的主动活动。

建好"娃娃家"——创设生活化的环境

刚入小班的幼儿离开关心、呵护他们的父母，情感特别脆弱，容易产生情感缺乏感，创设一种家庭式的氛围就显得尤为重要。亲切、自然、充满人情味的环境能使幼儿适应生活、获得经验、得到发展。

我们的环境"娃娃家"创设是以温馨氛围呈现的：在"小兔一家人"的区域里，窗户上贴了兔宝宝和兔爸爸、兔妈妈的合影，温馨又亲切；2只松软又可爱的小熊宝宝和小孩衣服鞋子、梳子、发卡等物品，可以让幼儿随时体验为动物宝宝穿衣打扮的乐趣；丰富的娃娃家餐具、灶具、各类玩具蔬菜等，可以让幼儿体验过家家做饭的乐趣。

幼儿对富有新意的环境总是特别敏感且有兴趣，另有研究表明，幼儿在一个类似母体中包围着的、相对狭小的空间里，心理上会感到安逸、舒适。小班幼儿在亲切、温馨如"小窝"般的区角里，总是很安心、专注、快乐地进行活动。如在图书区里，我们用矮柜围成一个半开放的区域，地面使用软的榻榻米，放上一个小沙发、几个小花靠垫，既舒服又自然，俨然是一个童话里的小家。孩子们倚着靠垫看书，在"家"的氛围里抱着木偶、讲着故事。

2. 组织一日生活与保育的能力

幼儿园的教育活动不像中小学教育以课为单位，而是以一日生活来统筹安排。每一个一线幼儿教师都应该能够组织和实施一日生活。为此幼儿教师应具备：

（1）合理安排和组织一日生活的各个环节，将教育灵活地渗透到一日生活中；

（2）科学照料幼儿日常生活，指导和协助保育员做好班级常规保育和卫生工作；

（3）充分利用各种教育契机，对幼儿进行随机教育；

（4）有效保护幼儿，及时处理幼儿的常见事故，危险情况优先救护幼儿。

"纠结"的小班老师

幼儿园一日生活各环节都需要教师的认真组织与负责管理，否则每个环节都可能会因为教师疏忽而出现问题。

例如：

孩子们纷纷入园后、做早操的空档期，孩子们在教室里活动，看起来很自由，却没有目的性。突然一个小朋友大哭，回头一看，原来是两个孩子在抢一个玩具，面红耳赤，一个孩子用玩具敲疼了另一个孩子。因为这个时间段孩子们的活动很自由，没有一个统一的活动实施，老师在接待别的孩子入园时没有更多的精力去观察分散活动的孩子们。

教学活动时，老师在讲解挂图。突然一阵哭声，原来是一个孩子在自言自语，另一个孩子试图蒙住他的嘴巴不让他说话，可是那个孩子自我保护意识很强，在挡住的一瞬间一巴掌摔在了那个孩子的脸上，结果那个孩子被打疼了，所以哭了。老师在上课的时候专注力过多的放在课堂讲解上没有观察幼儿的上课情绪以及行为。

这都要求幼儿教师要具备良好的一日生活组织和管理能力。

3. 支持与引导游戏活动的能力

游戏是幼儿的主要任务，是幼儿园教育活动的主要形式。幼儿教师必须具备组织、支持和引导游戏活动的能力。为此，幼儿教师应做到：

（1）提供符合幼儿兴趣需要、年龄特点和发展目标的游戏条件；

（2）充分利用与合理设计游戏活动空间，提供丰富、适宜的游戏材料，促进幼儿的游戏；

（3）鼓励幼儿自主选择游戏内容、伙伴和材料，支持幼儿主动地、创造性地开展游戏，充分体验游戏的快乐和满足；

（4）引导幼儿在游戏活动中获得身体、认知、语言和社会性等多方面的发展。

80元的纠纷与臭佳佳

中班的琪琪今天是娃娃家的"爸爸"，"爸爸"发现"阳光餐厅"推出了新品种的饼干，于是兴致勃勃地从"ATM机"里取了钱打算去购买。

佳佳（阳光餐厅服务员）在听到服务铃后非常有礼貌地说："你好！请问你需要买什么呀？"

琪琪："我想要这种新口味的小羊饼干。"

佳佳："你要买多少呢？"

琪琪："我要买四块。"

佳佳忙活了一阵之后将"新鲜"的饼干递给琪琪，琪琪马上问："多少钱？"

佳佳犹豫了一下说："80块！"

琪琪一听急了："怎么这么贵啊！不行！"一张小脸一下子涨得通红。

"行的，我说80块就是80块，我今天是餐厅的服务员。"佳佳一本正经地回答。

"不行不行，太贵了！""行的，就是80块。"……"你个臭佳佳……"孩子间开始出现了相互抱怨的非角色语言。

此时教师以顾客身份介入游戏："我也想买这种小羊饼干，可以吗？"

"可以，请问你要几块？"服务员佳佳不再理会之前的顾客，开始招待新顾客。

"我也要四块，和刚才那位顾客一样。请问需要多少钱呢？"

"嗯……6块钱。"服务员佳佳思考一下回答。

"6元就可以了吗？可是我刚才好像听到那位顾客和我买了一样的东西，要80元呢！为什么呀？是不是给他的东西比我的好啊？"教师问。

服务员佳佳马上解释说："不是的，不是的。是因为刚才涨价了。"

教师很意外佳佳给出的答案："怎么突然涨价了呢？"

佳佳有点语塞地说："嗯……就是因为……那个……东西贵了。"看来服务员佳佳是理由充分。教师便开始与琪琪沟通："琪琪，你这个饼干是买给谁吃的啊？"

琪琪急忙说："我是娃娃家的爸爸，我是买给我娃娃家的宝宝吃的，还有妈妈和阿姨一人一块。"

"真是关心家人的好爸爸。"教师努力调整琪琪的心情，"那么你有没有把你买饼干的理由告诉服务员？说不定他会愿意给你便宜点。"

琪琪显然认同了老师的说法，马上走到服务员面前说："我是买给我娃娃家的宝宝吃的，快过新年了，我想作为新年礼物送给他们的，你可以便宜一点吗？"

服务员看看琪琪，再看看老师，略有不情愿地说："好吧，就给你便宜一点吧，8块！"这时琪琪脸上露出了笑容，马上付钱买了东西离开了。

4. 计划与实施教育活动的能力

幼儿集体教学活动的组织与实施有其自身特点。幼儿园一线教师不应把幼儿园教育"小学化"，而应该体现"儿童化"、"游戏化"；也不能置已有的课程教材于不顾，甚至持完全否定态度。经验丰富的幼儿教师应具备组织和实施教育活动的能力。为此，幼儿教师应做到：

（1）制定阶段性的教育活动计划和具体活动方案；

（2）在教育活动中观察幼儿，根据幼儿的表现和需要调整活动，给予适宜的指导；

（3）在教育活动的设计和实施中体现趣味性、综合性和生活化，灵活运用各种组织形式和适宜的教育方式；

（4）提供更多的操作探索、交流合作、表达表现的机会，支持和促进幼儿主动学习。

"爱动"的小宇

今天集体教学活动的内容是音乐《我是小海军》，由于考虑到课上小朋友看图能方便一点，我让孩子们面对电视机像平时上语言课一样坐成了横四排。活动一开始大家看着图片中的小海军进行了热烈地讨论，这时，薇薇冒出了这么一句话：

"老师，小宇的脚翘在了我的椅子上！"于是，我停下话语，对小宇进行了很简短的劝说，好不容峰回路转，回到刚才讨论的话题上，可小宇边上的晨晨又告诉我："老师，小宇他用手拽我的衣服，把我的衣服都弄皱了。"没办法，我将小宇调到了第一排最显眼的地方，原想这回肯定没事了，他会认真地听讲了，哪知他低着头弯下腰摆弄起他的鞋子来，不管其他幼儿多么有趣的歌表演都不能吸引他抬起头来看一眼，我提醒他了，他才跟着动一动，当我的视线离开他，他又去研究他的鞋子了，我仔细一看，原来他的鞋带松了。

教师分析：活动中发现小宇的自制能力比较差，上课时容易受环境、身体等外界的干扰分散注意力。这种表现说明小宇还没有养成良好的学习习惯，特别是倾听习惯。

5. 激励与评价的能力

根据相关的学习理论研究，任何一项学习在完成之后都需要相应的效果反馈，学习的效果才会好。幼儿作为自控能力较差的学习者，更需要教师通过不断地激励和评价来督促其发展。幼儿教师要想正确评价幼儿行为，有效激励幼儿行为，就必须做到关注幼儿日常表现，及时发现和赏识每个幼儿的点滴进步，注重激发和保护幼儿的积极性、自信心；有效运用观察、谈话、家园联系、作品分析等多种方法，客观、全面地了解和评价幼儿；有效运用评价结果，指导下一步教育活动的开展。

不吃馄饨的波波

吃中饭了，今天吃的是馄饨。小朋友们都大口大口地开吃了，唯独波波小朋友两手放腿，静静地坐着，目视着一碗馄饨。阿姨走过去对他说："今天没有给你拿米饭，你刚拿奖状，进步了，要与大家吃一样的饭"。于是，他拿上了勺子，挑馄饨汤吃。我走过去，接过勺子说："波波，你进步了，老师很高兴。大家能吃，你一定也行！来！我来喂你吧"。波波说："好！"接着，就一口一口吃起来，吃了半碗，他说："老师我自己吃，能不能留一点馄饨馅"我说："实在吃不下可以，但要试一试，老师相信你行"。等我为其他孩子添加馄饨的时候，波波高兴地拿着空碗给我看："我把馄饨馅也吃完了。"

6. 沟通与合作的能力

由于幼儿生理、心理发展不完善，在与人沟通方面会使用一些儿童化的语言，并带有情绪化，这就使得幼儿教师的工作不能使用成人的语言和思维方式进行交流。要想达到与幼儿有效的沟通与合作，幼儿教师要使用符合幼儿年龄特点的语言进行保教工作。善于倾听，和蔼可亲，才能与幼儿进行有效沟通。

幼儿教育依靠专业团队集体施教，同时还需要与家庭、社区共同协作。为此，幼儿教师要能做到与同事合作交流，分享经验和资源，寻求共同发展。能与家长进行有效沟通合作，共同促进幼儿发展。并配合幼儿园与社区建立合作互助的良好关系。

家长：老师，我可以进来和您谈谈吗？

老师：欢迎！请坐到这儿吧。（微笑着用手势示意家长坐下）

家长：你们老师真是辛苦，每天要带那么多孩子，真是不简单啊！

老师：（一边给家长倒茶）是呀。孩子小，自控能力差，而家长的期望值又那么高，我们的压力真是不小！

家长：（接过茶杯）谢谢！是啊，现在的孩子都是独生子女，每个家庭都对孩子宠爱有加。

老师：是的。独生子女存在的问题确实比较多，孩子不仅生活自理能力差，各种习惯也差。家长一边宠爱孩子，一边又对孩子寄予高期望。哎，可怜天下父母心哪！（摇头，很无奈的样子）哦，我忘了，你是不是有什么话要对我讲？（笑）

家长：（微笑着）是的。我家馨馨最近对跳舞的兴趣特别浓厚，每天嚷着要跳舞给我和她爸爸看，她爸爸特地给她买了一面大镜子，她对着镜子跳舞可开心了。

老师：哦？可是，在幼儿园我问她是不是不想跳舞，她告诉我说"是"。

家长：会不会馨馨在幼儿园跳舞跟不上同伴，不够自信？

老师：说实在的，馨馨对舞蹈的感受力和表现力确实一般。考虑到她最近腿脚不方便，我就让她坐在旁边看。

家长：谢谢您为馨馨考虑得那么周到。我和她爸爸看她在家里那么喜欢跳舞，实在不忍心让她只看着小朋友跳舞了。我们猜想她内心还是喜欢跳舞的，您说是不是？

老师：看来是的。

家长：我想，馨馨可能因为腿不好怕在老师和同伴面前丢脸才说不想跳舞的，她说的可能并不是心里话。

老师：可能是吧。馨馨在幼儿园表现欲得不到满足，就想在家里得到满足，有这种"补偿"心理是很正常的。是我太大意了,我应该考虑到这一点的。对不起,馨馨妈妈,从明天起我就让馨馨"归队"。

家长:(起身)谢谢了!再见!

7. 反思与发展的能力

反思与发展能力是幼儿教师自我提高、自我发展的必经之路。教师只有在工作中不断进行反思,改进保教工作质量,有针对性地进行探索和研究,才能解决保教工作中的现实需要与问题。优秀的幼儿教师都需要制定专业的发展规划,不断提高自身专业素质。

偶然的发现[①]

3年前,我们班上来了一位女孩。她文静、胆小、不爱讲话、也不合群。因为她右脸上有一块很大很红的胎记,这让她失去了自信,失去了很多与人交往的欢乐。也正是因为她的样子,小朋友们不会很主动地去和她玩,一些男孩子甚至在背后说她"丑八怪"。

她刚来时,我鼓励小朋友和她主动交往,不要用外表去看待一个人。对我来说,这不过是例行公事尽我的职责而已,我并没有用心去考虑如何让她对自己自信起来。一天,一个偶然的事,让我改变了她,改变了其他小朋友对她的态度,也改变了自己,并且让我得到了处理这类事情最有效的方法。

那是一个阳光明媚的早上。上午10点多,我和另一位老师带着这个班的小朋友去户外游戏。手拉手围圆圈,随机分配时,我拉的是这位小女孩的手。我们手拉手走大圈、小圈,无意中我看到了她脸上绽开的美丽笑容。后来忙碌中也就忘了这个之前,从没有见过的美丽笑脸。

第二天早上,小女孩的妈妈看到我,就说:"谢谢你啊,于老师。"我一头雾水。她接着说,昨天晚上女儿回家后,非常少有地开口唱歌了,开心地玩洋娃娃,并抱着洋娃娃跑到我跟前说:"妈妈,我今天真开心!玩游戏的时候老师拉我的手了,没有拉别的小朋友的手,于老师喜欢我,不会嫌弃我,我真得太开心了!"我突然领悟到,老师要做一个好榜样。如果你想改变幼儿的某些行为,你必须以身作则为幼儿树立一个模范,因为他们会模仿老师的行为。老师的榜样作用真是太重要了。

从那以后,我主动与女孩聊天,和她一起玩,手把手教她写字,亲近她。在

[①] 郑瑜虹:《中班角色案例分析》,2013-09-13.http://www.age06.com/.

她回家之前拥抱她……慢慢地，她开始变得开朗起来，教室里也听到了她的笑声。小朋友们看到老师这样爱护她，也都慢慢地主动和她亲近，和她一起玩，没人再说她是丑八怪了。再也没有人回避她，她也成为班上各种活动的一份子，恢复了她的自信，读书进步了很多，学习的主动性也提高了，并且还积极发言，不在胆小和孤独了。

模块二　幼儿教师专业化发展

幼儿教师作为一项专门的职业，在处理幼儿园教育事件时有自己的方法和技能，而这些方法和技能可通过相应的教育获得。因而专业化是幼儿教师成长的必经之路。幼儿教师专业发展是指幼儿教师不断成长、不断接受知识、提高专业能力的过程。幼儿教师专业发展强调幼儿教师的终身学习和终身成长，是职前培养、新任教师培养和在职培训，直至结束教职为止的整个过程。

一、幼儿教师专业化成长

二十世纪六七十年代各国的师范教育面临着出生率下降、经济上的困难、学校教育没有达到公众所预期的质量等几个方面的压力，被迫提高教师的质量，教师专业化随即被提出。1966年，联合国教科文组织和国际劳工组织的《关于教师地位的建议书》首次提出以官方文件形式对教师专业化进行了明确说明："应把教育工作视为专门的职业，这种职业要求教师经过严格、持续地学习，获得并保持专门的知识和特别的技能。"

二十世纪八十年代以后，各国逐渐意识到师资质量是教育改革成败的关键，而提高教师专业地位的有效途径是不断改善教师的专业教育，促进教师的专业发展。1980年，《世界教育年鉴》以"教师专业发展"为主题，表明了对教师问题的极大关注。此后，1986年，美国卡内基工作小组、霍姆斯小组相继发表了《国家为培养21世纪的教师做准备》和《明日的教师》的重要报告，同时提出了以教师的专业发展作为教师教育的改革方向，努力提高教师的专业化水平。在《国家为培养21世纪的教师做准备》报告中，卡内基工作小组明确提出：教师职业必须专业化，教师不仅仅是一种大众化的职业，更重要的是一种专业。教师必须专业化，只有专业化的教师才能够适应教育发展的要求。报告倡导大幅度改善教师的待遇，建议教师的培养从本科阶段过渡到研究生阶段。这两份报告不仅对美国教师教育的发展产生了深远的影响，还对世界教师教育的改革产生了重大影响。在这一时期，教师专业发展成为世界教师教育改革的潮流。

进入二十世纪九十年代，世界范围内的教师专业发展更为深入，已经涉及到教师专业化问题的实质。世界范围内的教师专业发展的深入化，逐渐影响到学前领域。一些研究也表明，幼儿教师的专业发展与早期教育方案的质量密切相关，而早期教育方案的质量则预示着儿童发展的结果。因此，如果要使学前儿童获得更大地发展，幼儿教师得到持续、高质量的发展是必要的。在这种背景下，很多国家都注重把提高幼儿教师素质、促进幼儿教师的专业发展作为发展学前教育的主要策略。总之，在这一时期，幼儿教师的专业发展逐渐成为各国关注的焦点，成为当代世界学前教育改革的中心议题之一，成为全球学前教育发展的重要趋势。

幼儿教师专业化，对提高幼儿教育质量，促进幼教改革，提高幼儿教师素质，优化幼儿教师队伍，进而提高幼儿教师的社会声誉和地位等方面具有深远意义。

资料室
幼儿教师专业发展的具体表现

全美幼教协会指出，幼儿教师的专业发展应体现在：对儿童发展有着深刻的理解和体悟，将心理学、教育学知识运用于实践；善于观察和评价儿童的行为表现，以此作为课程计划的依据和设计个性化课程的依据；善于为儿童营造和保持安全、健康的氛围；计划并履行适宜儿童发展的课程，全面促进儿童的社会性、情感、智力和身体方面的发展；与儿童建立积极的互动关系，成为儿童发展的支持力量；与幼儿家庭建立积极的有效的关系；支持儿童个体的发展和学习，使儿童在家庭、文化、社会背景下得到充分的理解；对教师专业主义予以认同。美国幼教专家凯茨将专业化幼儿教师形象地比喻为能抓住孩子丢过来的球，并且把它丢回去，让孩子想继续跟他玩游戏，并在玩的过程中不断创造出新的游戏来。

二、幼儿教师专业化发展途径

幼儿教师的专业化发展应从政府、教育机构、教师个人三个主体在职前教育与职后发展两个阶段得以实现。

（一）政府和教育行政机构的决策与支持

幼儿教师的成长不应只是教师个人的责任，而应成为社会的责任，教育是一项培养人的基础性、公益性的事业。为此，需要国家政府在关注和重视幼儿教师素质及专业发展的同时，在法律、政策、经济、激励机制等方面给予支持。

1. 改变认知和做法，将学前教育全面纳入国民教育体系，并使每一位幼儿园教师切实享受到专业工作者的"国民待遇",整体保障幼儿教育体系人员的权益。但由于目前幼儿园在岗不在编的现象十分严重,应抓紧制定幼儿园的人员编制标准,解决在岗不在编的幼儿园教师的种种顾虑,使其能够安心从教。

2. 全面实行统一规范的幼儿教师资格认证制度,推行全国统一的幼儿教师专业标准,在适当时机实施专业资质全国统一考试,适当控制通过率,严格把好入口关,做到持证上岗。自1994年1月1日开始,我国各地相机实行了幼儿园教师资格制度,而后各地陆续改幼儿教师资格证地方考试为国考。统一规范幼儿教师入门资格。1996年起,幼儿园教师又实行了聘任制,在有幼儿教师资格证的人员中进行招聘,择优录用,进一步提高了幼儿教师的专业素质。

3. 尽量完善幼儿教师教育机构资质认证,确保幼儿教师能够在接受良好的职前教育方面有所保障。各幼儿教师培养培训机构应当尽快整合各类教师教育资源,以教师的需求为导向,应用市场机制,制定合理的、动态的幼儿教师培养课程制度,为教师提供灵活多样、具有较强针对性与实效性的终身教育内容与方式。

4. 适时适当安排幼儿教师进修成人高等师范教育课程,完善职后教育。我国也有一些省市教育行政部门从当地实际出发,统筹安排,规定幼儿园在职教师要进修成人高等师范教育课程,使每一个幼儿教师能够隔几年进修一次。例如,为适应基础教育跨世纪发展的要求,推动幼儿园全面实施以培养创新精神为核心的素质教育,上海市已建立了全员性的培训体系:全面开展幼儿园教师职务培训、干部培训、中青年骨干教师培训、新教师入职培训和高一层次学历培训;在各类干部、教师培训中,淡化培训的学科界限、教师职级界限、培训的区域界线、师资培训机构与其他教育机构的界限,形成了全面开放的培训格局。

(二) 幼儿园管理层的执行与督促

1. 幼儿园应加强园本培训

园本培训是幼儿教师的重要在职教育方式,是利用专业领域提升幼师专业发展水平的关键。幼儿园可以找准切入点,通过园本培训,如组织业务教研、科研沙龙、教师讲课互动、幼儿园集体活动、师徒结对、名家指点等,来提高理论和实践学习的有效性,促进幼儿教师专业发展。正如苏霍姆林斯基所说:如果你想让教师的劳动能够给教师带来乐趣,天天上课不至于变成一种单调乏味的义务,那就应当引导教师走从事研究的道路。可见,园本培训对幼师专业发展发挥着重要的作用,幼儿园应因园施训,加强园本培训,从而促进幼师专业发展。

2. 开展园本教研和科研活动

园本教研和科研活动是幼儿教师后续培训的关键。园本教研是基于幼儿园自身实际中的保教工作实践问题，以促进幼儿园以及幼儿教师可持续发展为根本价值取向，旨在提高幼儿园保教质量的研究活动。园本科研是在学前教育科学理论的指导下，采用科学的研究方法，去探讨基于本园的一些教育教学、管理等多方面的现象和问题，揭示规律，进而有效的改善幼儿园保教管理质量，以幼儿园、幼师为研究主体，以促进幼儿园师生共同发展为研究目的而开展的研究活动。幼儿园的教学科研具体方式是进行教育行动研究。科研不再单纯的是教科研部门的事情，而是每个一线教师随手可以操作并实践的事情。

每个幼儿教师参与幼教科研工作不仅是一种研究模式，也是一种工作态度，最终使幼师从教育活动的实践者转变为教育实践的研究者，成为研究型教师。

3. 建立保障的机制，营造利于幼儿教师专业成长的环境

环境会对人产生深远的影响，良好的环境和制度有利于教师专业成长。幼儿园作为幼儿教师每天工作和生活的场所，应解放思想、转变观念，积极与外界进行物质、信息、能量的交换，保证幼儿园及教师群体能紧跟时代步伐；应保障教师拥有个人专业发展自主权；应使幼儿园成为学习型组织，使幼儿园集体成为教师成长的摇篮。利用科学的管理制度和激励制度，促使教师不仅能勤奋地工作而且能聪明地、有创造性地工作，从而享受工作中不断成长的快乐，体现个人的意义和价值，最终获得理想的专业发展。

（三）教师个体的努力进取

二十世纪七十年代，美国学者凯兹提出了针对学前教师的训练需求与专业成长，在问卷与访谈的基础上，将学前教师的专业成长分为：生存阶段、巩固阶段、更新阶段和成熟阶段。各个阶段的教师，能力不尽相同，素质也有差异，对各个不同阶段的教师专业化发展的要求也是不同的。

1. 生存阶段

生存阶段是教师对本人所从事的专业的生存性适应阶段，时间通常为1~2年。这一阶段的教师需要周围人的支持、理解、鼓励和教育教学技术方面的指导。对本阶段教师而言，最重要的就是明确认识，认可教师的专业性，要尽快地把所学到的理论与实践知识运用于教育教学活动，完成教育教学任务。

2. 巩固阶段

这一阶段多数教师已经能适应专业工作，并获得一定的工作经验与技巧，开始考虑如何帮助儿童。这一时期的幼儿教师更需要获得如何处理儿童行为问题的

知识和信息。因此要树立终身学习的理念。在教师的专业发展中，教师本人的主观性和能动性在将外在因素转化为自身专业发展的过程中起着不可替代的作用。

3. 更新阶段

这一阶段通常是在工作后的第4年。经过3~4年的工作，教师对平凡复杂而有规律的教学工作产生倦怠感。这一时期的教师迫切需要通过外力的接入来激起专业发展的动力。因此，这一阶段的教师要积极参与各种学术会议和研讨活动，积极与其他教师交流，获得新的教学方法和技巧。

4. 成熟阶段

这是幼儿教师专业成长相对成熟的时期。这一时期教师已经积累了足够的教育教学经验，能对一些比较抽象、深入的问题进行思考。这一时期的教师需要不断进行实践性反思，不断自我完善，从而达到自身专业化发展的目的。

不论在上述哪一阶段的发展，教师都应树立终身专业学习的思想，不断进行自我实践性反思，开展反思性实践和行动研究学习。在工作中逐渐寻找自己的特色和专长，并加以深入地探索和实践，以此形成自己的优势和风格。为此，给幼儿教师们的建议是：

首先，分析自身的特色和兴趣，并加以挖掘，发现自己的特色；进而确定主攻方向，形成自身鲜明特色。如有的老师特别善于语言表达，有深厚的语言基础，具有丰富的语言感染力，善于与孩子们沟通；有的老师特别擅长美术教学，并喜欢通过分析幼儿美术作品解读孩子，了解孩子；有的老师特别喜欢组织科学探索性的活动，具有创造性，善于与孩子共同探索科学现象，并借助这一活动形式培养幼儿的创造性思维。当老师们表现出这样或那样的特长和倾向时，就可以在这一领域加强研究和探索，并尽可能的予以支持和帮助，为其创造机会，给予指导。在这个过程中，不同的老师在不同的领域中都会有不同程度的提高和发展，并分别形成了自己的风格，提升个人的教育智慧和能力，成为幼儿园不可多得的人才。

其次，形成独特风格，树立个人品牌。当老师形成了相对固定的教学风格和特色专长之后，就要努力渗透到每时每刻的教育之中，形成一种无时无处不在的教育状态，成为一个幼儿园的品牌，所有的老师和家长一提到某个老师就能说出其擅长的领域，一提到某个领域的教学就能联想到他，完成打造名师，树立品牌的目的。

老师的惩罚①

某幼儿园中班章老师发现小明经常在课间讲话，而且他在游戏活动中也很调皮、淘气。有一次，小明去拿小红的小玩具，小红不同意，小明就打了小红一拳。章老师发现后就在全班狠狠地批评了小明，并罚小明不准参加集体游戏活动。小明哭了，章老师还骂他："不守纪律，调皮捣蛋，随便拿人家东西，打人，还哭！……哭什么？！从小不学好，将来闯大祸，只能蹲大牢！"然后，要小明去活动门外站10分钟。

这位老师的教育方式是典型的非专业幼儿教师的做法。一方面，她处理问题的出发点完全是为了发泄自己的情绪，为此，她关注的是"出了什么事？怎样迅速解决这场纠纷？"而不是为了孩子的发展；另一方面，她的处理方式简单粗暴——转移注意力和话题、大声训斥、威胁、拿走玩具、受害者至上、强调成人感受等，显然这种处理方式只能加剧孩子之间的矛盾和冲突。

专业幼儿教师的处理方式往往是：

（1）判断情境的潜在意义。如可以利用这一情境和机会帮助幼儿学会什么。

（2）做出一些针对性诊断。如两幼儿之间的冲突是一贯如此，还是其他？本案例中，小明显然缺乏解决问题的技能，是需要教师加以帮助的。

（3）把此事件及对此事件的思考作为课程设计和班级管理的依据。如有没有必要把这类问题纳入教学计划？

概括来说，专业化教师是幼儿的研究者而非冲动者。

培养能力

现代幼儿教师观

在学校已经成为专门化的教育机构时，教师这一职业就作为一种合理的社会分工占有了一定的社会位置。教师在人类社会发展中的作用主要包括：传递和传播人类的科学文化知识，对人类社会的延续和发展起着桥梁作用；培养人良好的思想、塑造人高尚的品德的作用。随着时代的发展人们对教师的观点也随之发生变化。

一、对传统教师观的反思

自古以来人们对教师的看法众说纷纭。

---

① 王海澜：《学前教育学》，[M].上海：上海交通大学出版社，2013。

1. 教师是太阳底下最光辉的事业

这一说法把"教师"作为事业，重视教师作用，但是也把教师职业神圣化了，给教师带来无形的压力。而现实中精神与物质的反差，常常使得使教师处于尴尬境地。

2. 教师是"传道、授业、解惑者"

唐代的韩愈在《师说》里说："师者，所以传道、授业、解惑也。"这一说法认为，教师是各行各业建设人才的培养者，在掌握了人类经过长期的社会实践所获得的知识经验、技能的基础上，对其精心加工整理，然后以便于年轻一代学习掌握的方式传授给学生，帮助他们在很短的时间内掌握人类几百年、几千年积累的知识，形成自己的知识结构和技能技巧。教师具有传递社会传统道德、正统价值观念的使命。进入现代社会后，虽然道德观、价值观呈现出多元化的特点，但教师的道德观、价值观代表了社会主导地位的道德观、价值观，并且用这种观念引导年轻一代。使人们对教师工作形成错觉：教师职业是一个简单的知识传递的工作，教师满足于完成任务，缺乏创造性，反映了以教师为中心，忽视了学生的主观能动性。

3. 教师是"蜡烛、春蚕、人梯、园丁"

这一说法援引自"春蚕到死丝方尽，蜡炬成灰泪始干"，强调了教师这一职业要具有奉献精神。但这一说法违背了现代教学的规律要求：没有有效的教学观，不利于培养学生有效的学习观念，有损教师身体健康。也表现了功利主义价值取向，使教师人格与师德发生冲突，忽视教师正常的需要。但是，教师的奉献精神还是值得提倡的。

4. 教师是"人类灵魂的工程师"

教师担负着培养一代新人的重任，在学生的发展中发挥着主导作用。教师是学生知识和能力的培养者，是学生美好心灵的塑造者。教师不仅传授学生知识，还培养和发展学生的智力和能力，陶冶他们的情操，指导他们的学习和全面发展。教师全身心地培育学生，教师的人格本身就是一种特殊的教育手段，教师对儿童的人格起到感染、熏陶的作用。但是，教师也不可能是完人，要不断成长进取，提高自身人格魅力。

二、著名教育家的幼儿教师观举例

（一）杜威的幼儿教师观

1. 教师是儿童学习的引导者

杜威认为尊重儿童不是让儿童放纵任性不要教师，保持儿童的天性也不是让儿童不加思考草率从事，而是对教师的要求更加严格，更具挑战性。

2. 教师是儿童经验的改造者

杜威认为，在经验的积累过程中，儿童不可能去学习所有的经验，特别是那些和教育不相适应的对儿童成长有阻碍和有害的经验；如果学习了那些经验，儿童的反应就会趋于僵化，缺乏新的活力。教师应该对经验加以改造。教师应该根据儿童的实效性，以及对儿童未来的影响来选择经验。

3. 教师是教学活动的参与者

杜威认为，教学应该为儿童着想，以儿童的活动为依附，以儿童的心理为依据。教师应成为儿童活动的伙伴和参与者，而不是儿童活动的监督者和旁观者。

4. 教师是培养学生思维的开发者

杜威认为，教学法的因素和思维因素是相同的，教学的过程也是思维的过程，思维在人的活动关系中非常重要。在理想的教学过程中，教师应鼓励儿童在活动时开动大脑，运用观察和推测、试验和分析、比较和判断，使他们的头脑和身体器官成为智慧的源泉。

（二）蒙台梭利的幼儿教师观

1. 教师是幼儿权利实现的保障者

在蒙台梭利看来，自由活动和自我教育是儿童在发展中应该享受的基本权利，教师应努力成为儿童权利实现的保障者。为此，在教育实践活动中，幼儿教师应注意做到以下两点：首先，幼儿教师应当明确教育的首要任务是激发儿童的生命，让其生命自由发展。其次，幼儿教师要积极地创设有利于幼儿进行自由活动的、安全的、舒适的"有准备的环境"，并让儿童在这"有准备的环境"中能够自由地展现自我，自然地发展儿童的个性。

2. 教师是幼儿自由活动的观察者

蒙台梭利认为，在教育实践活动中需要教师用大量的时间，带着问题去发现儿童，观察应是幼儿教师必备的素质。自由活动是儿童内在生命力的外部表现，教师只有通过观察儿童在自由活动中的行为表现，一方面观察儿童是否对材料感兴趣、兴趣的持续时间等，另一方面还应观察儿童在活动中的精神状况，包括儿童的面部表情、情绪变化等，才能真正了解儿童的精神，并揭示其内在的秘密，从而给予儿童适时与适量的帮助。

3. 教师是幼儿内在秘密的研究者

蒙台梭利强调一个好的教师应当是一个科学工作者。为了了解儿童的欲望必须用科学的方法研究他们，因为儿童的欲望常常是在不自觉的情况下流露出来的，"是他们生活内部的呼声，是按照一种神秘的规律显示出来的"。

4. 教师是幼儿活动环境的创设者和管理者

蒙台梭利认为"儿童利用他周围的一切塑造了他自己"，因此她强调教育要符合儿童发展的"内在需要"，"教育的基本任务是使每个儿童的潜能在一个有准备的环境中得到自我发展的自由。"蒙台梭利坚持这种有准备的环境必须由了解儿童内在需要的教师来准备。她指出，教师的职责是给儿童提供适宜的"有准备的环境"，即创造有规律、有秩序的生活环境；提供有吸引力的、美的、实用的设备和用具；允许儿童独立地生活，自然地表现，使儿童能意识到自己的力量；丰富儿童的生活印象，促进儿童智力的发展，培养儿童社会性行为。教师应成为这一"有准备的环境"的创设者和管理者，使这个环境充满舒适、清洁、秩序、和平。让幼儿在教师为其创设的"有准备的环境"中进行自由活动、自我教育，而教师则予以"被动"的观察、研究和必要的指导。

5. 教师是家、园双向合作的联络者

蒙台梭利主张学校教育和家庭教育的目标应当相一致。为此，她在"儿童之家"的章程规则里，对家长配合幼儿园教育（即家长应承担的义务）做了明确的规定，如家长必须按时送孩子入园，孩子的衣着必须整洁等；家长在教育方面要与教师密切配合，母亲每周必须去一次"儿童之家"，与教师交谈，向教师反映孩子在家中的表现，听取教师的有益建议等。幼儿教师应当成为家、园双向合作的联络者，这是由幼儿园肩负着为家长服务的使命所决定的。幼儿教师必须时常与幼儿的父母及生活的社区联系沟通，通过这种联系，有助于澄清家长与社会的一些错误的、老旧的教育观念，使学校与家庭、社会形成一种同向的教育合力，共同促进儿童身心的健康成长。

（三）卢梭的幼儿教师观

卢梭在《爱弥儿》中赋予教师以新的涵义，对幼儿教师的要求有：

1. 教师要有丰富的学识

教师要有丰富的学识，要懂得教学法的知识。良好教育的一个基本原则"是培养学生爱好学问的兴趣，而且在这种兴趣充分增长起来的时候，教他们研究学问的方法"。教师在学生的童年时期主要对儿童进行感官教育，因此教师也要懂得心理学，要明白"在达到有理智的年龄以前，孩子不能接受观念，而只能接受形象"。卢梭提出了许多要教的学科，如物理学、化学、天文学、地理学、拉丁文、诗歌、古典语文、历史等。

2. 教师要有高尚的品格

教师的个性品质是教师素质的核心。卢梭强调教师应该品格高尚。他认为，一个好的教师应该具有的第一个品质就是"他决不做一个可以出卖的人"。教师"如果是为了金钱从事这些职业的话，就不能不说他是不配这些职业的"，在卢梭看来，教师之所以从事教育事业，只能是出于对教育事业的执着，对孩子的由衷喜爱。

（四）第斯多惠的教师观

1. 教师要不断进修、加强自我教育

第斯多惠认为教师要履行神圣的职责，必须具有较高的知识水平。他说："一个人一贫如洗对别人决不可能慷慨解囊，凡是不能自我发展、自我培养和自我教育的人，同样也不能发展、培养和教育别人。"为此，他指出，教师的终身任务之一就是要不断地进修，一位教师即使拥有聪明的头脑和丰富的知识，但如果不努力进修，就决不会处于能"推动人类前进"的重要成员的行列之中。第斯多惠认为教师如果想引导学生走正确的道路，激发学生对真、善、美的追求，培养学生具有坚定、进步的政治信念，敢于同封建势力进行斗争，那么教师本人首先要具备这些优秀品质。

2. 教师要加强科研能力的培养

第斯多惠认为教师不但应有研究的精神，而且教师还应当鼓励学生对真理提出疑问，鼓励学生进行调查研究。因此，他认为作为一个教师不能把自己局限在一本教科书上，因为再好的教科书也代替不了教师本人的思想和卓见。他甚至认为应该鼓励有经验的教师编写自己的教科书。而对年轻教师来说，也不能死守一种版本的教科书，而应该多参考其他版本的书，深入地熟悉材料，研究需要传授的知识，只有把材料、知识内化于心，才能避免照本宣科。

（五）陶行知的幼儿教师观

陶行知对幼稚园教师提出的要求主要包括以下几个方面：

1. 奉献精神

陶行知认为奉献精神是所有教师的灵魂，它是决定教师事业的内部因素。教师也只有拥有了奉献精神才会热爱儿童、热爱教育事业。

2. 追求真理的科学精神

陶行知认为，教师为教，要"千教万教，教人求真"。求真就是追求真理，认真做人。

3. 以身作则的精神

陶行知认为，教师为教，主张"教师以身作则"，为儿童起到榜样的作用。

4. 不断开拓，勇于创新的精神

陶行知认为教师必须努力学习，勇于开拓，勇于创新。他指责那些保守、落后，不知进取的教师"天天卖旧货"、"依样画葫芦"。

（六）陈鹤琴的幼儿教师观

陈鹤琴是我国现代著名的教育家和儿童心理学家。他认为幼儿教师应具备的条件包括以下几个方面：

1. 政治思想方面

幼儿教师要认真执行新中国文化教育建设的方针政策，树立为人民服务的思想，学习马列主义、毛泽东思想，要培养儿童的"五爱"精神，为国家建设而努力。

2. 业务修养方面

幼儿教师要深切认识幼稚教育工作的伟大意义，增强幼教工作的自觉性、积极性；要了解和精通幼教业务，如音乐、自然、故事、游戏、舞蹈、手工、图画等教学技能和方法；同时，要具有优良品质，处处以身作则；要特别注意保护儿童的健康，注意儿童智力发展和道德品质的培养。

3. 教学技术方面

幼儿教师要掌握教学技术的原则；能充分利用大自然、大社会的活教材进行教学；能运用多种方式，如不仅能运用语言、文字讲故事，还能以图画、唱歌等形式使教学更加生动。

4. 优良品质方面

一个幼儿教师，对人，应该和蔼可亲，不发脾气，帮助别人，乐于合作；对己，能掌握自我批评的武器，不自私，注意健康；对儿童，要热爱，要公平对待；对工作，有高度热情，富有创造性，决不灰心。

三、树立现代幼儿教师观

1. 由教学过程的控制者向幼儿活动的参与者、引导者、合作者转变

教育活动是学习者通过自主活动主动建构学习意义的过程，学习者才是学习活动的主体。教师应把孩子作为真正的教育主体，以孩子为出发点，并尊重每个

孩子的兴趣、爱好、个性和人格，要以一种平等、博爱、宽容、友善、引导的心态来对待每一个孩子，使孩子的身心自由的表现和发挥。教师所要做的就是提供机会和环境，引导幼儿参与各项活动，使其在活动中成长。

2. 由活动的支配者向活动的促进者和指导者转变

教师应当以平等的身份参与幼儿活动的组织和研究，协助幼儿制定适宜的发展目标。为幼儿发展提供各种便利和服务，在活动上为全体幼儿营造一个接纳的、支持性的、宽容的活动氛围。幼儿学习的是生活经验，而不是知识系统，生活就是幼儿园的课程，幼儿园的活动、游戏教育活动都是幼儿创新教育的途径和载体，不能单纯依赖某一领域教育的作用。作为教师不应该完全依赖教学活动达到教育目的，也不应完全把控教学和其他各项活动的全流程。例如：在教大班时，有的幼儿在看到并了解了房顶上太阳能吸收装置的作用后，大胆地提出自己想法：为什么不能发明一辆太阳能汽车呢？这样既不污染环境又节省了能源；有的幼儿发现冬天树用一些东西包了起来，就问为什么不给树戴帽子，或者设计得漂亮一些；甚至有的幼儿还把他们为树"设计"的"时装"也画出来了。这样的幼儿想法新奇，充满创意，即使问题超出教师可以解答的范围，教师也不能以成人的标准横加指责，而是要敏锐地捕捉其创新思维的"闪光点"，并加以有效的引导，使幼儿在宽松的氛围中大胆想象，主动选择，从而表现出其独创性、特异性。

3. 由静态知识的占有者向动态教育活动的研究者转变

过去我们经常认为"教师就是教师"，教师的尊严是不容挑战的，把教师当作绝对的权威。认为教师是知识的"成型模具"，需要发展的是学生，而不是教师。在这种教师"成型观"的左右下，忽略了对教师的继续培养，最终使教师像"蜡烛"一般燃尽光，像"春蚕"一般吐尽丝，以致"囊中羞涩"。教学是一个双向互动的过程——教学相长。教师工作的对象是充满生命力的、千差万别的活的个体，传授的内容是不断发展变化的科学知识和人文知识，教育过程又是一个复杂的动态变化过程。这就决定了教师不能以千篇一律的态度对待自己的工作，而是要以一种变化发展的观点、研究的态度对待自己的工作对象、工作内容和各种教育活动，不断学习新知识、新理论，不断反思自己的实践，不断发现新的特点和问题，以使自己的工作适应不断变化的形势，并且有所创新。因此，教师应成为"行动研究者"、成为教学问题的探索者、新的教学思想的实践者。通过对自己教育教学行为的反思、研究和改进，达到教师的自我发展和自我提高的目的。

陶冶品德

早在上海解放前夕，陈鹤琴就曾专门研究当时欧美国家衡量成功教师的方式和标准，并结合中国教师的特点，写了一篇题为《谁是成功的教师》的文章。而今看来，这些"成功老师"的标准，依然很有参考意义。

谁是成功的教师

陈鹤琴

我们都知道，教师的工作直接影响着成千成万的学生，而间接又由这些学生来影响更多的人。教师的影响力如此之大，所以凡是做教师的，都应该做一个成功的教师。

一个教师，整天跟学生生活在一块，一言一语，一举一动，无形之中，学生都受着莫大的影响。所以有人说，学生是教师的一面镜子，教师的行为习惯，素养人格，都可以在学生们的行为上反映出来。

因此，一个教师如果希望学生有好的表现，自己一定要有好的表现。但是，怎样才能有好的表现呢？又怎样知道自己的表现是好的呢？无疑，我们需要一种量尺。一个教师可以用它来度量自己的成就，量出的结果，就是他成功或失败的最好的标记。

一、我的仪容

1. 我的仪容已尽我所能使人感到可爱吗？
2. 我好好地整饬，使头发清洁，双手及指甲经常保持清洁了吗？
3. 我的牙齿及口腔气味表示饮食适当和口腔卫生吗？
4. 我能保持直立的姿势，而不依靠书桌吗？
5. 我的头部正直，两肩向后，胸部凸出，足趾支持体重，两臂及两腿舒适地摆去，显得风度优美吗？
6. 我有避免坐立不定和用手指旋转铅笔等癖性吗？

二、我的康健

1. 我具有由康健而产生的充沛的体力吗？
2. 我的卫生习惯是合理的和规律的吗？我得到充足的新鲜空气和阳光吗了？我有适当的饮食习惯吗？我适当地休息和锻炼体格了吗？
3. 我纠正了不健康的生活方式了吗？

4. 我戒除有害健康的习惯了吗？

5. 我能控制自己的神经，而不在事后作不负责的推托吗？

6. 我能常年保持有余的精力，而不致发展成慢性的疲劳吗？

7. 我心情愉快，容光焕发，显示心理上和精神上的健康了吗？

三、我的谈话

1. 在公开场合或私人谈话中，我的谈话能给予人以良好的印象吗？

2. 在轮到我说话时，我能不垄断他人的谈话时间吗？

3. 我曾察听自己的声音，确是悦耳的吗？

4. 假如我有了语音的缺陷如：发音含糊、鼻音、或音节不清等等，我有过适当的矫正吗？

5. 我说得相当的慢吗？

6. 我每天练习，养成清澈的发音和清晰的语音了吗？

7. 我常常在增加我的字量吗？对于发音不确知的字，我查阅字典吗？

8. 我经常注意改进我的国语，使之值得作为学生的模范了吗？

四、我的待人

1. 即使是在别人嘲笑我的时候，我仍能保持幽默感吗？我常笑，而笑得颇有风趣吗？

2. 我对人讲话委婉而和悦，做到不过分地率直了吗？

3. 我遇致怒之事，仍能保持心平气和，以免自己的感情受伤，是否从批评和建议得到益处吗？

4. 我从从容容地和他人会晤，正视对方的眼睛了吗？

5. 我在宴会时有良好的礼貌吗？

6. 我所写的信富有趣味吗？

7. 我抑制自己，不过分用"我"字了吗？

8. 我能充分地报道时事、音乐、文学、运动，以及其他方面的情形，不使自己的谈话只限于"本行的事"了吗？

五、我的职业

1. 我是一个本地教育会，省教育会及全国教育会的会员吗？

2. 我用专门的阅读、联合会、暑期学校、旅行等等来充实我的教学了吗？

3. 我已研究过并且遵守我的职业规律了吗？

4. 我能体味教师职业的重要性，并且熟知它的历史吗？我宁愿教书而不愿做其他的事情吗？

5. 由于自我检讨，指导员的建议，或应用新法实验，曾发现我的教学弱点，并且努力克服吗？

6. 我曾将我的教课经验撰文发表了吗？

7. 我至少用薪水的百分之一来购买曾经选择的书籍了吗？

8. 在人类福利方面，我至少选择一个重要的范围作为一个忠诚的研究者了吗？

六、我的学生

1. 我像对待朋友一样地和学生相处，并且建立了相互了解，信任和尊敬了吗？

2. 我对每一个学生有真诚的兴趣，使他们感到公平无私了吗？

3. 学生有机会和我讨论班级及其他的问题了吗？

4. 我的教课是否有良好而有效的计划，使学生都能真正地学习了吗？学生喜欢我的课吗？

5. 学生对所教的课和指定的作业，觉得清楚理解了吗？

6. 我利用有兴趣的班级活动，来获得良好的秩序，且使每个学习者都作相当的贡献，而非由于勉强服从了吗？

7. 对于学习有困难的儿童们，我在课外给以指导，而不引起全班注意他们的行为了吗？

8. 我的教室整齐清洁吗？对于我的学生们而言是一个可爱的儿童之家吗？

七、我的同事

1. 我对于同事们的友谊关系良好吗？

2. 我和同事们、学校行政当局和教育局合作吗？

3. 我对于教室以外的事，如餐厅和运动场的监护等等，尽了我应尽的责任了吗？

4. 我有庆贺同事们职务上的成功雅量吗？

5. 我按时和准确地撰写报告和记录了吗？

6. 我认为每个会议都是一个学习的机会吗？

7. 我把决不诽谤同事，这件事作为一个永久的规约了吗？

8. 我能改变我的计划来配合他人的计划吗？

9. 我忠于我所参加的职业团体，并且将它的利益置于自己的利益之上了吗？

10. 我履行的诺言及义务能够使人信赖吗？

八、我的社会生活

1. 我是一个好邻居吗？

2. 我是真正的在这里，还是做一个流动的教师，兴趣和活动均集中在外面呢？

3. 我参加社会活动吗？我投选举票吗？

4. 我访问学生的家庭，便能明了他们的背景和需要吗？我向他们的父母们表示我对他们的孩子真诚地感到兴趣了吗？

5. 我是父母教师联谊会的活动分子吗？

6. 我所教的课业和社会生活相配合，使之变成活的教学了吗？

7. 我的社会及道德的标准与我的职业相称吗？我在校外择交谨慎吗？

8. 我重视本地的风俗吗？

自助餐厅

1. 谈谈你对教师角色的理解。

2. 阅读以下内容并说明你的看法。

在对上海市9个区90名幼儿教师的随机调查中发现，虽然困扰着幼儿教师的事情较多，如幼儿园设备材料不足、班级幼儿人数太多、活动场地太小、幼儿难以教育分别令40%、25%、13.75%、11.25%的教师感到困难重重，许多幼儿教师感到一周工作下来身心疲惫不堪（感到极为劳累、比较劳累、一般化、比较轻松、很轻松的教师分别占13.75%、48.75%、18.75%、18.75%、0%），但她们并没有打退堂鼓，而是纷纷表示"如果还有机会选择职业的话，一定还会选择幼儿教育这一行"。

3. 幼儿教师如何提高自己的职业道德水平？

4. 幼儿教师的知识结构应包含什么内容？分析自身知识结构，说明自身优势和弱点。

5. 幼儿教师的能力结构有几部分构成？你认为哪种能力最重要？

项目五　幼儿园教育活动设计

话题导入

2012年教育部颁布的《幼儿园教师专业标准（试行）》提出相应规定：幼儿园教师应具有幼儿园教育活动计划与实施的专业能力。因此，幼儿园教育活动设计与组织应成为学前教育专业学生必须掌握的学科基本理论和专业技能之一。

教学任务

表5-1　幼儿园教育活动设计教学任务一览表

教学任务	掌握知识→培养能力→陶冶品德。
掌握知识	知道幼儿园教育活动的内涵和类型，掌握幼儿园教育活动设计的含义及要素，理解幼儿园教育活动设计的原则。
培养能力	制定幼儿园教育活动的目标，选择幼儿园教育活动的内容，掌握幼儿园教育活动的设计策略，指导幼儿园教育实践活动、评价幼儿园教育活动，典型案例。
陶冶品德	能使教师在幼儿园工作过程中建立因材施教的意识。

掌握知识

模块一　幼儿园教育活动概述

一、幼儿园教育活动的内涵和类型

（一）幼儿园教育活动的内涵

2001年教育部颁布的《幼儿园教育指导纲要（试行）》（以下简称《纲要》）明确指出："幼儿园教育活动，是教师以多种形式有目的、有计划地引导幼儿生动、活泼、主动活动的教育过程。"《纲要》从以下三个方面对幼儿园教育活动的含义进行了阐述：

第一，幼儿园教育活动是有目的、有计划的教育活动。幼儿园教育活动的目的是为所有在园幼儿的健康成长服务，满足幼儿多方面发展的需要，使他们在快乐的童年生活中获得有益于身心发展的经验，为幼儿一生的发展打好基础。为了达到这一目的，幼儿园教育活动的设计与实施需要教师根据《纲要》，从幼儿园的实际条件出发，结合本班幼儿的实际情况，制订切实可行的工作计划并灵活地执行。

第二，幼儿园教育活动是以教师为主导、幼儿为主体的教育活动。幼儿园教育活动是教的活动和学的活动相依相存、复合构成的。其中，教师的"教"是主导活动，幼儿的"学"是主体活动——教师居于整个教育活动的主导地位，活动的主体——幼儿应居于整个教育活动的主体地位。在幼儿园教育活动中，教师是幼儿学习活动的支持者、合作者、引导者，幼儿在教师的引导下呈现主动活动的参与状态，幼儿的主动性、活动性得到最充分的发挥，从而使教育活动发挥积极的教育效果。

第三，幼儿园教育活动具有多种组织形式。幼儿园教育活动的设计与实施应根据需要合理安排，因时、因地、因内容、因材料灵活地运用，以游戏为基本活动，保教并重，采取多元化的组织形式，以激励幼儿的兴趣和培养幼儿的各种能力。

（二）幼儿园教育活动的类型

1. 按幼儿园教育活动的内容领域划分

根据幼儿园教育活动的内容不同，可以将其划分为健康领域教育活动、语言领域教育活动、社会领域教育活动、科学领域教育活动和艺术领域教育活动五类。

2. 按照幼儿园教育活动的性质划分

根据幼儿园教育活动的不同性质，可以将其分为生成性教育活动和预设性教育活动。生成性教育活动是指教师根据幼儿的兴趣、需要或是抓住教育过程中偶发的具有教育价值的事件而随即生成的活动；预设性教育活动是指由教师预先设置的有计划的、有目的教育活动。

3. 按幼儿园教育活动的结构划分

根据幼儿园教育活动的不同结构，可以把幼儿园教育活动分为学科领域结构的教育活动和主题单元结构的教育活动两大类。学科领域结构的教育活动较多强调各学科领域的内在逻辑顺序和结构，注重幼儿的知识和技能的掌握；而主题单元结构的教育活动则更强调多种教育因素和幼儿多种发展领域的全面整合，常常将不同学科领域的教育内容，在不同程度上以不同方式整合于一个或若干个教育活动中，体现了教育活动的综合性、整体性，同时对教师的综合素质和能力提出了更高的要求。

4. 按幼儿园教育活动的组织形式划分

根据幼儿园教育活动的不同组织形式，可以将其分为集体活动、区角（小组）活动和个别活动。集体活动是指由教师有目的、有计划地组织全班幼儿在同一时间下进行的统一活动。此类活动一般计划性较强，组织比较严密，时间比较固定。区角（小组）活动是指由教师创设一定的环境，提供相应的材料，并给予一定的间接影响的教育活动。幼儿可以在同一时间单元里选择不同的活动内容，一般在组织上、时间上都比较宽松自由，幼儿可以自主选择合作伙伴或是单独活动。个别活动是指根据个别儿童的特殊需要，安排和进行的教育活动，一般包括具有特殊才能、或发展有障碍儿童、或是有特殊情况的儿童的个别教育，以及部分供儿童自由选择的区域活动。

5. 按幼儿园教育活动的特征划分

根据幼儿园教育活动的特征不同，可以把幼儿园教育活动分为生活活动、游戏活动和学习活动。

二、幼儿园教育活动设计的含义及要素

幼儿园教育活动设计是教师教育行为的一种预先筹划，是对一系列外部因素进行精心设计和安排的过程，其目的是为了有效支持和促进幼儿的学习。幼儿园教育活动设计由创设一定的教育活动所组成，通过特殊的转换和发展，以确保教育活动卓有成效或达到特定的教育目标。事实上，它是建立在分析幼儿的经验、需要和年龄特征的基础上，为促进幼儿的有效经验的获取，而对教育活动过程和资源所做的系统安排，是形成满足幼儿学习需要、实现教师教育目标的互动系统的全过程。

幼儿园教育活动设计主要包括以下要素：

1. 活动设计意图

活动设计意图是指该活动主题产生的背景、原因及其与幼儿的关系，包括幼儿的兴趣及发展的需要，幼儿已有的经验，幼儿可获得的新经验等，以及教师开展活动的有利条件和资源等。

2. 活动目标的设计

活动目标是指通过教育活动所期望达到的效果。幼儿园教育活动目标包括认知、行为技能（能力）和情感态度三个方面。

3. 活动准备的设计

活动准备包括：知识经验准备、物质准备（活动材料准备、教玩具等）、心理准备（营造轻松愉悦、有趣味的活动环境等）

4. 活动过程的设计

活动过程的设计包括设计活动的开始部分、基本部分和结束部分

5. 活动延伸的设计

活动延伸是对前面教学活动的巩固，也为继续开展下一个活动起着连接的作用。活动设计要交代清楚延伸的具体活动是什么，其指导要点是什么。活动延伸不是每个活动都需要有，可视活动的具体情况而定。

6. 活动评价的设计

活动评价即教师的教学小结。它包括教师对本次活动内容的总结，也包括对活动中幼儿的行为表现的分析。活动评价是教师教学活动必不可少的一个重要环节，教师可以通过对幼儿活动情况的分析，找出自己设计或组织活动过程中的优势或不足，以便及时调整和改进工作，提高教育教学质量，促进自身专业化水平的提升。

三、幼儿园教育活动设计的原则

1. 主体性原则

幼儿园教育活动设计的主体性原则是指教师必须遵循和体现以幼儿作为活动的主体，在活动内容的选择以及活动形式的安排方面注重激发幼儿的能动性、自主性、创造性，为幼儿创设具有趣味性、探索性、自由宽松的环境，引发幼儿积极主动地与环境相互作用，从而获得相应的经验，并在幼儿自己发现和解决问题的过程中发展他们的能力。

2. 科学性原则

幼儿园教育活动设计的科学性原则是指应按照各个学科的基本原理和幼儿活动的规律与特点，有系统、有计划、有步骤地完成教育活动设计的各个环节，确保活动方案的完善性与合理性。

3. 渗透性原则

幼儿园教育活动设计的渗透性原则是指在教育活动设计中将各个不同领域的内容、各种不同的教学形式与方法加以有机融合，将其作为一个互相联系而不可分割的完整体系来对待。主要体现在两个方面：一是教育活动内容的相互渗透与整合；二是活动形式的相互渗透与整合。

4. 灵活性原则

幼儿园教育活动设计的灵活性原则是指幼儿园教育活动设计虽然是一种计划性、预设性较强的工作，但也应当充分调动幼儿的兴趣，探究幼儿的需要，给教

育活动设计一定的自由度和弹性，确保活动设计的开放性过程。

模块二　幼儿园教育活动目标的设计

一、幼儿园教育活动目标的结构

（一）目标的层次结构

幼儿园教育活动目标包括总目标、年龄阶段目标、单元目标、教育活动目标。

总目标是对幼儿园教育的总体要求，从宏观的角度概括地阐述了幼儿园教育所要达到的最终结果，保证了幼儿园教育的正确方向。

年龄阶段目标是指把总目标的要求落实到不同年龄阶段，对不同年龄阶段幼儿（小班、中班、大班）通过教育引导按照由易到难，由简单到复杂，由低级到高级所要达到的要求进行阐述。

单元目标主要指时间单元目标和内容单元目标。以时间划分单元，如学年教育目标、学期教育目标、月教育目标。以主题、中心划分单元，即在实施某项教育内容时制定的目标。

教育活动目标是最具体的目标，是教师组织每节教育活动时所制定的目标，操作性较强，通过每一次具体的教学内容和教学过程来实现。教育活动目标是其他三级目标的具体落实，一般由幼儿园任课教师来制定。

（二）目标的心理结构

布鲁姆以人的身心发展的整体结构为框架，将教育目标分成认知、情感、动作技能三个领域，被人们广泛采纳。认知领域的目标：由知识的掌握与理解及智力发展诸目标组成，主要指向掌握某些词汇、某种事实、基本概念等。情感领域的目标：主要指向幼儿在活动中的兴趣、态度、适应性等方面的发展。技能领域的目标：主要指基本动作、解决问题能力、其他借助感官（肢体）进行观察或操作而获得技术上的知觉经验。目前，在幼儿园教育领域中，普遍采用了布鲁姆的目标分类方式。

二、幼儿园教育活动目标设计的策略

（一）教育活动目标应清晰、准确、可检测

一个完整的目标表述包括行为、条件、标准等，其中核心要素是行为的表述。行为主体，即教学对象，一定要是学生，但可省略掉。行为，即通过学习后学习者能怎样，包括行为动词和教学内容，行为动词必须具备准确、明确、可测的特

点，教学内容要尽可能具体。条件和标准：条件是说明行为是在什么样的条件下产生的；标准是表明行为要达到的最低表现程度。例如，在3分钟内（条件），幼儿（主体）能说出（行为动词）至少5个成语（表现水平）。

需要注意的是：第一，并不是所有的目标呈现方式都要包括这四个要素。有时，为了陈述简便，可以省略行为主体或行为条件，但前提是以不会引起误解或多种解释为标准。第二，教学目标表达的是基本的，共同可达到的教学标准，而不是无法实现的最高要求。陈述教学目标一定要遵照幼儿园课程标准中"内容标准"的要求，切不可自作主张、随心所欲。

（二）体现目标制定的具体性和操作性

教育活动目标制定要具体、明确，有较强的针对性和可操作性，否则教育活动目标将失去指导作用，使得活动组织起来比较困难。例如，分析以下案例的教学活动目标制定，哪个更好？

案例：

在以"兔子"为内容的教学活动中，两位教师各自制定了活动的目标。

一位教师制定的目标是：

(1) 增加幼儿对兔子的认识。

(2) 培养幼儿对兔子的感情。

另一位教师制定的目标是：

(1) 幼儿能描述出兔子的外形特征，说出兔子喜欢吃的食物。

(2) 幼儿能做到每天轮流喂兔子。触摸兔子时，能做到轻摸，不使其受惊吓。

（三）教育活动目标的表述方式

教育活动目标的表述方式应统一在表述教育活动的目标时，表述的行为主体角度要统一，既可从教师角度表述，也可从幼儿角度表述，但必须是统一的，即在教育活动的目标表述中，或者全是从教师的角度表述，或者全是从幼儿的角度表述。

（四）目标的数量适中，主次分明，重点突出

通常，一个教育活动的目标不宜过多，2~3个就可以了。目标制定得太少，说明对"认知"、"情感"、"能力"等方面的挖掘不够，活动的价值较低；目标制定得太多，易出现书写条理不清晰的问题，并易出现要求过多，一次活动难以实现的问题。目标的表述要有层次性，并尽可能与教育内容、活动内容在顺序上一致。

三、选择幼儿园教育活动的内容

(一) 幼儿园教育活动内容的类型

1. 有利于幼儿获得基础知识的内容

知识的获得是幼儿智力发展、能力提高和情感态度的基础和前提。幼儿对基础知识的获得要从幼儿的兴趣需求出发,教给幼儿一些生活必需的知识,并且要帮助幼儿逐步系统自己的知识。在选择幼儿园教育活动内容时,必须纳入幼儿需要掌握的或具有发展价值的基础知识。如与幼儿健康、安全有关的知识;基本的社会行为规则、规则的意义等;自然和社会环境中常见的事物的名称、属性;幼儿能理解的事物之间的关系和联系等;基本的数、量、形、时间、空间概念等;简单的环保知识等。

2. 有利于掌握基本活动方式的内容

人类通过自己的活动有目的地影响和改造环境,同时也不断改造自己。人类的活动有生产活动、社会交往、科学实验等几种类型。在这些不同类型的活动中,人类都有自己基本的活动方式方法、基本的原理原则。这些基本的活动方式是每一个社会成员都必须掌握的,幼儿自然也不会例外。因为年龄特点的限制和幼儿认知发展水平的限制,幼儿的活动范围相对较小,活动层次相对较低。但是,幼儿的基本活动类型无非是生活、交往、学习等。具体来讲就是自我服务、身体锻炼、游戏、观察、交流、表达等,这些活动中,同样包括各种基本的方式方法和技能技巧。因此,这里就涉及对基本活动方式掌握的问题。

3. 有利于发展幼儿智力和能力的内容

发展幼儿的智力和能力是幼儿园重要的教育目标。幼儿的智力和能力通常表现在幼儿对问题的解决过程中。因此,那些能构成幼儿生活中的问题的现象或事情,都是能提高幼儿的智力和能力的教育活动内容,这些问题可能出现在幼儿平时的生活中、游戏中、交往中和与环境的互相作用中。因此,利用生活中幼儿经常碰到的或感兴趣的问题作为教育活动内容,就有利于激发他们参与活动的积极性,也有利于发展他们的智力和能力。

4. 有利于培养幼儿情感和态度的内容

情感态度是指对人、对事、对己的一种倾向性,它构成行为的动机,影响人的行为。情感态度的形成是幼儿在活动中产生的体验,同一种体验不断地重复积累,就形成了比较稳定的倾向性。有关研究证明,态度的形成有三种途径。即环境的同化作用、经验的情绪效应、理智的分析。因此,要考虑选择那些能够为幼儿提供关键的学习经验的内容开展教育活动，根据情感态度形成的规律来培养幼儿情绪态度。

（二）幼儿园教育活动内容选择的原则

1. 与目标一致性原则

教育活动内容是教育目标实现的有效载体，对于教师和儿童而言，主要解决的分别是"教什么"和"学什么"的问题，内容选取适合与否，直接影响到目标能否顺利的实现。因此，教育活动目标是教育活动内容选择的一项重要依据，教育活动内容的选择必须与教育活动目标相对应，体现一致性。教育内容与目标并非是一一对应的关系，一项活动目标往往需要多项活动内容才能实现。

2. 全面平衡性原则

幼儿园教育活动内容的选择不仅要满足幼儿身心各方面的发展需要，还要促进幼儿身体、认知、语言、社会性、情感、创造等各方面平衡地发展。在选择和确定内容时，要综合考虑各方面内容对幼儿某方面发展的特殊教育作用及其对其他方面发展的一般作用。如五大领域的内容，均对幼儿身心发展的相关方面具有特殊的教育作用，彼此是不能替代的。因此，教师在制定教育教学计划时要考虑各领域内容安排的平衡性，而不要偏重某一领域，构成教育活动内容的各个部分比例要适合，体现"缺失优先"和"全面平衡性"原则，这样才能有助于幼儿身心全面和谐地发展。

3. 生活性原则

幼儿处在身心发展的特殊时期，他们的思维是具体的、形象的、直观的。对幼儿来说，最有效的学习就是他们感兴趣的学习，最有效的学习内容就是他们可以感知的、具体形象的内容，而这种学习内容主要源自幼儿周围的现实生活。因此，幼儿园教育活动的内容与现实生活的距离越近，越能引发幼儿的学习兴趣，幼儿的学习也就越有效。教育活动内容还应随着生活情境的变化而发生变化。如："新年好"的教育内容，就是根据幼儿的生活经验而定的。幼儿都有过大年、看烟花、龙灯、放鞭炮、闹元宵等的经历，他们能够在过新年的生活情境中获得大量的感性经验，能够充分体验到过年的热闹、祥和气氛，可以在此主题活动中获得有关中国民间风俗等基本概念。

4. 因地制宜原则

由于各地经济发展的状况和教育条件不尽相同，我国各地区的教育资源有较大的差异。因此，各地的幼儿园教师应按照本地区、本园、本班的具体情况灵活安排，重视教育活动内容与周围社会生活的联系，善于从所在地区的自然环境、历史背景、社会设施及资源中挖掘与选择教育活动内容和材料，体现地方性、乡土性，使教育活动的内容本土化、区域化。

（三）幼儿园教育活动内容的编排策略

1. 顺序性策略

根据幼儿认识和学习内容的特点，教育活动的安排一般由浅入深、由易到难、由远及近，由简单到复杂、由已知到未知、由具体到抽象来编排幼儿园各领域教育内容，使幼儿循序渐进得到提高。

2. 连续性策略

在安排教育活动内容上，后续的教育活动内容应当建立在前面已有的学习经验基础上，后续的学习是原先学习的扩展和加深，使幼儿的学习具有连贯性和传承性。

3. 整合性策略

在安排教育活动内容时，应注意加强各项教育活动内容之间、内容与幼儿的已有经验之间以及幼儿已有经验之间的有机联系，以利于幼儿把不同领域活动中的各种知识经验加以整合与贯通，符合幼儿的认知发展特点，能有效提高学习效果。

模块三　幼儿园教育活动的设计策略

一、幼儿情况分析与设计意图的阐述

情况分析是教育活动设计的第一步，只有对幼儿的现有情况做到心中有数，教师才能确定适合的活动目标、内容和组织形式。幼儿情况分析主要是分析幼儿已具备哪些与该活动有关的知识、能力、兴趣和经验，存在什么问题以及幼儿的个别差异等，从而使该活动能够更好地满足幼儿的不同需要。设计意图主要是指该主题产生的原因及其与幼儿的关系（幼儿的兴趣及发展的需要、幼儿已有的经验、幼儿可获得的新经验等、教师开展活动的有利条件、该主题可以达成的目标等）。

二、教育活动目标的设计

活动目标包含有认知能力的发展、动作技能的掌握、兴趣态度和行为习惯的养成等。活动目标的制定与表述要具体、可操作，利于教师对活动过程的把握，检验教育活动的效果。为此，教师在设计教育活动时，一定要有目标意识，以目标为行动指南。

三、教育活动准备的设计

1. 经验准备

经验准备是教师在设计教育活动时对幼儿已有经验的分析，了解幼儿具备了哪些与该活动相关的知识与技能，以便在教学中有针对性地帮助、指导，促使幼儿在原有经验基础上建构新的经验。

2. 物质准备

物质准备是对每次教育活动所需要的教具、学具、操作材料、场地等的思考和准备，充分的物质准备可以保证活动目标的顺利达成。教师可以发动家长、幼儿等一起来准备。

四、教育活动过程的设计

1. 教育活动的导入环节

导入，教师通过情境创设、氛围营造、策略运用和兴趣引导来集中幼儿的注意力，促使幼儿主动积极地投入教育活动之中。该环节主要由教师掌控，时间不宜过长，一般不超过 2~3 分钟。如神奇的影子活动，教师可利用皮影戏表演的方式，引起幼儿对光影现象的观察兴趣。

导入的方法很多：提问法、演示法、游戏法、情境法、视频法、律动法等。

2. 教育活动的展开环节（知、情、意、行）

呈示内容：这一环节的主要目的是让幼儿学习新知识。幼儿具体形象的思维特点决定了教师要借助形象、生动、灵活的感性材料，帮助幼儿更好地理解所学知识。这一环节是教师和幼儿互动，时间相对较长，但一般不超过 8 分钟。

幼儿活动：这一环节的主要目的是让幼儿通过活动进一步强化和巩固所学的知识。幼儿具有活泼、好动的特点，保持有意注意的时间很有限，因此，教师要根据活动目标和内容设计合理的活动，如可以是游戏活动，也可以是操作活动。在幼儿活动时，教师要巡视、观察，在此基础上给予必要的指导。这一环节时间较长，但一般不超过 15 分钟。

成果展示与交流：这一环节的目的是让幼儿通过成果展示建立自信，同时发展幼儿的观察力、语言表达能力。在这一环节，教师要讲清楚作品的摆放位置，强调幼儿在放好作品后，还要注意观察，发现优点，找出问题，为下一步交流打下基础。本环节的时间不超过 5 分钟为宜。

3. 教育活动的结束环节

教师小结，在前一环节基础上，教师自然地总结幼儿学习的情况，提出希望和延伸学习的要求。教师应多采用积极的教育强化手段，如以鼓励、肯定、表扬的方式，鼓励有进步的幼儿；肯定幼儿在活动中的积极表现，为有问题的幼儿树立榜样等。该环节的时间以不超过2分钟为宜。

以上幼儿园教育活动过程的基本环节不是绝对的，教师可根据教学目标、活动内容和幼儿发展特点，灵活地设计幼儿园教育活动的各个环节，才能收到最佳的教育效果。

模块四　幼儿园教育活动指导策略

教育活动顺利、有效地开展，教师需要采取一些策略，常用的策略有观察策略、师幼互动策略、组织策略、语言策略等。

一、观察策略

观察是一种有目的、有计划、比较持久的知觉活动。教育观察法是研究者在比较自然的条件下通过感官或借助于一定的科学仪器，在一定时间、一定空间内进行的有目的、有计划的考察并描述教育现象的方法。幼儿教师观察的意义：课程的根基是对儿童的了解，观察儿童是课程的起点；幼儿园教育活动的合理开展起始于对幼儿的观察；只有在充分观察及了解幼儿的发展水平、行为特点、兴趣倾向和学习风格的基础上，才能设计出适宜的、有效的并能根据幼儿的表现及时调整教学活动的教育思想。

教学活动中观察幼儿应遵循的原则：(1)目的性原则。观察结果的正确率与研究者是否明确观察目的和对所观察的问题有较清楚的认识成正比。只有时刻牢记自己的观察目的，才能在纷繁复杂的信息中去捕捉与观察目的有关的信息。观察目的：①评价幼儿在身体、语言、认知、情感和社会性方面的发展水平；②鉴别幼儿的兴趣和学习风格；③制订教学计划；④满足幼儿的个体需要；⑤为家长提供信息；(2)客观性原则。客观性有两层含义：一是观察材料的真实性，即在自然状态下进行观察、及时进行现场记录、按事先制订的观察计划进行；二是客观地解读收集到的材料。克服晕轮效应，避免出现以点概面效应，教师要克服期待效应。(3)连续性原则。某一次观察往往不能获得对观察对象的完整认识，而应通过多次甚至是长期的观察才能真正了解原因，最终提出教育对策。

教育活动中观察幼儿通常分四个步骤：制订观察计划、实施观察、解释观察资料、应用观察结果。

二、组织策略

（一）活动导入环节的策略

1. 与教学内容一致

导入是教学活动的开端，要与教学目标和内容有机整合。

2. 激发幼儿的兴趣

导入要充分调动幼儿的学习积极性，集中幼儿的注意力，促使幼儿产生强烈的学习和探究的愿望。

3. 简短明了

运用直观的教具、简洁的语言提纲挈领地点明主题，尽快进入教学的主题。导入活动所占时间一般不超过2~3分钟。

常用的导入策略有：①情境导入法：一般有角色扮演、诗歌朗诵、绘画、体操、音乐欣赏等寓教学内容于具体情境之中。②故事导入法：运用故事等文学作品导入活动是幼儿园教育教学中常用的导入策略。③问题导入法：教师通过提出对幼儿具有一定挑战性的问题使幼儿产生疑虑，从而激发进一步探索和学习欲望的方法。④关键经验导入法：利用教学活动中的核心知识点或与之密切相关的内容作为导入。⑤材料导入法：将活动中需要使用或操作的实物、道具或图片等作为导入的线索或方法。

（二）活动过程中的策略

教学要点：①环环相扣，层层递进。教学过程的设计，应注意各部分的独立性（即各部分要能相对独立地解决某一个小问题，若干个小问题逐步解决了，就达成了目标），又要体现出相互间的衔接与递进关系（即前面的部分是为后面的部分作准备和铺垫的）。②巧妙过渡，自然衔接。如何将教案中设计好的一个环节自然而然地向下一环节过渡，这个问题是教师，特别是新手教师时常感到困惑的。

过渡常用的方法：①直接过渡。即直接引入施教的内容。如，接下来，我们开始游戏啦……②承上启下式。是教学活动常用的过度形式。如，刚才我们看到了蜗牛在一伸一缩地慢慢爬，我们接着来看看在蜗牛身上会发生什么事情呢？③小结式过渡。一般用于教学环节之间或课堂教学环节之末，尤其是幼儿探索、交流之后，教师基本上会对其进行小结。④问题式过渡。教师用1~2个与下一环节内容相关的核心问题来激发幼儿学习的兴趣和意愿。⑤复述式过渡。一般是把上一环节或几环节所学的主要内容复述一遍，然后过渡到下环节施教内容上来。⑥评论式过渡。这类过渡语是教师对上环节（或以前所学的内容）中幼儿的表现进行精要的简评，从而提出新授知识或新要求的一种过渡方式。

3. 活动结束环节的策略

在结束环节，教师通过回顾、总结、概括、归纳、评价等行为，帮助幼儿将所学知识、技能、体验等进行归纳、系统化并迁移。有效的结束环节对教学活动能起到画龙点睛的关键作用。结束环节的设计原则：①一致性原则。教师在设计结束环节时，应注意保持与前面教学内容的一致性。②结构完整原则。教师让幼儿尽兴地探索、学习后，在转入下一个教育活动环节前，教师应组织一个简短的结束活动，一方面帮助幼儿建立完整感，另一方面可以帮助幼儿提炼探索后获得的知识、经验。

以上幼儿园教育活动过程的基本环节不是绝对的，教师可根据教学目标、活动内容和幼儿发展特点，灵活地设计幼儿园教育活动的各个环节，才能收到最佳的教育效果。

三、语言策略

（一）运用生动形象的语言进行讲述

学前儿童的思维是以具体形象为主，兼具感觉运动思维，幼儿更容易理解和接受直观、生动、具体的教育影响。因此，老师要善于用生动形象的语言创造直观的形象，来帮助幼儿理解和感知各种抽象事物、词语、概念等。

（二）使用支架式语言进行讲述

教师常用的支架式语言有：

1. 通过提问，创设探究情境

如"杯子"教学。教师可适时地提出一些问题：它们是用什么材料做的？用什么办法让杯子发出声音？……通过提问给幼儿创设一个探究的情境，丰富幼儿的已有经验。

2. 语言示范，纠正幼儿的不完整或错误语言

由于幼儿年龄小，语言经验不丰富，常常会出现不正确的表达，因而在幼儿学习语言的过程中，需要教师的示范和纠正。

3. 重复幼儿的回答，主要指语言上的重复。

通过对某些含义深刻或重要的教学内容进行重复以增加其出现频率，帮助儿童加深印象。此外，教师重复幼儿的回答，也能够帮助幼儿建立信心。

（三）提问语言策略

1. 通过发问，引发幼儿兴趣

发问是教师提问实施的首要环节，也是引起兴趣的常用方法。如，"这是什

么?""什么时候?""这是什么地方?"为疑问词的特殊问句。

2. 通过反问,引发幼儿进一步思考

反问是指教师将幼儿的问题有意识地重新抛给幼儿,进一步的交谈和探讨。教师的反问不仅能促进幼儿主动建构知识,还能保持谈话主题的活力。教师根据幼儿的回答(哪些材料能吹出泡泡),给予反问(为什么有的材料能吹出泡泡,而有的不能吹出泡泡),在教师和幼儿的共同探讨中,幼儿明白了吹出泡泡的条件是什么。

3. 通过追问,把活动引向深入

通过教师的追问可以引发幼儿更深层次的探索,能够让幼儿获得更多的信息。教师在幼儿得出"有洞洞的镂空才能吹出泡泡"的结论时,又抛出了一个问题:棉签棒能吹出泡泡吗?引导幼儿进一步明白吹出泡泡的另一个条件——有气流通过。

(四)评价语言运用策略

1. 口号化的称赞策略

在幼儿园中,教师为了强调自己对全体幼儿或个别幼儿的肯定和赏识,常常采取口号式表扬策略。如,孩子们齐声说:"棒,棒,你真棒!""Wonderful, Wonderful,嘿、嘿、嘿"。这种表扬方式可以对被表扬者产生积极的影响,也能活跃集体活动气氛。但有些教师过多地依赖这种方法,在一个活动中多次重复类似的表扬则不妥,不能达到预期的激励作用。再者,这种评价语也缺乏一定的针对性。

2. 表扬儿童的具体行为表现

研究表明,能反映出幼儿进步的具体化的表扬更容易被幼儿接受,不仅对个别被表扬的幼儿,对全体幼儿都能起到积极的促进作用。如"今天可可主动把书送回家了,有进步!"、"强强上幼儿园不哭也不闹,还笑着和爸爸说再见,真棒!"等。教师使用具体化的表扬语言,让幼儿明白得到表扬的原因,也使他们明确了教师具体的评价标准和期望,并做出一定的预测和控制,教师通过表扬与幼儿实现了有效的信息交流和沟通。

3. 表扬并提出进一步的要求

教师在表扬的同时,对幼儿提出更高的要求,更能够被幼儿接受和付诸行为。如:大班绘画活动"美丽的房子"活动中,教师对幼儿萱萱的画是这样评价的:"萱萱画得真好,这座房子不仅有窗户,色彩搭配也很好,不过只有一幢房子好孤单啊!"这种表扬,教师不仅肯定了幼儿的绘画技巧,还在此基础上提出了进一步的要求,其目的是帮助幼儿学会更为合理的构图。

四、评价幼儿园教育活动

（一）幼儿园教育活动评价的内容

1. 评价幼儿

对教育活动过程中幼儿的"学"的评价主要包括以下几方面的内容：①认知、能力角度。主要评价儿童在活动中的智能状况（注意力、记忆力、思维力、想象力等）、参与状况（学习、探索活动中的积极性、自主性、能动性程度等）及学习的方式、习惯等（学习方式的多样性、个别性、独特性程度和表现，探索活动的坚持性，克服困难的勇气和毅力，善于倾听、沟通、协商、合作等方面）。②情感角度。主要评价儿童在活动中的情绪情感状况，包括在活动中表现出来的学习态度、情感、语言、动作等。③社会性角度。主要评价幼儿在教育活动中的互动程度，是对幼儿在教育活动中与教师、同伴互动交流状况的评价，包括活动中与他人的合作交流和互动的次数、形式以及有效性等。

2. 评价教师

（1）对教育活动目标的评价。

一是目标的制订是否符合系统性、针对性、具体性、适宜性、发展性五条原则。根据实践经验，在评价一个具体的活动时，评价人员最为看重的是目标的适宜性和发展性。所谓适宜性是指所拟定的目标是否符合幼儿的年龄特点；所谓发展性，是指拟定的目标对幼儿是否具有适度的挑战。二是目标的表述问题。目标表述的角度要统一，或教师或幼儿的角度；目标表述要清晰，言简意赅，一条目标只阐述一类目标，不要混淆（即认知、情感、技能类目标要分开）。三是目标的结构问题。即认知、情感、技能三类目标。

（2）对教育活动内容的评价。

一是适宜性，教育内容是否具有适宜性，即在选择教育活动内容时是否遵循"与目标一致性原则"、是否符合幼儿的年龄特点、是否满足幼儿的学习兴趣和需要。二是挑战性，是指评价教师能否找准儿童的"最近发展区"，使教育活动内容更体现出挑战性，能促进幼儿实现经验的提升。三是整合性，是指教师能否将各领域的关键经验进行有机的、自然的整合，或能否将某些发展领域中的内容与其他领域内容，自然而有效的整合到某一主题中。四是开放性，是指幼儿园教育活动内容不只是强调学科体系知识的严密性、逻辑性、完整性，更强调学习内容的广度和连接点，将学习内容与幼儿的多方面经验结合在一起。

（3）对教育活动方法的评价。

①有效性。教师是否能依据幼儿的"最近发展区",准确把握教育活动的关键经验点,并选用适宜的方法和形式来有效提升幼儿的经验;提问是否有效启发幼儿积极思维。②为实现活动目标而服务,哪一种方法最易达到预期目标,又符合幼儿的年龄特点,它便是好的方法。③能结合活动内容和活动情境选择适宜的教学方法。

(4)对教育活动环境材料的评价。

①适宜性。首先,环境和材料的设定能够为目标的达成和内容的学习与体验所服务,而不仅是为了追求形式上的环境和材料;其次,适宜性还表现在环境与材料的呈现方式是与幼儿的年龄特点和主题内容相吻合一致的,而不仅是为了追求新奇与丰富。②启发性。环境和材料的设计与选定,要充分发挥在幼儿认知、情感、个性、社会性等方面发展上的启发作用和价值。③多样性。教师可以充分运用多种资源和环境,更多样且开放地设计和使用环境与材料。当然,要把握好"度",多样性必须要和适宜性相结合,过多过度的材料和环境的提供,其作用可能适得其反。

培养能力

大班安全教育活动:火

崔 丽

设计意图:

随着生活经验和安全知识的不断丰富,大班幼儿有了一定的自我保护能力,但当意外灾害真的发生时,他们会感到束手无策。针对这种现状,我设计了这次有关火的安全教育活动,利用实验法、讨论法、提问法等多种方法,让幼儿了解有关火的知识,并教给幼儿当意外灾害真的来临时,知道自己应该怎样做,学会自我保护与自救。

活动目标:

1. 引导幼儿观察燃烧现象,了解火的性质、用途及危害;

2. 向幼儿进行安全教育,增进幼儿安全防火意识;

3. 一旦发生火灾,幼儿要知道如何自我保护和如何自救。

活动准备:

1. 物质准备:纸、蜡烛、火柴、大中小玻璃杯、电话、湿毛巾、毛巾被等。

2. 知识准备:幼儿具备一定的安全防火知识,教师了解并准备多种火灾逃生的方法。

活动过程：

活动一：

1. 老师出示一张纸和火柴，提醒幼儿注意观察纸被点燃后的情形，注意火焰的颜色，感知火发出的光和热，让幼儿在火附近伸手烤一烤，说说自己的感受。

小结：纸点燃后发出光和热，火焰是红色的。

提问：火还能燃着哪些东西？

2. 知道了火能发光发热，教师组织幼儿讨论火的用途和危害。

（1）我们的生活离不开火，请幼儿说出火的用途。

（2）火对人类有什么危害。

3. 实验：火的熄灭

（1）老师用一个杯子扣住正在燃烧的蜡烛，观察蜡烛火焰的熄灭过程，启发幼儿思考火焰熄灭的原因（燃烧需要空气）。

（2）老师用大中小三个玻璃杯同时扣住三支燃烧的蜡烛，观察哪支蜡烛先灭，想一想为什么三支蜡烛熄灭的时间不同（杯中空气的多少，影响蜡烛燃烧的时间）。

小结：如果想使火焰熄灭，必须使火和空气隔绝。

活动二：

1. 组织幼儿讨论

（1）发生火灾的原因有哪些？

（2）怎样防止火灾发生？

（3）如果发生火灾，我们应该怎样做才能实现自我保护与逃生自救？

小结：发生火灾时的自我保护与自救方法：

①如果所在房间有电话，赶快打119报警，并说明着火的详细地址，什么路、几号楼或附近有什么明显标志及单位。

②如果室外着火门已发烫，千万不要开门，并用毛巾、衣服或床单塞住门缝，以防浓烟跑进房间。如门不是很热也没看到火苗，要赶快离开房间。

③受到火势威胁时，要当机立断披上浸湿的衣物、被褥等向安全出口方向冲出去。穿过浓烟逃生时，要尽量使身体贴近地面，并用湿毛巾捂住口鼻。

④身上着火时，千万不要奔跑，可就地打滚用厚重衣物压灭火苗。

⑤遇到火灾不可乘坐电梯，要从安全出口方向逃生。

⑥若所有逃生路线被大火封锁，要立即退回室内，用打手电筒、挥舞衣物等方式向窗外发送求救信号，等待救援，不可盲目跳楼。

2. 逃生演习

老师发出发生火灾的信号，让幼儿利用已有材料自选逃生办法进行自救。

活动延伸：

幼儿园内定期开展火灾等意外灾害的讲座与演习，增强幼儿的安全意识与应对突发意外情况的能力。

活动反思：

本节课活动目标的设计符合大班幼儿的年龄特点，准备充分，利用多种方法向幼儿展示火的性质、用途和危害，让幼儿了解关于火灾基本的逃生自救方法，增强幼儿的安全意识，完成教学目标。

大班科学活动：6的分合

董文倩

设计意图：

幼儿园大班的幼儿具有一定的计算能力，为了进一步提高他们的这种能力，在设计"份数为6的物体"活动时注重从感知入手、由具体到抽象，通过有趣卡通人物，激发幼儿学习兴趣、达到培养幼儿的观察能力和动手动脑能力的目的，初步培养幼儿的逻辑推理能力。

活动目标：

1. 通过操作活动，帮助幼儿感知数的可分性，初步理解整体和部分的关系；
2. 鼓励幼儿用语言讲述过程。

活动准备：

1. 花花猪，美美猪的图片各1张，草莓图片6张，圆形图片20张。

2. 幼儿分成两组，一组幼儿每人1个小筐子（内装6片树叶）；另一组幼儿每人1个小筐子（内装6根画笔），幼儿每人一张记录纸。

活动过程：

一、分数量为6的物体

1. 教师在黑板上出示花花猪和美美猪，提问：谁来了（花花猪和美美猪），老师这有6颗草莓要送给她们，怎么送呢？（出示6颗草莓）教师根据幼儿的回答进行摆放。

2. 教师摆完一种后，就用相应数量的圆形卡片表示，然后又把 6 颗草莓合起来，数一数，让幼儿明白两边的草莓合起来仍然是 6，初步感知整体和部分的关系。

总结：在分合时，有些幼儿可能会给花花猪和美美猪各分 1 颗苹果，或各分 2 颗草莓，教师应让幼儿明白总数是 6，要把 6 颗草莓全部分给花花猪和美美猪，并且每次要分得不一样。

注：幼儿也可能会分成 0 和 6，告诉幼儿这叫全部给，不是分。6 颗草莓一定要分成两份，引导幼儿掌握 6 的几种不同分法。引导幼儿发现：6 颗草莓分给花花猪和美美猪，有 5 种不同的分法。

二、幼儿操作活动

1. 教师让幼儿拿出小筐子，要求幼儿把 6 片树叶或 6 根画笔分成两份，分别放在两边，每分完一种后就和旁边的小朋友说一说 6 片树叶（6 根画笔）分成了几片（根），并在记录纸上画点或小棒，然后又合起来进行第二次分合，要和刚才分的不一样。分完后说说自己一共分了几次。

2. 教师巡回指导，重点指导幼儿进行记录。

三、表扬分合都正确的幼儿，展示记录完整、正确的五种分法

评析：学习"份数为 6 的物体"是让幼儿理解分与合的重要思想，这是认识客观世界常用的方法。让孩子在操作中认识数的组成，体验分与合。活动中，充分利用语言和教具让孩子充分理解分与合的意义。通过让孩子自己去动手分一分实物，再到分解数，这样他们能更具体形象地理解分与合。初步培养孩子们善于观察、善于发现的眼光，也能体现数学和生活的密切联系。

中班健康活动：危险的"洞洞"

赵亚楠

设计意图：

在我们周围生活中，许多地方隐藏着"洞洞"，比如：插座孔、易拉罐"洞洞"、下水道盖上的"洞洞"等。中班幼儿对这些"洞洞"充满着好奇心，喜欢去摆弄。各媒体上也经常有幼儿把手或身体伸进洞洞中拿不出来的报道等。中班幼儿的安全意识还比较弱，《指南》中也提出了中班的幼儿应该知道求救方式。因此设计了本次健康教育活动"危险的洞洞"。

活动目标：

1. 知道周围生活环境中有许多"洞洞"，能够辨别常见的危险的"洞洞"；

2. 能运用正确的方法面对危险的"洞洞"，防范"洞洞"的危害；
3. 学会遇到危险时能从容应急，主动求助。

活动准备：

物质准备——人被"洞洞"伤害的视频和图片、一些带有洞的物品图片；

经验准备——活动前让幼儿观察各种各样的洞，让幼儿初步了解一些洞洞。

活动过程：

一、视频导入，引出话题

视频展示：小朋友在开门时，发现了一个门的把手上有一个小洞洞，他觉得很好玩，把手指伸进了小洞洞里，结果拿不出来了。

问题：视频里发生了一件什么事？小朋友把手指头伸到哪里去了？

引导幼儿观察：小朋友把手指头伸到门锁的"洞洞"里拿不出来。鼓励幼儿积极思维，大胆表达真实想法，为下一步深入讨论作铺垫。

二、观察图片，初步了解周围生活中常见的危险的"洞洞"

提问：除了视频中危险的洞洞，在我们周围的生活中还见过其他危险的洞洞吗？引导幼儿自由回答。

出示图片：1.出示第一张图片：公交车上的挡板。请小朋友看看，哪里有洞洞？怎样做会出现危险？请幼儿自主回答。

小结：手指伸进小洞洞里，容易让手指受伤，也可能像视频中的哥哥一样，手指被洞洞卡住。

2.逐次出示图片二、图片三：让幼儿认真观察，哪里有洞洞，这些洞洞容易让身体的哪些部位受到伤害。图片二：电风扇在转动时，如果把手伸进洞洞，容易出现危险。图片三：脚踩进小洞里，容易扭伤脚。

小结：周围环境中有许多"洞洞"，要小心，不要让身体受到伤害。

三、分组竞赛，巩固提升

情境设计：动物乐园里的"洞洞"。哪些洞洞有危险？应该怎样做？让小朋友来帮帮小动物们吧。

1. 出示各种"洞洞"的图片，让幼儿观察图片内容。

2. 介绍游戏规则：幼儿自由分成两组，要求对所有图片进行描述：是否具有危险？应该怎样防范？说对了的得一颗"星星"，获得"星星"最多的一组为胜。

3. 播放安全小博士的录音："生活里的洞洞都是有用的，插座孔可以为我们输出电，易拉罐上的洞洞可以让我们喝到里面的饮料，但是如果小朋友们去玩弄这些洞洞，使用不当的话，这些洞洞很容易对我们造成伤害。"帮助幼儿达成共识，正确面对"洞洞"，防范"洞洞"的危害。

小结：生活里有这么多危险的"洞洞"，小朋友们只要正确玩耍，就能防范危险的发生了。

四、经验迁移，正确运用应急措施，懂得自我保护

1. 在我们的生活周围，有危险的"洞洞"吗？应该怎么做才安全呢？引导幼儿借鉴"小动物"的经验。

2. 讨论：发生危险后，应该怎么办？

引导：图片里就有许多人遇到了危险的洞洞，我们来帮他们想想办法，该怎么办？危险的洞洞已经对我们的身体造成伤害时，要赶快告诉爸爸、妈妈或老师，不要用蛮劲，要找身边的大人急救；遇到严重的情况时拨打"119"请消防员叔叔帮忙。

五、活动结束

活动结束后，组织孩子在我们的校园里找一找有没有危险的洞洞，巩固幼儿习得的经验知识。同时减缓幼儿对危险洞洞的惧怕，更好地处理学习与生活中矛盾。

评析：整个活动设计，来源于孩子的生活，服务于孩子的生活。活动中，孩子始终处于自主积极的状态。教师只是参与、支持、引导，真正体现了师幼互动、生生互动。设计内容遵循孩子的学习特点和年龄特点。学习是生活，生活也是学习。

中班语言领域活动：微笑

刘文文

设计意图：

《纲要》明确指出，教师要创造性的开展工作。同时，新的省编教材中，在各主题活动的设计上也为教师提供了根据幼儿情况自由生成的空间，幼儿教师要不断尝试将新的题材、新的内容引入课堂，以新角度、新形势、新方法让幼儿成为学习的主人，教师要善于站在幼儿的角度上设计教学，驾驭教学，水到渠成的实现教学方面的突破。让孩子初步了解、体验人与人之间，人与环境和睦相处的快乐感觉，学习并尝试与他人交往的方式，促进社会交往能力的发展。我将在本次活动中将教育活动生成故事教育活动，以便更好地发挥儿童的主观能动性。

活动目标：

根据我班幼儿语言发展的实际水平、年龄特点、兴趣需要及本次主题的总目

标，确定本活动的目标为：

知识目标：初步理解故事内容，掌握故事的名称、角色和故事的主要情节。

情感目标：使幼儿懂得只要有爱心，不管能力大小都可以帮助别人并愿意给别人带去快乐。

能力目标：培养幼儿欣赏文学作品的兴趣和能力，发展幼儿的感受力和口语表达能力。

活动准备：

1. 自制多媒体课件：符合故事情节发展，动画形象生动有趣，能激发幼儿的兴趣，吸引幼儿注意力。

2. 空白圆形卡片、彩笔，通过自己动手制作，加深对故事含义的理解．

活动过程：

一、导入部分：激发学习兴趣，引出故事主题

出示两个表情（微笑、哭泣）的图片，引导幼儿说一说你喜欢看哪一个表情？为什么？在此环节注意引导幼儿回忆原有的生活经验，并组织幼儿分组进行讨论，为下一步的教学的开展进行铺垫。突出活动的教学重点，引起兴趣，引出主题。

二、展开部分：理解故事内容，掌握学习方法

1. 教师有感情地讲故事，不出示任何教具，依据幼儿的无意注意占主要地位，有意注意还不稳定的特点，为了避免分散幼儿注意力，影响幼儿对故事内容的感知，所以，只运用丰富的表情、优美的背景音乐来表现故事，讲完后，提问简单的问题：

（1）故事的名称；

（2）有那些角色；

（3）小蜗牛做了一件什么事？

2. 分段播放课件，幼儿欣赏。教师分别提问：

（1）森林里的动物们都是好朋友。看看小动物们在为自己的朋友们做什么？(小鸟为朋友唱歌、小猴为朋友摘香蕉、小鸭为朋友送信

（2）朋友感到怎样？（很感动、很高兴）

（3）看看小蜗牛怎么了？（不开心）猜猜它为什么不高兴？（放录音：小蜗牛不开心的原因)

（4）帮小蜗牛想个办法，想想它还能为朋友做什么？（预报天气，讲故事，画画)、（鼓励幼儿结合自己的经验充分想象并讲述，幼儿自由讨论）此环节鼓励

幼儿大胆发表自己的观点。

3. 完整欣赏故事：请幼儿边看课件边完整欣赏故事，教师根据幼儿对故事的理解以递进的方式提问：

（1）小蜗牛为朋友们做了一件什么的事情？

（2）为什么小蜗牛想到把微笑送给大家？

（3）大家喜欢小蜗牛的微笑吗？为什么他们都认为小蜗牛了不起？

三、活动结束：迁移故事主题，渗透品德教育

依据幼儿的生活环境从三个方面引导幼儿说说自己是怎样为大家带来快乐的：

（1）为爸爸妈妈做什么；

（2）为小朋友做什么；

（3）为老师做什么。

让幼儿把想法或故事表演出来，促使幼儿锻炼语言表达能力，发展创造思维，使课程在轻松的氛围中结束。

活动延伸：

让小朋友制作"微笑"标志：幼儿自制两枚"微笑"标志，即在圆形卡片上画上微笑的表情。启发幼儿将其中一枚"微笑"标志别在自己胸前，另一标志则送给自己的好朋友，体验愉快的感觉。

活动反思：

旨在通过小故事揭示深刻内涵：小蜗牛虽然能力很小，只会爬，但它有一颗爱心，它想到了要让自己的朋友快乐一点，它把微笑送给了大家，给大家带去了快乐，所以大家都觉得它很了不起。这个环节其实重在揭示思想内涵，进行情感教育，将它贯穿到整个故事的情节中，它是解决重点，突破活动难点最关键的一个环节。依据幼儿思维发展的过程，本环节由近及远由易到难的引导幼儿思考、讨论，进而得出与幼儿实际生活相关的答案，并使幼儿有了行动的愿望，促进幼儿发散思维的发展，解决了本活动的难点达到了教育的目标。

附注：

微　笑

森林里的动物们都是好朋友。小鸟为朋友唱歌，大象为朋友盖房子，小兔为朋友送信……小蜗牛很着急，他只能在地上慢慢地爬，别的什么也干不了。

小兔走过小蜗牛的身边，小蜗牛向着小兔微笑。小兔说："小蜗牛，你的微笑真甜。"小蜗牛想："对呀，我可以对朋友们微笑。"小蜗牛又一想，"可是，怎

样让朋友们看到我的微笑呢？"

小蜗牛想出了好办法。第二天，他把很多信交给小兔子。小兔子把信送给了森林里的朋友们。朋友们拆开信，信里是一张画。画上的小蜗牛正在甜甜地微笑。森林里的朋友们也都微笑起来，他们说："小蜗牛真了不起！他把微笑送给了大家。"

小班语言活动：我爱幼儿园

田 蒙

设计意图：

从家庭来到幼儿园，是幼儿过集体生活的开始。幼儿离开了温暖的家庭、自己的父母，来到完全陌生的环境，幼儿内心充满焦虑与不安——有的嚎啕大哭，有的暗自落泪，有的不睡觉，有的拒绝吃饭等等。为了让幼儿很快地稳定情绪，熟悉环境，实现从家庭到幼儿园的愉快过度。因此，设计了"我爱幼儿园"的主题活动。

活动目标：

1. 培养幼儿爱幼儿园、爱老师、爱同伴的情感和适应集体生活的能力；
2. 初步培养幼儿能安静、专心听故事的习惯；
3. 教会幼儿各种大型运动器械的正确玩法，培养幼儿愉快、健康的情绪。

活动准备：

挂图，音乐《我上幼儿园》，故事《高高兴兴上幼儿园》，操场，大型器材

活动过程：

1. 故事讲述

幼儿听故事《高高兴兴上幼儿园》后讨论：故事中有谁？它们都干什么？老师结合挂图，分段讲述，设计问题帮助幼儿理解故事情节：小白兔先遇到谁？又遇到谁？他们是怎么上幼儿园的？

2. 幼儿园与家

幼儿园里有哪些设备？和家里一样吗？（如有厕所，有玩具，可以做饭，可以睡觉等。）幼儿园的哪些地方与家里不一样？讨论：我们小朋友应怎样上幼儿园？幼儿园的物品比家里的大、多，幼儿园的厨房、游戏室、午休室是分散的，而且房间特别大，幼儿园的人比家里的多，所以说幼儿园是一个大家庭。

3. 参观幼儿园

带领幼儿参观各种大型运动器械，并向幼儿介绍器械名称，教师演示玩法。

幼儿自由选择器械和玩具玩耍，教师随时提醒幼儿注意安全如：玩滑梯要排队，不能推人。幼儿园的玩具要大家玩，不争不抢。老师小结：带领玩累的幼儿坐在草坪上休息，并请幼儿讲一讲玩了哪些器械，感觉怎么样？幼儿园好不好？鼓励幼儿天天来幼儿园。

附注：

高高兴兴上幼儿园

今天，幼儿园开学了。小白兔起得特别早，他脸上笑眯眯的，高高兴兴地去幼儿园。它走着走着，忽然听见后面有人叫："喵喵喵，喵喵喵。"小白兔回头一看，噢，原来是小花猫，小花猫笑眯眯的走过来，小白兔问："你早，小花猫，你去哪呀？"小花猫说："我上幼儿园。"两个好朋友手拉手，高高兴兴上幼儿园。他们走呀走，忽然听见后面有人叫："呷呷呷，呷呷呷。"他们回过头一看，噢，原来是小鸭子。他们俩一起问："你早小鸭子，你去哪呀？"小鸭子说："我上幼儿园。"三个好朋友手拉手，高高兴兴上幼儿园。

教师评价：从爱老师，爱幼儿园入手，注重培养幼儿"爱"的情感！

陶冶品德

表扬我吧

陈春莲　上海市实验幼儿园

新学期开始后，我组织孩子们把心里想说的话写到一张"心里话"卡片上，当我看到天天的卡片写着"亲爱的老师，你好！请你们多多表扬我，我最喜欢老师的表扬了！"这段话给我的第一印象是乖巧。天天总是两只大眼睛扑闪地看着你，像是要看进你的心里。但是当你望向他时，他的眼睛又会很快地逃开，让我想起受惊的小鹿，我感觉这是一个没有自信的孩子。

学习活动中，我提出了问题，孩子们纷纷举起手来，还有的孩子喊着："老师，我，我！"我环视了一下，又是这样！天天他犹犹豫豫地举起手至耳边，当碰上我的目光时又半蜷着手指变成拳头，放了下来。看着他举起又放下的手，我微笑着鼓励他："天天的大眼睛好亮，我知道他一定知道答案的，也很想把这个答案告诉大家，是吗？"他犹豫了一下，才小心翼翼地举起手来。"我们请天天来回答吧！"他站了起来，用蚊子般的声音说道："小青蛙睡觉去了！"后面的小朋友在发牢骚："声音那么小，听不到啊！"天天把头埋得更低了！我没有理会，"哦，原来是小青蛙睡着了，你听得真仔细。就是回答再大声一点就好了，其他小朋友就能听到你的答案了!"他抬起头,大眼睛闪了闪,然后使劲地点了一下头,坐了下来。接下来有一些简单的提问,他也能迎上我鼓励的目光主动举手了。

幼儿园教师在组织教育活动过程中,应做到因材施教,切忌"一刀切"。而且作为幼儿园教师在组织教育活动过程中,不应仅仅做到背教案,在授课过程中应做到灵活性,当发现幼儿身上存在的问题时,应适当改变活动组织的方法和方式。

每一位儿童都渴望得到老师的关注,老师在活动组织过程中,并不是单纯的做到把知识灌输给儿童,或者是让儿童形成某种能力,而是要注重在活动过程中每个儿童的表现,根据他们的表现对活动内容及时地做出相应的调整。幼儿园的活动目标中不能只有认知和能力目标,情感目标也是儿童发展的重要的一环。老师也应该切实做到重视儿童的情感发展,而不应仅仅把情感目标置于活动目标中而已。

自助餐厅

《3~6岁儿童学习与发展指南》(节选)

一、健康

健康是指人在身体、心理和社会适应方面的良好状态。幼儿阶段是儿童身体发育和机能发展极为迅速的时期,也是形成安全感和乐观态度的重要阶段。良好的身体发育、愉快的情绪、强健的体质、协调的动作、良好的生活习惯和基本生活能力是幼儿身心健康的重要标志,也是其他领域学习与发展的基础。

为有效促进幼儿身心健康发展,成人应为幼儿提供合理均衡的营养,保证其充足的睡眠和适宜的锻炼,满足幼儿生长发育的需要;创设温馨的人际环境,让幼儿充分感受到亲情和关爱,形成积极稳定的情绪和情感;帮助幼儿养成良好的生活与卫生习惯,提高自我保护能力,形成使其终身受益的生活方式。

幼儿身心发育尚未成熟,需要成人的精心呵护和照顾,但不宜过度保护和包办代替,以免剥夺幼儿自主学习的机会,养成过于依赖的不良习惯,影响其主动性、独立性的发展。

二、语言

语言是交流和思维的工具。幼儿期是语言发展,特别是口语发展的重要时期。幼儿语言的发展贯穿于各个领域,也对其他领域的学习与发展有着重要的影响:

幼儿在运用语言进行交流的同时，也在发展着人际交往能力、理解他人和判断交往情境的能力、组织自己思想的能力。通过语言获取信息，幼儿的学习逐步超越个体的直接感知。

幼儿的语言能力是在交流和运用的过程中发展起来的。应为幼儿创设自由、宽松的语言交往环境，鼓励和支持幼儿与成人和同伴地交流，让幼儿想说、敢说、喜欢说，并能得到积极回应。为幼儿提供丰富、适宜的低幼读物，经常和幼儿一起看图书、讲故事，丰富其语言表达能力，培养其阅读兴趣和良好的阅读习惯，进一步拓展学习经验。

幼儿的语言学习需要相应的社会经验支持，应通过多种活动扩展幼儿的生活经验，丰富语言的内容，增强理解和表达能力。应在生活情境和阅读活动中引导幼儿自然而然地产生对文字的兴趣，不宜用机械记忆和强化训练的方式让幼儿过早地识字。

三、社会

幼儿社会领域的学习与发展过程是其社会性不断完善和奠定健全人格基础的过程。人际交往和社会适应是幼儿社会学习的主要内容，也是其社会性发展的基本途径。幼儿在与成人和同伴交往的过程中，不仅学习如何与人友好相处，也在学习如何看待自己、对待他人，不断发展适应社会生活的能力。良好的社会性发展对幼儿身心健康和其他各方面的发展都具有重要影响。

家庭、幼儿园和社会应共同努力，为幼儿创设温暖、关爱、平等的家庭和集体生活氛围，建立良好的亲子关系、师生关系和同伴关系，让幼儿在积极健康的人际关系中获得安全感和信任感，发展自信和自尊，在良好的社会环境及文化的熏陶中学会遵守规则，形成基本的认同感和归属感。

幼儿的社会性主要是在日常生活和游戏中通过观察和模仿潜移默化地发展起来的。成人应注重自己言行的榜样作用，避免简单生硬的说教。

四、科学

幼儿的科学学习是在探究具体事物和解决实际问题中，尝试发现事物间的异同和联系的过程。幼儿在对自然事物的探究和运用科学解决实际生活问题的过程中，不仅获得丰富的感性经验，还能充分发展形象思维，而且初步尝试归类、排序、判断、推理，逐步发展逻辑思维能力，为其他领域的深入学习奠定基础。

幼儿科学学习的核心是激发探究兴趣，体验探究过程，发展初步的探究能力。

成人要善于发现和保护幼儿的好奇心，充分利用自然和实际生活机会，引导幼儿通过观察、比较、操作、实验等方法，学习发现问题、分析问题和解决问题；帮助幼儿不断积累经验，并运用于新的学习活动，形成受益终身的学习态度和能力。

幼儿的思维特点是以具体形象思维为主，应注重引导幼儿通过直接感知、亲身体验和实际操作进行科学学习，不应为追求知识和技能的掌握，对幼儿进行灌输和强化训练。

五、艺术

艺术是人类感受美、表现美和创造美的重要形式，也是表达自己对周围世界的认识和情绪态度的独特方式。

每个幼儿心里都有一颗美的种子。幼儿艺术领域学习的关键在于充分创造条件和机会，在大自然和社会文化生活中萌发幼儿对美的感受和体验，丰富其想象力和创造力，引导幼儿学会用心灵去感受和发现美，用自己的方式去表现和创造美。

幼儿对事物的感受和理解不同于成人，他们表达自己认识和情感的方式也不同于成人。幼儿独特的笔触、动作和语言往往蕴含着丰富的想象和情感，成人应对幼儿的艺术表现给予充分的理解和尊重，不能用自己的审美标准去评判幼儿，更不能为追求结果的"完美"而对幼儿进行千篇一律的训练，以免扼杀其想象与创造的萌芽。

项目六 幼儿园环境

话题导入

蒙台梭利曾说"教育的基本任务是让幼儿在适宜的环境中得到自然发展,教师的职责在于为幼儿提供适宜的环境。"那么,怎样让"不会说话的老师"尽可能发挥积极的引导作用,什么样的环境最有利于幼儿的全面发展,对广大教师提出了要求。

教学任务

表6-1 幼儿园环境教学任务一览表

教学任务	掌握知识→培养能力→陶冶品德。
掌握知识	理解幼儿园环境的含义、类型及功能,掌握创设物质环境与精神环境的原则与方法。
培养能力	运用所学的理论对幼儿园环境进行创设。
陶冶品德	认识到环境的重要性,主动为幼儿营造良好的环境。

掌握知识

模块一 幼儿园环境概述

一、幼儿园环境的含义

幼儿园环境有广义和狭义之分。广义的幼儿园环境是指幼儿教育赖以进行的一切条件的总和,它既包括人的要素,也包括物的要素;既包括幼儿园内的小环境,也包括与幼儿园教育相关的家庭、社会、自然的大环境。狭义的幼儿环境仅指幼儿园内部环境,即幼儿园内对幼儿身心发展产生影响的物质与精神要素的总和。本章主要介绍狭义的幼儿园环境。

二、幼儿园环境的类型

幼儿园环境按其性质可分为物质环境和精神环境两大类。

（一）物质环境

广义的幼儿园物质环境是指对幼儿教育产生影响的一切天然环境与人工环境中物质的要素的总和，其主要包括自然风光、城市建筑、社区绿化、家庭物质条件、居室空间安排、室内装潢设计等。

狭义的幼儿园物质环境是指幼儿园内对幼儿发展有影响作用的各种物质要素的总和，其主要包括园舍建筑、园内装饰、场所布置、设备条件、物理空间设计与利用、各种材料的选择与搭配等。

（二）精神环境

广义的幼儿园精神环境泛指对幼儿教育产生影响的整个社会精神因素的总和，其主要包括社会政治、经济、文化、艺术、道德、风俗习惯、生活方式、人际关系等。

狭义的幼儿园精神环境是指幼儿园内对幼儿发展产生影响的一切精神因素的总和，其主要包括幼儿园的文化环境和人际环境。狭义的幼儿园精神环境具体是指幼儿园工作人员的儿童观、教育观、道德观、人际关系观，幼儿园的常规要求、园风、教风及工作作风等无形因素交织形成的气氛或氛围。

三、幼儿园环境的作用

环境是幼儿发展的资源，幼儿通过与环境的相互作用生成并开展活动，从一定意义上说，幼儿教育是一种环境教育。著名教育家蒙台梭利认为："教育的基本任务是让幼儿在适宜的环境中得到自然发展，教师的职责在于为幼儿提供适宜的环境。"瑞吉欧教育将幼儿园环境称为"我们的第三位教师"。《幼儿园工作规程》中明确指出："创设与教育相适应的环境，为幼儿提供活动和表现能力的机会和条件。"《幼儿园教育指导纲要（试行）》指出："课程实施的中心环节是因地制宜地创设适合儿童发展的、积极的、支持的环境。"因此，现代教育十分重视环境对幼儿发展的作用。

（一）陶冶和启迪作用

幼儿是通过感官与环境的直接作用进行学习的，幼儿园的环境会潜移默化地影响幼儿的认知、行为和情感。因此，幼儿园的环境要经过筛选和控制，那种整洁、有序、美观、安全的校园面貌，简约、实用、自然、协调的环境风格不但能陶冶幼儿的情感、态度、个性，启发幼儿的心智，还能给幼儿传递阳光的生活、积极的心态。

(二) 限制和导向作用

由于儿童年龄小，思想幼稚单纯，鉴别和控制能力比较差，不善于辨别什么行为是正确的，什么行为是不正确的。而在某些环境里，又不可能具体规定幼儿应该如何说、如何做，不可能为他们的言行规定一个统一的、固定的模式。因此，利用幼儿园空间的"暗示"性，由幼儿自己辨别行为的是与非，不用空洞的说教和硬性的规定，幼儿也会自觉规范自己的思想和行为，逐渐形成良好的道德品质。例如，盥洗室的墙面贴上节约用水的图标，随时提醒孩子"打肥皂时要关上水龙头"。洗过手的水可以洗拖布"等节水方法，用图片提示孩子把垃圾分为可回收和不可回收两类，并分别放入相对应的地点。

限制不是目的，而是利用环境的功能进行教育的一种手段和方法，当环境的设计目的和教育目标一致时，即对幼儿的发展具有明确的导向作用。

(三) 平衡和补偿作用

有时候，幼儿园环境的创设并不直接指向目标，而是指向幼儿的需要。幼儿的需要是多面的，也是不断变化和发展的。当现实条件不能满足幼儿的需要时，会导致幼儿心态的失衡，这就需要老师利用环境的平衡和补偿作用"缓解幼儿内心的失衡。例如，由于游戏器械种类和数量有限，无法满足全体幼儿参与游戏，为避免幼儿的争抢，可以为没有参与的幼儿提供一个驻足观察的空间：它可以由像小木马一样温和、安静的系列游戏器械组成，可以由矮小的木桩或是嵌入场地边缘的轮胎组成。这个驻足观察的空间既可以为幼儿提供观察、思考、等待的坐凳，又可以作为划分活动区域的界限。有了这样的空间，游戏器械上的幼儿看到等待的伙伴会慢慢表现出自觉的分享或谦让行为；同时，等待的幼儿可以观看器械上的小伙伴如何创新玩游戏的规则，为他们下一步更加多样地利用游戏器械提供了条件。有些幼儿性格内向，对加入群体的活动表现出胆怯、害羞，这就需要一个驻足观察的空间，这个空间要与幼儿活动场地保持适宜的距离，使害羞的幼儿在这里可以观察到其他同伴的活动，找到适当的时机加入其中，避免了被拒绝的尴尬。这样形式的玩或等待的过程，可以形成幼儿良好的社会行为规范，锻炼幼儿的自我控制能力，增强幼儿的自信心。驻足观察的空间就可以体现环境的平衡和补偿作用。

模块二　幼儿园物质环境的创设

一、幼儿园物质环境创设的原则

幼儿园环境创设的原则是教师在创设幼儿园环境时应遵循的基本要求，这些原则贯穿于环境创设的各项工作中，对环境创设的每一步都具有指导作用。

（一）适龄性原则

适龄性原则是指幼儿园环境创设要符合幼儿年龄特征及身心发展的水平和特点。

1. 环境创设要满足幼儿身心发展的一般需要

幼儿园提供的生活、学习、游戏、休息等必要设施，都应适合幼儿的身高和体力，以低、轻、稳为好。例如：活动区内的桌子不要太重，最好使用比较灵活的架子、隔板、拼接式地毯等材料，便于幼儿自行搬动；材料和玩具应分类呈现在开放、低矮、宽松的架子上，或分类放在透明可见的容器里，以便幼儿能自行、方便地找到自己所需的东西；大班还可以将材料和玩具的名称用文字或图案标示出来，方便幼儿在活动过程中拿取和回收，减少对教师的依赖；装饰铺面需考虑幼儿的身高，大型墙饰可贴得稍微高一点，供幼儿远观，小墙饰应贴的低些，方便幼儿仔细观察。

2. 创设专门环境，满足不同年龄幼儿的特殊需要

由于幼儿之间存在年龄、性别、个性及发展水平等方面的差异，身心发展所需环境也不尽相同，因此，幼儿园要提供多层次、多角度的教育内容和教育条件。例如：小班幼儿协调能力较差，可提供富有生活情境的活动环境，在房间内挂上风铃、气球等形式的悬挂物，让幼儿去听去看，调动多种感官参与活动；中班孩子观察力有所提高，可为他们创设活动环境，在布置成"理发店"、"超市"的游戏场景中锻炼幼儿的人际交往能力；大班孩子思维活跃，环境布置就要富有挑战性，并能让孩子逐渐参与到环境创设的过程中来。

（二）童趣原则

趣味性永远是吸引幼儿注意力的重要因素。一方面，幼儿园环境应生动、有

趣，色彩应鲜艳、明快，内容应丰富、多样，形象应活泼、可爱，要有艺术性和夸张性；另一方面，幼儿园的环境应是幼儿的环境，要反映幼儿的趣味性，而非成人的趣味性。因此，环境内容要尽可能来源于儿童生活，反应儿童世界。例如，可选择一些幼儿熟悉和喜欢的卡通形象，用幼儿原创的稚嫩和纯真的作品布置环境，让幼儿百看不厌，激发其探索和学习的欲望。

（三）参与性原则

有些幼儿园教师在环境创设上唱独角戏，是环境布置的主角；有的材料是为一次或一种活动准备的，活动结束了，材料就收走了，留给幼儿的只是过眼云烟般的记忆；即使在区域活动中提供的多种操作材料也多由教师收集，往往花费大量的精力、物力，幼儿却未必感兴趣；有的教师花很多时间将活动室布置的精致而艺术，却将成人意念带进了幼儿世界。

要想最大可能地发挥环境的教育功能，就要让幼儿成为环境创设的参与者。环境的教育性不仅蕴含在环境布置的内容中，而且蕴含在环境布置的过程中，对幼儿来说只"看"是不够的，还要通过听、摸、说、做全方位的体验来接受信息、建构知识、引发联想、形成观念。因此，环境创设应给孩子提供一个表达、表现、交流的平台，环境创设的过程应成为孩子探索未知世界的过程。教师要尽可能吸收采纳幼儿的建议，如每个区摆放什么、怎么摆、墙角如何布置等这些问题都可以与幼儿共同商量、共同制作、共同摆放，使幼儿对环境中的事物更加认同、更加爱护，也能促进幼儿的成长。例如，教师可以利用许多幼儿亲手绘制的画布置墙面，以增强幼儿爱护周围环境的情感，培养幼儿的合作精神。

（四）经济性原则

经济性原则是指幼儿园物质环境的创设要坚持低费用、高效益，力求以最小的投入发挥最大的教育效益。

1. 坚持勤俭节约的方针

因地制宜,就地取材,充分利用自然和社会资源,在保证清洁、卫生的前提下,合理利用废旧物品创设环境,如羽毛、树叶、纽扣、果壳、纸盒等,避免铺张浪费,追求高档化和形式化。例如:素有"海湾扇贝第一镇"的莱州市金城镇中心幼儿园利用师生、家长的业余时间搜集贝壳来装饰墙面和活动区;农村幼儿园运用竹簸箕、竹筒等乡村特有的资源布置环境,既实现了环境的教育功能,又节约了资金。

2. 充分发挥环境的多功能性

多功能环境是指幼儿园的环境设置应充分考虑其多项功能的发挥。幼儿园的场所往往既是教学场所,又是儿童活动、游戏的场所,甚至是儿童的生活场所,因而在环境设置的过程中,应当充分考虑儿童成长对环境的各种需要,以减少重复投资。

3. 选择有地区特征的廉价材料

我国东部和西部、城市和农村不同特色的幼儿园,由于文化传统、民俗风情、思想习惯、生活方式及对幼儿教育期望值的差异,空间环境和创设风格也各有特色。比如,我国北方以畜牧业为主,幼儿园空间环境布置多以羊毛地毯、壁挂等材料和牛、羊等动物头骨标本装饰,以反映牧区特色;沿海幼儿园常以贝壳、珊瑚和海产品标本作为饰物,以反映海洋世界的特色;内陆边远地区常以弓箭和民间工艺美术品装饰活动室墙面,以反应少数民族的生活特色。选用地域特有的材料,不但特色鲜明,而且取材方便、价格低廉。但在借鉴不同地区优秀经验的同时,切忌盲目攀比、照搬照抄。

(五)安全性原则

《幼儿园教育指导纲要(试行)》中明确指出:"幼儿园必须把保护幼儿的生命和促进幼儿的健康放在工作的首位",必须排除一切危及儿童身心安全与健康的危险因素。幼儿如果长期生活在缺乏安全感的环境,容易形成胆怯、懦弱、缺乏自信等不良个性品质,这种心理的伤害对幼儿影响是深刻、持久的,甚至不亚于某些生理伤害。

1. 物质环境的安全

物质环境的安全是保证幼儿人身安全不受伤害的重要物质基础。幼儿园的房舍及其附属设备(窗户、桌椅、电线、插座、暖气等)的卫生和安全,活动场地、器材和材料的卫生和安全等,许多因素如不加以注意,均可能对幼儿身体造成伤害。例如，设备及装饰物有尖角的要改成钝角或圆角，教给幼儿正确使用剪刀、针等工具的方法，活动场地中不应有过多的隔离物（如水、花坛等），楼梯的栏杆要稳固、建筑尺寸要专为幼儿设计，游戏设施与阳台要有防护装备，室内空气、采光、湿度、温度要符合相关标准等。

2. 精神环境的安全

精神环境的安全是保证幼儿获得心理安全的重要条件。幼儿的心理安全感主要来源于教师良好的素质及在此基础上建立起来的良好师生关系、同伴关系及合理的生活制度。如果教师缺乏耐心，总以凌驾于孩子之上的姿态批评、指责甚至训斥、体罚孩子，易导致孩子产生恐惧心理，缺乏安全感。相反，如果教师富有爱心、尊重、鼓励孩子，孩子就容易获得心理上的安全感和满足感。

为增强幼儿的安全防护知识，学习自我保护的技能和方法，很多幼儿园开展了安全教育。例如，有的幼儿园利用主题墙饰活动创设浅显易懂的环境让幼儿感受安全教育的知识。

（六）一致性原则

没有目标的环境不是教育环境，环境的创设目标应与幼儿园教育目标相一致，并为实现教育目标服务。

1. 教师创设环境的目标应与幼儿园的教育目标相一致

幼儿园教育目标是有层次的，主要分为总目标、年龄目标、单元目标、活动目标等，教师创设环境的目标应与幼儿园的教育目标相一致。例如：小班幼儿活动主要靠材料的生动性、新颖性和颜色的鲜艳性吸引幼儿；中、大班幼儿活动明确活动结果，成为吸引幼儿进行活动的主要原因。因此，在创设积木区时要考虑幼儿的年龄目标，小班积木的颜色要丰富，形状可少些，数量要充足，教师着重构造物体，能表现物体的主要特征；中班积木的形状可以增加并提供一些辅助材料，要求幼儿有目的、有计划地构造；大班要提供更多形状的积木和幼儿学会通过协商共同构建复杂的大型结构物。假若一套积木从小班玩到大班，小班搭小房子，大班还是搭小房子，是不可取的。

2. 创设的多样化环境应与幼儿全面和谐发展的需要相一致

幼儿园教育目标是促进幼儿全面、和谐发展的完整目标。为实现幼儿的全面和谐发展，幼儿园应为幼儿创设多样化的环境，尽可能蕴含多种教育功能，让幼儿在与环境的相互作用中获得认知、情感、态度和动作技能等多方面的发展。

3. 创设的专门环境应与幼儿个性发展的需要相一致

幼儿园教育目标不仅要面向全体幼儿还应注重个别差异，因此，环境的创设也要照顾孩子的不同特点。教师应根据幼儿的个性特点、发展水平及发展需要创设一些专门环境，促进每个幼儿获得最大限度的发展。例如，在区角活动中，有的幼儿能很快理解新材料的玩法，积极投入操作过程中；而有的幼儿则感到困难，教师应尊重孩子的个体差异，允许孩子以自己的速度和方式去探索。又如，在投掷区投放高度不等、大小不一的投掷对象，投掷线距离不同，投掷物轻重不一，以满足不同能力水平的幼儿的需要。这样，能力弱的幼儿有体验成功的机会，能力强的幼儿也有挑战自我的机会。

（七）动态性原则

动态性原则是指活动区的环境应随时间的推移进行必要的调整和变化，以保证幼儿与环境间的积极互动。

1. 环境的创设要根据教育目标和幼儿发展需要不断发展变化

幼儿的认知、情感和探究活动始终来源于和环境的相互作用，幼儿与环境相处的方式直接影响活动质量。由此，环境的创设也应随着幼儿的兴趣、能力、季节、节日及主题活动的发展变化不断得到补充和调整。这主要体现在增加材料及设备的种类、内容及操作难度，让幼儿有更多选择和挑战，使环境永远保持新鲜感和吸引力。例如，在积木区逐渐增加积木的形状，益智区逐渐增加拼图的片数，使数字卡由 10 以内增加到 20 以内，逐渐增加各种分类图卡、图形嵌板及七巧扳等。

2. 为幼儿提供更多参与的机会和条件

提供更多的机会和条件并不是单纯增加材料数量，而是每个材料都有多种不同的利用方式。例如，坐垫可做成爬爬虫形，中间用扣子连接，既满足了幼儿安全的需要，又通过解扣子、扣扣子锻炼幼儿的动手能力。有些教师独具匠心地将可供幼儿自主操作的活动区域移到墙壁上，幼儿可用手指在迷宫墙上走迷宫，在益智墙上玩计算，用可口的食物喂娃娃等。教育者应使墙饰在兼具美感和教育性的同时表现出独特的操作性。

3. 环境创设应预留"空白"

幼儿有自己的思想，但很多时候缺乏表现的机会。以主题墙布置为例，部分教师为了表明自己"准备充分"，活动前就把主题墙贴得满满当当，一点空白也不留。然而，主题墙是课程资源，更是活动过程的组成部分，虽然有预设，也要随活动进程生成新的内容。例如，主题活动"有趣的昆虫"主题墙中可以预留部分空白，以便活动进行中由幼儿添加新的内容；也可在活动场地旁设计一面涂鸦墙，让幼儿自由写画。

培养能力

幼儿园物质环境的创设与利用

目前，我国幼儿园的课程模式以主题课程为主，幼儿教师在设置某一阶段的主题时，必然会考虑其相对应的主题环境创设。可见，物质环境已逐渐成为影响幼儿园教育的因素之一，并越来越受到幼儿教育者的重视。

我国大部分幼儿园的教育活动仍以上课或集体活动为主，幼儿自由活动时间相对较少，即便在自由、分散活动时，也缺乏一定的材料、场所，不利于幼儿的发展。因此，幼儿园有必要设置专门的活动区来改变这种状况。专门的活动区就是利用活动室、睡眠室及室外场地，提供、投放相应的设施和材料，为幼儿创设分区活动场所。

一、幼儿园室内环境设计

幼儿园室内的物质环境可以以分区形式呈现，将活动室的空间划分为不同活动区，让幼儿按照自己的意愿和能力自主选择活动，通过与材料、环境、同伴的充分互动获得学习与发展，这些活动区又称活动区域、活动区角、学习角、兴趣角等。区域教学突破了传统教学的单一方式，以幼儿自主选择的操作活动为主要学习形式，有利于激发幼儿的好奇心、求知欲，增强其学习动机。

（一）室内区域类型

幼儿园室内环境有多种多样的区域设计，归结起来，大致有以下三种类型：

1. 常规区域

常规区域有建构区、美工区、角色游戏区、阅读区、科学区、感官操作区、运动区等。这些区域具有广泛的地域性，不受幼儿年龄限制称为常规区域。

2. 主题区域

伴随着主题教学活动的开展，主题环境的建构已引起教师的重视。主题区域是把主题目标、主题活动内容物化在区域材料中，引导幼儿在区域内自主活动并实现主题目标，是主题教学很好的补充。幼儿园班级中可特别设置1~2个主题区域，随时把教学活动中的操作材料转移到主题区域中，并不断根据主题目标和活动内容调整材料、丰富材料，使主题区域成为课堂教学很好地延伸和扩展，满足不同水平幼儿发展的需要。主题区域在一个班级中不可以太多，太多的主题区域会限制幼儿的自主游戏，主题区域、常规区域和特色区域应有恰当的比例。

3. 特色区域

特色区域是与别的幼儿园不同的、比较独特的区域，可以解释为人无我有，人有我精，人精我特。这种特色可以是地域特色，也可以是园本、班本特色的体现。例如，某航天大学附属幼儿园以不同种类的飞机为每个班级命名，在活动室地面粘贴飞机模型，体现了园本特色；某军区机关幼儿园发挥人民军队的特色，墙面采用当年的战争故事装饰，显得更加具有历史意义。

特色区域并不仅仅反映在独特的名称上，有些虽用的是常规区域的名称，如建构区，但投放的却是本地区独有的建构材料，或者本园开发挖掘的建构材料，开展富有特色的建构活动也可称为特色区域。有的幼儿园对某种常规区域进行持续深入的研究，积累了丰富的经验，形成了独特的环境和活动特色，也是一种特色区域。

（二）室内空间安排

室内活动区的空间安排一般有开放式空间和间隔式空间两种。

开放式空间内的桌椅一般可以根据儿童、教师或是活动的需要进行随意的组合，专门收纳玩具和材料的柜子立于教室的四周，呈包围形。这样能为幼儿提供足够的空间进行活动，教师在活动安排时也比较灵活，便于幼儿进行团体规则性活动以及动作伸展性活动。

研究表明，空间大小与幼儿间的交往直接相关。空间过大、无间隔的开放会减少幼儿交往的机会，也会增加噪声。因此，除了公共区域外，还应提供一些相对独立的半开放式空间——间隔式空间。间隔式空间是根据活动的不同类别将空间分隔成若干区域，把玩具和材料分别固定在各个区域内，幼儿根据需要自行选择区域，直接作用于材料。间隔式空间便于开展多种组群的合作性活动，以及通过操作进行探索性活动。间隔物必须轻便、灵活、易于变化，常见的间隔物有矮柜、布帘、屏风、格子栅栏等几种形式。

（三）室内空间利用

幼儿园占地面积大小不等，空间开发情况也各不相同，特别是一些面积比较小的幼儿园，有限的空间往往得不到充分利用，致使幼儿的活动空间与活动需求形成了突出矛盾，这就制约了幼儿园空间的发展。因此，除了主要的活动室外，其他在传统看来属于非活动空间的地方也可以充分利用，发挥区域功能。

1. 寝室

寝室的利用时间很短，完全可以为幼儿的游戏开放。可将床做成抽拉式或活动式，午睡时打开，其他时间收拢集中到一起，腾出更多空间供幼儿游戏。

2. 走廊和过道

走廊和过道是同一楼层各班的公共地带，如果有一定的宽度，可以设置成活动区域，扩大幼儿的活动范围。

3. 楼梯拐角和楼梯下面

这些地方容易成为死角，教师可进行各种巧妙的设计，如将拐角设计成娃娃家，将拐弯处设计成森林小屋等，扩大幼儿游戏的空间。

4. 双层空间

活动室人多空间小，在高度和安全允许的情况下，适当增加双层空间不但可以提高幼儿游戏的兴趣，还可缓解空间不足的矛盾。

此外，要尽可能触及幼儿园的每一个角落：墙面、地面、楼顶、平台、栏杆、墙根、屋角、阳台、楼洞、门厅、房崖之间的空隙等，这些有可能被利用的地方都应利用上。

二、幼儿园户外环境设计

幼儿园户外环境是指幼儿园户外活动场地的环境，主要包括户外场地、游戏设施、庭院绿化和建筑小品等部分。一个安全的、精心设计的户外环境可以促进幼儿的自我意识、情感、认知和感知运动能力的发展。

（一）户外场地

户外场地的主要功能是让幼儿充分接触新鲜空气和阳光，强健身体。因此，户外场地设计一定要向阳、宽阔、平坦，便于幼儿开展各种游戏和体育活动。在允许的情况下，尽可能增加户外活动场地的面积，可以考虑在幼儿园建筑屋顶设置活动场所，使幼儿能充分享受户外环境。

(二)游戏设施

户外游戏设施主要有大型游戏器材、可移动游戏器材及沙水活动设备。安装在户外场地的大型游戏器材一般有两种：一种是单一功能的器材，如滑梯、跷跷板、秋千、攀爬具等；另一种是大型多功能组合型器材，因为体积比较庞大，往往放在操场中。如果场地面积比较小的话，应适当减少此类器材的数量，将大型固定器材改为小型的可移动器材。可移动的多功能器材如轮胎、软管、木箱等，有助于幼儿任意组合、尽情想象，激发幼儿的创造意识。

玩沙设备最简单的是挖一个沙坑，也可用废木箱装上干净沙子，最好靠近水源，以便幼儿用水玩沙、用沙玩水，进行干沙与湿沙的比较和滤沙与滤水的转换。由于沙子是一种不定型材料，具有可塑性和变化性，所以沙池里发生的游戏类型与投放辅助材料有关。玩沙工具包括挖掘类、滤器类、容器类、建构类、形象类，无论用哪种辅助材料，都会涉及对沙的特性的探索，如在挖沟、堆山的建构中，在挖掘和装运沙土的活动中，都有比较干沙和湿沙的特点及进行某种行为的可能性。

玩水的辅助材料具有更强的预设性，这取决于隐含在玩水游戏中的活动目标。例如，想让幼儿获得沉浮概念，就要投放各种能沉下去和浮起来的材料；想让幼儿了解水的渗透性，就要投放各种材质的纸张和布料让幼儿看其渗水和防水的差异性；想让幼儿掌握空气压力对水的推动力，就要投放能通过空气挤压推动水流速度的容器等；想让幼儿懂得水流动力原理，就要设计水流带动齿轮转动的装置等。

(三)庭院绿化

绿化应是幼儿园户外环境的突出特色。许多人认为，水泥地干净，雨雪天不泥泞，这是水泥地的优点。但从幼儿发展的角度考虑，孩子们更喜欢草地，草地更安全和天然，更能让孩子心情愉悦，更具有环保作用。因此，户外场地的设计要充分考虑庭院绿化，营造一个充满生机、绿意盎然的幼儿园户外环境。

为保证幼儿尽可能接近植物，应种植那些比较结实、成长较快，能耐得住攀爬、蹬踏和撕扯的茂盛植物；在用地紧张，以硬环境占主导地位的城市幼儿园中，充分利用边

角余地种一些耐践踏的宿根花草；在四季分明的地区，尽量选择春夏观花、秋观叶果、冬观枝的植物，平面绿化与垂直绿化相结合。绿化中应注意，有毒的、带刺或有黏液流出的植物不适合在幼儿园种植。

（四）建筑小品

建筑小品是户外环境设计的一部分，具有美化环境和为幼儿提供游戏或休息场所的作用，包括喷泉、假山、凉亭、座椅等。在设计建筑小品时，应考虑以下因素：

1. 考虑其实用性的特点，若园内面积紧张，喷泉、假山、凉亭等都是不足取的。

2. 要考虑其适用性问题，所选用的建筑小品必须符合幼儿的心理特征，为幼儿所喜爱。例如，围墙可涂上幼儿喜爱的色彩鲜艳的图画，雕塑可选择能体现幼儿园教育目标或含有教育意义的雕塑。

3. 考虑其多用途，避免设置单一用途的建筑小品。例如，喷泉可作为幼儿玩水的场所，凉亭可作为户外画室等。

总之，教师要充分利用环境的功能为幼儿创造一个充满教育意义的幼儿园户外环境。

模块三　幼儿园精神环境的营造

精神环境的安全是保证幼儿获得心理安全的重要条件。幼儿的心理安全感主要来源于教师良好的素质及在此基础上建立起来的良好师生关系、同伴关系及合理的生活制度。如果教师缺乏耐心，总以凌驾于孩子之上的姿态批评，指责甚至训斥、体罚孩子，易导致孩子产生恐惧心理，缺乏安全感。相反，如果教师富有爱心，尊重、鼓励孩子，孩子就容易获得心理上的安全感和满足感。

为增强幼儿的安全防护知识，学习自我保护的技能和方法，很多幼儿园开展了安全教育。例如，有的幼儿园利用主题墙饰活动创设浅显易懂的环境让幼儿感受安全教育的知识。

近年来，有些幼儿园物质条件得到了极大改善，越来越像花园、公园而不像乐园，幼儿在其中并未体验到快乐与自主。这就使物质条件的投资没有得到应有回报，物质环境没有充分发挥其应有的教育功能，原因就是幼儿园的精神环境出了问题。那么如何创设良好的幼儿园精神环境呢？

一、建立民主、平等的师幼关系

要营造积极健康的精神环境，其核心是建立融洽、和谐、健康的人际关系。

师幼关系是幼儿园最重要的人际关系。民主、平等的师幼关系是预防幼儿产生心理问题的必要条件。良好的师幼互动交往能给幼儿营造一个轻松、愉快的心理与行为空间。在这种平等、和谐的气氛中，教师的主导作用和幼儿的主体地位才能得以充分体现，最终促进幼儿身心和谐地发展。

1. 教师对幼儿要持支持、尊重、接受的情感态度。要善于理解幼儿各种情绪、情感的需要，不对幼儿产生偏见，善于做出积极的行为反应。

2. 教师对待幼儿应善于疏导而不是压制。作为独立的个体，幼儿有自己的思想，拥有与成人平等的权利，教师要允许幼儿表达自己的想法和建议。

小班美术课上，教师边讲解边示范涂画"树叶宝宝"，而后要求幼儿按照范例给树叶涂颜色，教师来回巡视，并给予指导。当发现薇薇那幅"蓝色的树叶"画时，皱眉道："你怎么搞的？树叶有蓝颜色的吗？重新涂！"只见薇薇一愣，很快低下头趴在桌子上重新涂起来。

谈话活动时，教师让幼儿谈谈"马路上的车辆"。一开始幼儿七嘴八舌地说着各种车辆的名称。突然，小宇大声说："老师，昨天，我在马路上看到一辆车撞死人了。"这下，幼儿的话题一下子扯开了，教室里顿时像炸开了锅。老师拍着铃鼓示意全体幼儿安静下来。紧接着，就厉声指责小宇："谁让你讲这些？"小宇呆呆地看着老师，不再作声了。

二、引导幼儿建立良好的同伴关系

同伴关系是指幼儿间相互联系而构成的一种人际关系，友好合作的同伴关系既能预防幼儿心理问题的产生，也能对幼儿的某些心理问题起到治疗作用。

（一）教给幼儿初步的交往、合作技能

由于幼儿缺少交往经验和交往技巧加上独生子女家庭的成长环境不利于同伴交往经验的获得，交往中往往会出现一些不恰当的行为。教师在平时可让幼儿相互说说对某件事情的感受，学会观察他人喜怒哀乐的表情，了解他人的情绪情感状态等，帮助幼儿建立同伴间相互关心、友爱的情感。

（二）为幼儿提供与同伴交往、合作的机会

面对独生子女居多的现实，教师可采取"家庭式"混合编班的形式，即将三个不同的孩子自由组合成一个小家庭，共同参与活动。运用"大帮小"、"小学大"、"儿童教育儿童"法，为幼儿创设社会交往的人际环境，可有效弥补独生子女家庭教育的不足，培养他们乐意交往、互相帮助、合作、自信等良好的个性品质。

（三）引导幼儿在生活中相互帮助、相互支持

教师要积极引导幼儿在生活中相互帮助、相互支持，特别是引导幼儿对于那些身心有困境的小朋友给予尊重和帮助，而不是嘲笑和排斥。

某一天午餐后，小朋友们都三三两两结伴游戏，唯有晨晨还左顾右盼地坐着。过了一会儿，她拿起一本书，向玩跳棋的小朋友走去。她扬起手里的书大声说："谁让我玩跳棋，我就把书给他看。"大家玩的正开心，没人理会她。她失望地走开了，又转到娃娃家，面带笑容地说："如果你们让我也玩，我就把书送给你！""我们不信，这书是老师的，不是你的！""你骗人！"晨晨只好闷闷不乐地走了。

课间休息喝水的时候，突然听到有孩子在哭，我连忙过去，只见子靖细皮嫩肉的小手上有一道被指甲划过的血印。我问是谁干的，旁边的小朋友七嘴八舌的告诉我："查佳好！"我生气地问："好好，你为什么要欺负子靖？"好好红着脸，很委屈的说："我要走过去喝水，子靖把路拦住了，不让我过去，我才抓她的。"

三、建立教师间的友好合作关系

成人间的人际关系会直接影响幼儿园的精神环境，尤其是与孩子接触最多的教师间的人际交往对幼儿具有多方面的影响。

1. 教师间的交往是幼儿同伴交往的重要榜样

如果教师之间互相关心、帮助、抚慰、合作等，幼儿就很容易产生这些行为并长期稳定下来；反之，如果教师间漠不关心、人情冷淡，再怎么强调幼儿培养爱心、同情心，其效果也会大打折扣。因此教师自身交往的适宜与否是幼儿园良好精神环境创设的一个重要方面。

2. 教师间的交往影响班级、幼儿园的气氛

教师间如果相互关心、相互帮助，会给班、园带来一种温暖的气氛，容易激发出积极的社会性行为。幼儿也会从中耳濡目染，不仅学会体察别人的情绪情感，也能学会正确、适宜的行为方式。

陶冶品德

《全球幼儿教育大纲》中写到"幼儿的学习环境必须是安全的，他们既不能受到身体上的伤害，也不能受到心理上的伤害。强调安全就是要保护儿童的身体健康，身体不健康会影响孩子的学习及成长。心理安全是指整个环境应让儿童有归属感，是为儿童的成长而设置的。""在这种环境中，儿童与儿童、儿童与成人之间

的积极交流是经常发生的。这个环境应鼓励儿童玩耍、探索、发现。"①正所谓：

如果一个孩子生活在批评之中，他就学会了谴责。

如果一个孩子生活在敌意之中，他就学会了争斗。

如果一个孩子生活在恐惧之中，他就学会了忧虑。

如果一个孩子生活在怜悯之中，他就学会了自责。

如果一个孩子生活在讽刺之中，他就学会了害羞。

如果一个孩子生活在耻辱之中，他就学会了负罪感。

如果一个孩子生活在鼓励之中，他就学会了自信。

如果一个孩子生活在忍耐之中，他就学会了耐心。

如果一个孩子生活在表扬之中，他就学会了感激。

如果一个孩子生活在接受之中，他就学会了爱。

如果一个孩子生活在认可之中，他就学会了自爱。

如果一个孩子生活在分享之中，他就学会了慷慨。

如果一个孩子生活在承认之中，他就学会了要有一个目标。

如果一个孩子生活在诚实和正直之中，他就学会了真理和公正。

如果一个孩子生活在安全之中，他就学会了相信自己和周围的人。

如果一个孩子生活在友爱之中，他就学会了这世界是生活的好地方。

如果一个孩子生活在真诚之中，他就学会了头脑平静地生活②。

自助餐厅

材料分析题：

1. 以下是两位老师关于环境创设的对话。

李老师：其实环境创设很简单，就是买一些材料摆一摆，贴一贴就行。

王老师：对啊，环境创设不就是我们老师自己把房间布置一下嘛，重点也就是考查我们老师的手工制作能力，所以我觉得这项工作应该由美术老师来做。

请你利用环境创设的相关理论评析两位老师的做法。

2. 一所幼儿园大型体育器械场地原先曾经长满厚实绿草，由于过于"土气"，

---

① 世界学前教育组织国际儿童教育协会。《全球幼儿教育大纲——21世纪国际幼儿教育研讨会文件》 [J] .幼儿教育.2001.

② [美] 杰克·坎菲儿.马克：《汉森心灵鸡汤》 [M] .长春：吉林人民出版社。1991年。

于是某年暑假幼儿园全体教师牺牲了休息时间对这些野草进行了"挖地三尺"的清剿，甚至为了能够彻底"斩草除根"还补充采用了开水深灌的战术。最后，艰苦的奋战终于迎来了场地沙土化和水泥化的成果……可接下来的时髦，又换成了"园林化"，但引进的高级草坪只能看不能踩，常种常秃……再换成人造地毯，还是不能解决弹性差、不安全的问题，且费用昂贵，最后不得不任由其还原成沙地，这时人们不禁怀念起那些曾经覆盖在场地上的厚实野草来。

分析案例中幼儿园环境创设违背了哪些原则？

项目七 幼儿园日常生活活动

话题导入

陶行知先生曾经说过：生活教育是生活所原有，生活所自营，生活所必须的教育。教育的根本意义是生活之变化，生活无时不变，即生活无时不含有教育的意义。幼儿在园进行的日常生活活动，如进餐、饮水、睡觉、离园等，每一个环节都具有教育意义。这些日常生活活动贯穿在一日生活的始终，对幼儿的身心发展起着重要作用。

教学任务

表7-1　幼儿园日常生活活动教学任务一览表

教学任务	掌握知识→培养能力→陶冶品德。
掌握知识	掌握幼儿园日常生活活动的内涵与特点，理解幼儿园日常生活活动的功能，掌握幼儿园日常生活活动的组织与指导。
培养能力	重点把握组织与实施日常生活活动需要注意的问题。
陶冶品德	将爱心、耐心、责任心倾注在每一个幼儿身上，关注他们的幼儿园日常生活活动。

掌握知识

模块一　幼儿园日常生活活动概述

一、幼儿园日常生活活动的内涵与特点

教育部于2013年发布的《幼儿园工作规程（修订稿）》中指出："幼儿园实行保育与教育相结合的原则，对幼儿实施体、智、德、美诸方面全面发展的教育，促进其身心和谐发展。"在幼儿园教育中，利用日常生活的各个环节对幼儿进行随机教育，有着不可估量的巨大作用。日常生活活动既能满足幼儿的生理需要，又能教育、引导幼儿，促进其生活自理能力、同伴交往能力等和谐发展。

(一) 幼儿园日常生活活动的内涵

幼儿园日常生活活动是指幼儿一日活动中的各个生活环节和每天都要进行的日常活动。包括入园、晨检、早操、进餐、饮水、睡眠、盥洗、如厕、离园、散步、课间活动、自由活动等。日常生活活动是幼儿园课程的组成部分，是幼儿生活中经常进行的必不可少的活动，对幼儿全面发展有重要的促进作用。

幼儿园日常生活活动是幼儿个人生活与社会生活的一种结合形式，是以幼儿及幼儿群体为主体的有计划的生活，是在幼儿保育人员计划和组织下的特定生活，也是由教师根据教育目的创设特定情境并渗入一定目的的生活。《幼儿园教育指导纲要（试行）》指出"根据幼儿的需要建立科学的生活常规。培养幼儿良好的饮食、睡眠、盥洗、排泄等生活习惯和生活自理能力。"

(二) 幼儿园日常生活活动的特点

1. 重复性与固定性

幼儿园日常生活活动是幼儿每天都要进行的活动，在形式上具有重复性的特点，即幼儿每天在相同的时间、地点按照相同的方式与相同的熟人进行每天的活动。这种重复性容易为幼儿熟悉和掌握，能够让幼儿按照一定的心理定势来思考生活中的问题，逐渐形成生活的习惯。

幼儿园日常生活活动按照幼儿园制定的计划进行，固定的时间开展固定的某项活动。例如，某幼儿园的入园时间安排在7:30~8:00，课间活动安排在10:10~10:40，午睡安排在12:20~14:20。在固定的时间，幼儿被要求参与固定的活动。良好生活习惯的培养，正是从这些日常生活的琐事、小事开始的。

幼儿在日常生活活动中能够不断地接触到许多新鲜事物，了解物品的名称、用途，增长幼儿的知识经验，促进其智力发展。同时，在完成日常生活活动的过程中，幼儿需要不断克服困难，才能获得成功的体验，这有助于增进幼儿的生活自理能力，培养幼儿爱劳动的情感，增强其生活独立性和责任感。

2. 制度性与自由性

在幼儿园中，幼儿日常生活活动的时间、场所、内容在预先制定好后，基本是固定不变的，教师、保育人员和幼儿都要按照计划来执行，这体现了幼儿园日常生活活动的制度性。但在制度性的前提下，幼儿园日常生活活动也具有一定的自由性，幼儿活动的具体时间和内容可以由自己决定。例如，自由活动时幼儿可以自愿选择与哪些幼儿活动，进行哪项活动等。由此看来，幼儿园日常生活活动是制度性与自由性相统一的活动。

二、幼儿园日常生活活动的功能

(一) 日常生活活动是幼儿完整生活的组成部分

生活,在现实中表现为各种琐碎、平庸的事情,幼儿在经历这些事情的过程中,获得对生活的体验,习得自我生存能力,感悟生活的乐趣。幼儿的生活包括日常生活和非日常生活(制度化生活)。但细究起来,很难将幼儿的生活截然分成日常生活或非日常生活。因为,幼儿的生活是完整的生活,幼儿园日常生活是幼儿完整生活的组成部分。尽管幼儿园生活主要以制度化生活的形式呈现,但我们不能把幼儿园生活完全制度化,幼儿园生活中也有日常生活内容,如同伴之间的交往,需要遵循一定的制度,但更多的还需要依靠情感和道德规范来调节。

(二) 日常生活活动是幼儿学习的重要途径

幼儿园日常生活活动是幼儿园课程的组成部分,是满足幼儿生理需要的途径,也是教育、引导幼儿的有效途径,对幼儿全面发展有重要的促进作用。正如《幼儿园教育指导纲要(试行)》所提出的,教育活动内容的选择要"既贴近幼儿的生活来选择幼儿感兴趣的事物和问题,又有助于拓展幼儿的经验和视野",教育活动内容的组织"应充分考虑幼儿的学习特点和认识规律,各领域的内容要有机联系,相互渗透,注重综合性、趣味性、活动性,寓教育于生活、游戏之中"。

所谓"日常",就是每天如此。日常生活活动是幼儿每天都要进行的活动,在不断的重复和潜移默化中,幼儿能够掌握最基本的生活经验。日常活动与幼儿的独立生活能力直接相关,它既是幼儿知识、技能学习的基础,又是形成幼儿自主性和独立性的基础,并对幼儿体、智、德、美各方面的发展具有促进作用。在幼儿的体育教育方面,日常生活活动为幼儿提供了充足的营养和训练机会,促进幼儿体育目标的实现;在幼儿智育方面,日常生活活动能激发幼儿的好奇心、求知欲以及借助观察理解知识的机会;在幼儿德育方面,幼儿在日常生活的待人接物中学会并运用人与人相互交往的行为规则;在幼儿美育方面,幼儿学会在日常生活中发现美、创造美,培养幼儿对生活美的感受力和表现力。

模块二 幼儿园日常生活的组织与指导

幼儿园一日生活是幼儿在园内进行的所有活动,主要可以分为教学活动、游戏活动、日常生活活动三部分。幼儿园一日生活将现实的社会生活与幼儿个人生活相结合,由教师根据教育目的创设特定情境,以幼儿及幼儿群体为主体,在幼儿园保教人员的精心计划和组织下进行，向幼儿进行体、智、德、美和谐发展的教育，是促进幼儿身心全面和谐发展的基本途径。在组织、指导幼儿园日常生活活动时，幼儿园教师应掌握一定的策略。

一、幼儿园日常生活活动的组织与指导策略

（一）遵循保教并重原则

"保"是指"保育"，侧重于幼儿身体与生活的养护与照顾。"教"是指"教育"，侧重于幼儿心理机能与习惯的养成。"保教并重"是指保育与教育工作都要重视，不能顾此失彼。

幼儿自身特点决定了幼儿园日常生活活动要坚持保教并重的原则。幼儿年龄较小，其认知能力、身体活动能力、自我照料能力差，成人认为危险的举动幼儿不一定能够意识到，成人习以为常的生活技能，幼儿需要不断地练习才能掌握。日常生活活动不仅是对幼儿生活地护理和照顾，还应发挥教育的功能，注重保育与教育相结合，做到保中有教，教中有保。因此，在幼儿园日常生活活动中，应遵循保教并重原则，抓住各种教育契机，促进幼儿良好行为习惯、饮食习惯的养成和多方面能力的发展，帮助幼儿身心和谐发展。

（二）坚持因人而异

在幼儿园日常生活地组织与指导中，教师要坚持因人而异，从幼儿的实际水平出发，逐步培养他们自理自立的能力，不能急于求成。在具体的方法指导上，要从幼儿实际的年龄特点出发。

针对小班幼儿，通过示范加讲解的方法培养他们良好的生活习惯和独立生活能力，让幼儿在不断的活动中，通过看、听、练逐步强化生活技能。针对中班幼儿，着重培养他们将小班学习的生活技能继续巩固内化，最终形成良好的行为习惯，指导方法从示范讲解转变成以语言为主的提醒、检查、表扬等。针对大班幼儿，要求他们自觉行动，形成良好行为习惯的定式。此外，幼儿与幼儿之间，因为身体状况、家庭环境、性格等方面的不同，存在着能力等方面的差异。教师应重视这些差异，在培养幼儿自理能力的时候，注意区别对待、个别照顾。

（三）创设空间环境

《幼儿园工作规程（修订稿）》中指出，幼儿园应当将环境作为重要的教育资源，合理利用室内外环境，创设开放的、多样的区域活动空间，提供丰富的玩具、操作材料和幼儿读物，支持幼儿自主选择和主动学习，激发幼儿学习的兴趣与探

究的愿望。开展日常生活活动的空间环境既要满足幼儿的生理需要，又要能促进幼儿的身心发展，凸显其教育功能。在空间环境中将日常生活活动的要求展现出来，发挥自然状态下的隐性教育，效果会事半功倍。

幼儿园首先应创设温馨的"家庭式"环境。在教室、盥洗室等环境布置中，充分考虑让幼儿感受"家"的舒适，给予幼儿人文关怀。例如，将幼儿园的门厅布置成"娃娃家"，投放玩具、靠垫、小沙发；在活动室的每个角落摆放幼儿从家里带来的物品，帮助幼儿消除对幼儿园的陌生感；用绿色植物点缀教室，营造自然、舒适、放松的环境，让幼儿感受生活的惬意。

其次，幼儿园应创设"好习惯"暗示环境。在教室、走廊等醒目的墙面上创设"生活好习惯"、"谁的本领强"等专栏，张贴幼儿独立自主的生活照片，展示幼儿在园内穿衣服、整理活动、盛饭等镜头；在生活区，张贴醒目、简洁的提示，如小班盥洗室里，用小脚丫提示幼儿排队等候，水龙头前张贴图画，提示幼儿正确的洗手方法。这些精神环境的创设能帮助幼儿在榜样学习和自我教育中感受生活的好习惯。

（四）重视随机教育

生活是幼儿需求产生和发展的源泉，幼儿的兴趣和需求是其主动学习的动力。因此，日常生活活动中充满了教育的契机。作为幼儿教师，要重视日常生活活动中的随机教育。在日常的、琐碎的、重复的日常生活活动中，重视幼儿在日常生活中的每一个发现，重视幼儿在日常生活中的交往，重视幼儿在日常生活中不良行为习惯的纠正。一个善于观察的教师，会以其独有的观察方式和观察角度影响幼儿，教师对生活小事的敏感和热爱以及由此表现出来的积极态度，也会影响着孩子的生活态度。例如，散步是幼儿园里每天都有的活动，教师往往把它当作例行公事。但是，即使每天走的是同一条小路，眼中看到的都是同样的景物，教师告诉孩子的东西尽可能每天都有新内容。路边的小树发新芽、长新叶了，天上的云彩飘忽不定，太阳躲起来了，这些都需要教师引导幼儿去观察、讨论，帮助幼儿解答。

随机教育是幼儿园教育中必不可少的重要部分，是切合儿童年龄特点和幼儿园教育特点的有效手段，有助于最大限度地发挥教学活动的效益，促进儿童身心健康发展。

（五）重视家园合作

家庭是儿童出生后接触的第一个环境，父母是儿童的第一任教师，家庭环境、家长对幼儿的成长和发展有最直接的影响，幼儿园教育离不开家长的理解、支持和参与。日常生活活动具有经常性、反复性的特点，日常生活应该贯穿于幼儿园和家庭的所有生活场所中。因此，应该充分利用家长资源，发挥家长的教育影响，让家长与幼儿园的教育要求保持一致，引导幼儿养成良好的生活习惯。

幼儿园利用家长资源开展家园合作可以采取多种形式。例如，幼儿入园、离园时与家长地交谈，家长开放日，家长会议，接待家长的来访和咨询等。通过家园合作，一方面，让家长了解幼儿在园的日常生活情况及日常生活活动地进展，指导家长正确了解幼儿园保育和教育的内容、方法，明确家长能够为孩子的发展提供支持与帮助；另一方面，教师可以借机听取家长的建议，共同促进幼儿和谐全面发展。

二、幼儿园日常生活活动的内容和要求

幼儿园日常生活活动包括入园、晨检、早操、进餐、饮水、睡眠、盥洗、如厕、离园、散步、课间活动、自由活动等。幼儿园主要着力于培养幼儿养成良好的作息习惯、排泄习惯、盥洗习惯等卫生习惯；帮助幼儿学会讲究卫生的多种技能，提高其生活自理能力；帮助幼儿学会用餐方法，培养良好的饮食习惯；帮助幼儿了解初步的卫生常识和遵守有规律的生活秩序的重要意义。各项活动都有具体、细致的要求，教师要组织、指导幼儿完成各项活动，应注意遵循以下要求：

（一）入园

对教师的要求：入园前，要检查活动室的卫生与安全，准备图书、教具、玩具。入园时，接待幼儿和家长，与家长简短交流；按要求进行晨检；组织好幼儿的活动；对幼儿进行随机教育。

对幼儿的要求：保持仪容整洁、有礼貌的习惯；会主动陈述要求；积极参加活动；遵守常规等。

（二）晨检

对教师的要求：做到一摸二看三问四查，做好晨检记录；对幼儿带入园的药物，核对登记后按时喂药。

对幼儿的要求：配合教师检查，学会主动陈述自身感受。

茜茜的医生恐惧症

庞敏　北大附属实验学校幼儿园滨州园

我们班的茜茜是一名新入园的孩子。刚开学的几天，总是伴随着对妈妈的不舍哭着进教室。这样一来，晨检环节也就稀里糊涂过去了。现在，茜茜的入园焦虑期基本已经过去，但我们又发现了一个新的问题，就是茜茜害怕给她做晨检的保健医生。

之前认为茜茜只是不想离开妈妈，现在才明白，她也害怕医生这个角色。每次看到医生，茜茜都会用双眼盯着看，眼神里透露着害怕和恐惧，紧接着她会嚎啕大哭，往老师或爸爸妈妈的身后躲。有时我们在玩滑梯，离医生非常远，只要茜茜看到了保健医生，就会哭起来，直到她的视线里没有了医生，她才会停止哭泣。对此，不仅是家长、医生和老师，连门卫叔叔都知道，有个怕医生的小茜茜。

我们决定改变茜茜，让她不再害怕医生。我们每天都会领着茜茜主动和保健医生打招呼。刚开始茜茜连手都不伸，一天不行，我们就两天，两天不行我们就继续，慢慢的茜茜可以轻轻向医生挥手打招呼了，但还是不去大方地接受检查。

我们又想到一个办法，就是扮演医生。来到"北大医院"，我们先给茜茜换上医生的衣服，让她感受一下，让她去照镜子，并告诉她"现在你也是医生了"。我假装是生病的病人，让茜茜给看病，她玩得特别开心。在我们想办法的同时，我们的保健医也在绞尽脑汁地想和茜茜成为好朋友。他慢慢接触茜茜，就在我们玩"我是小医生时"，保健医生和茜茜的关系也变得好起来，还一起给小病人看病，通过游戏他俩成了好朋友。

现在茜茜终于克服了"医生恐惧症"，早上入园时能开开心心地张大嘴巴去迎接检查。看到茜茜现在的进步，我们也很开心。

评析：没有克服不了的困难，只有不用心的老师和家长。当孩子遇到问题时，我们要更加用心地去培养和教育，一起陪孩子面对问题、解决问题，让孩子能够健康快乐地成长。晨检是一项非常重要的日常生活活动，通过一摸二看三问四查，能够在入园的第一时间了解幼儿的身体健康状况，对幼儿教师接下来一天的照看都有帮助。

（三）早操

对教师的要求：创设条件，提供早操的时间、场地、音乐、器械等，合理安排运动量，注意卫生安全。

对幼儿的要求：做好早操前的准备；按照口令做操，有组织性等。

（四）进餐

对教师的要求：创设安静整洁、轻松愉快的进餐环境；禁止批评训斥或变相体罚幼儿，或催促幼儿进餐，以及强迫幼儿进食；要掌握每个孩子的进食量和进食速度，因人施教，区别对待。

对幼儿的要求：养成文明卫生的进餐习惯；正确使用餐具；懂得初步的进餐礼仪等。

（五）饮水

对教师的要求：保证足够的清洁的开水；安排集体饮水时间；允许幼儿随意喝水；建立饮水时的常规要求；指导幼儿学会自己使用饮水器皿取水的正确方法；教育幼儿不喝生水、不边走边喝水、喝水时不说笑、剧烈活动后不马上喝水等。

对幼儿的要求：讲究饮水卫生；养成会主动喝水的好习惯；不喝生水；少喝冷饮等。

（六）睡眠

对教师的要求：保证幼儿有充足的睡眠时间；培养良好的睡眠习惯和自我服务（穿脱衣物、叠衣服、整理被褥）的能力；创设安静卫生的睡眠环境；认真观察幼儿的睡眠情况；提醒幼儿睡前先解决大小便等。

对幼儿的要求：遵守寝室常规；按照实用便捷的程序穿脱衣物；有正确的睡眠姿势和习惯；自觉保持公共环境的整洁等。

（七）盥洗

对教师的要求：让幼儿知道生活用具个人专用的道理；指导幼儿学会洗手洗脸、刷牙的动作技能；帮助幼儿养成良好的盥洗习惯；对幼儿的盥洗活动提出明确要求，如有秩序地排队如厕、洗手，不在盥洗室内追逐嬉戏，不玩水和肥皂等。

对幼儿的要求：在掌握盥洗技能的基础上，养成科学卫生而又便捷合理的盥洗习惯。

（八）如厕

对教师的要求：保持厕所整洁；悉心照料幼儿如厕；如厕的时间要灵活；能从幼儿的排便中发现疾病的征兆；建立常规，教幼儿学会使用便器、厕坑和手纸；培养幼儿定时大便的习惯等；提醒并照顾个别儿童。

对幼儿的要求：掌握正确的如厕方法；培养并保持厕所整洁的习惯；养成定

时大便的习惯等。

不能说的秘密

吴凤霞　滨州市实验幼儿园

星期三，有一个小朋友拉裤子了。早上做操时，我看到他走路姿式和平常不一样，就问他怎么了，他没有说话就走了。中午他上厕所回来，王老师看他不敢怎么走路，问他怎么了他也不说。王老师问他是不是拉裤子了，才知道他真的是拉在裤子里了。裤子里满满的，我和王老师就开始收拾，拉的便便都干了，好不容易给他洗干净，我和王老师忙了一中午。我和王老师说："王老师，我有种提前当妈的感觉，养个孩子太不容易了。"王老师说："已经很长时间没有这样的情况了，小朋友一般都会和老师说。"

我没有经验，如果有经验我就早发现了。因为我转过很多班，我知道很多孩子会尿裤子、尿床，但小朋友都会和老师主动说。这件事是我做得不好，没有经验是一部分原因，但我如果再细心一点，没有忙得忘了早操后回来和王老师说，也许孩子会少难受些，老师也会好处理一些。处理完这些，我和那个小朋友说："以后要是想拉臭臭了，要告诉老师知道吗？"他害羞了。我笑着和他说："没事的，下次记着和老师说就行，快睡觉吧。"我们看他没带换洗衣服，就给他的家长打了电话，让他们把衣服送来。这件事就这样处理完了。当然我也学到了东西，有了经验。

评析：幼儿教师的日常工作都是些细小、繁琐的事情，但不能因为忙这个就把其他事情忽略了。当然，这次事件整个处理过程还是很好的，体现了幼儿教师应有的爱心与耐心。这位刚参加实习的老师也学会了反思，得到了锻炼，实现了成长。

幼儿尿床、拉裤子无论是生理原因还是心理原因，都不是孩子的错。发生此类事情以后，孩子一般都会神情紧张，就像这个小朋友，也是躲着老师。如果发生这样的事情后，孩子被指责，今后再出现类似情况，就会因担心成人的态度而紧张；如果有了大小便会难为情，这样的感受，就算不再受到批评，也会因害羞而紧张，尤其是女孩子。幼儿教师在处理此类问题时，要注意保护他们的自尊心。

学前儿童生理、心理发育非常不完善，个体差异很大，有些问题可能与生理发育状况有关，有些问题可能与心理适应有关。本案例中小朋友的情况，与生理有关，同时也与他的紧张心理也有关。如果发现幼儿在日常生活中出现某些问题，首先要分析问题的原因，要有针对性地进行处理。

（九）离园

对教师的要求：组织并指导幼儿整理活动室环境和个人物品；简要总结幼儿在园一天的表现；安排安静自由的活动；与家长沟通；严格执行接送制度；照顾好不能按时离园的幼儿等。

对幼儿的要求：养成清洁环境和将用过的物品放回原处的习惯，学会收拾个人物品和检查自己仪容的整洁，离园时要向教师告别等。

家长们，孩子比工作更重要

马琪　潍坊市机关幼儿园培真教育分园

放学啦，放学啦，家长们接二连三地把孩子接走了，只剩下婉睿、浚浩、凯凯三个小朋友。我说："你们仨搬小椅子去前面图书角看会书，等爸爸妈妈来接你们"。婉睿和凯凯就搬着小椅子来到图书角看书，只有浚浩一个人还在后面玩玩具。"浚浩，快来看会书，等妈妈来"，我再三呼唤后，浚浩终于慢吞吞地来到前面。他搬着小椅子一下子挤在婉睿和凯凯中间，把凯凯挤到了地上，而且没有一丝内疚地坐在了小椅子上。

"浚浩，你为什么要挤在中间呢？你看把凯凯都挤倒了。"就在我和浚浩说话时，他摔下椅子，哇地哭了起来，边哭边跺脚，并且一个劲地说"不是这样的不是这样的"。"浚浩，先不要哭了，你不能这样乱发脾气，哭是解决不了问题的。"他也不听，直接跑到教室后面，趴在墙上哭了起来。

浚浩是一个特别聪明的孩子，老师教的儿歌他总是第一个就能学会；浚浩也最调皮，每天在教室跑闹最多的总是非他莫属。浚浩是和爸爸妈妈生活的，爸爸妈妈工作很忙，每天都要上班，所以他总是第一个来幼儿园最后一个离开幼儿园的孩子，甚至有时还得在这里上晚托。父母可能因为工作繁忙没有那么多精力与时间和孩子沟通，耐心地教导孩子，倾听孩子讲讲幼儿园里发生的事。久而久之，可能会给孩子造成一种没人管没人关注的错觉，最后孩子也不愿多开口说话了。他在幼儿园和老师说话也很少，就算是老师问他也是不说话或者回答的声音很小，而且总是叹气，感觉不知道说什么好。他有时可能感觉老师在批评他，所以就特别委屈。当某件事不如自己的愿时，他就会呜呜呜地哭起来，而且完全听不进其他人说的话。在与其他小朋友玩耍时也不知道用什么样的方式，常常因为相处不当产生矛盾。

浚浩其实是一个特别想要得到关注的孩子。每次老师组织上课，他都认真学习；每当老师说"浚浩，真棒，唱得很好听"，他就会唱的声音越来越大，越来越认真。所以无论在家还是在幼儿园，应该注意多与孩子沟通，多听听孩子的想法，多多鼓励和肯定孩子。父母不要觉得，自己工作忙把孩子送到幼儿园里交给老师管就行了。幼儿园和家庭是相联系、相通的，要做到家园共育，才能促进幼儿更好地成长。

在浚浩妈妈来接他的时候，我把我的想法和浚浩在学校的表现与她沟通了一下，千叮咛万嘱咐一定要多关注孩子。浚浩妈妈表示，出现这样的结果她也很难受，她会和老师们好好配合，帮助浚浩改变。我想说，家长们，无论再忙也要多花点时间陪陪孩子，无论再忙也认真倾听孩子说话，否则他们会在你不经意间长大了。

评析：家长来园接幼儿时，教师要用简短的语言向家长介绍幼儿在园的情况，交换教育幼儿的意见。尤其遇到问题时，要与家长详细沟通，通过家园合作，帮助幼儿建立并养成良好的生活习惯，促进其身心健康发展。

（十）散步

对教师的要求：事前了解散步地点和沿途的安全卫生状况；建立行为规则；引导幼儿对环境的观察；提示谈话的主题；经常注意对队列中幼儿人数进行清点等。

对幼儿的要求：做好散步前的准备；遵守行为规则；会观察周围的事物；有组织性等。

（十一）课间活动

对教师的要求：有计划性、灵活性和随机性；重视前后两次活动的内容形式及活动量；生活环节转换自然有序等。

对幼儿的要求：建立初步的时间观念；注意休息和调整等。

（十二）自由活动

对教师的要求：为幼儿的自由活动创设条件，提供自由活动的时间、地点和充足的器械玩具；提醒并协助幼儿做好活动前的准备工作，如饮水、如厕、系好鞋带、增减衣物等；充分挖掘和利用自由活动中的教育契机；做好活动结束后的整理工作。

对幼儿的要求：学会与同伴商议、分享、轮流、合作；在与同伴的交往中协调自己的语言和行为；活动后，要求幼儿参与收拾场地，整理用物等。

我要当排头

李道芳　滨州市惠民县实验幼儿园

宋旭是个腼腆的小男孩，他从不主动与别的小朋友说话。有一天早上，宋旭妈妈送他上学的时候说："李老师，能不能让我们家宋旭当一次排头，每次他在家里做游戏的时候，总要争着当排头，嘴里还说着我在学校里不能当排头，我在家里要当一次排头。"这些话引起了我对宋旭的注意。

当我听到这句话的时候，立刻想到了每次游戏活动和课间操之后的排队，老师都让速度最快的小朋友当排头。虽然每次当排头的都不是同一个小朋友，但仍然有一部分动作稍慢的小朋友从来没有当过排头。作为老师，我并没有注意到这个细节，也没有意识到对小朋友来说当排头如此重要。排头是每个小朋友都向往的，随着他们的自我意识不断发展，自尊心也在增强，排头对他们来说有着特殊的意义。

在接下来的游戏活动中，我告诉小朋友们，一天换一个排头，每个人都可以当排头。小朋友们都同意我的提议。接下来的日子里，我发现宋旭小朋友慢慢开始主动和别的小朋友说话了，参与活动也比以前积极了，其他小朋友也更活跃了，班级氛围更和谐了。作为老师能为每个孩子解决问题是一件很开心的事情。

评析：自由活动并不意味着幼儿可以随心所欲，同样必须建立自由活动的常规。但这种常规并不限定幼儿的自由活动，而是让幼儿自觉遵守活动规则和安全要求。教师要充分挖掘和利用自由活动中的教育契机。自由活动限制得越少，幼儿在活动中表现得越积极投入。教师要抓住时机观察幼儿的行为和表现，发现和支持幼儿自发的探索活动，满足幼儿的兴趣需要。

鸡蛋壳的颜色

杨灵逸　济宁市亿佳开泰幼儿园

在我们班里有个小"调皮蛋"，名字叫张尊睿。他胖胖的小身体特别可爱，但是经常会做一些让老师头疼的事情，比如说散步的时候走着走着就不知道跑到哪里去了，或者洗手的时候故意把其他小朋友的手帕给洗了。我要讲的这一件趣事就发生在张尊睿身上。

这是一个像往常一样的早晨，孩子们做完活动排好队去上厕所。我看到张尊睿的小身体一扭一扭的很是可爱，于是就想上去逗逗他。我握握他的手，又挠挠他的胳肢窝，他忍不住地笑了起来，笑到身体都直不起来。我看他的样子也好笑，于是笑眯眯地问他:"睿睿,你今天穿的真鲜艳,老师来问问你,你的小衣服是什么颜色的?"睿睿很认真地回答道:"是红色的。"我又问他:"那你衣服里面的小肚皮是什么颜色的?"他好像有些回答不出来了,支支吾吾地说:"我…我…"。其实我很期待他的答案,我想中班的幼儿大多数不知道"肉色"这种比较难形容的颜色。"我…我的肚皮是…是鸡蛋壳的颜色!"睿睿高兴地看着我回答到,好像在等待我的夸奖。听到这句回答时我真得特别惊喜,因为他给了我一个很特别的答案。

评析:幼儿有着丰富的想象力,需要成人去保护、去培养。每个孩子的内心深处都不乏创意的种子,他们的脑子里充满了想象力,从全新的角度看待事情,提出不同寻常的问题,这些都是孩子们最拿手的。只要给孩子们机会,他们就可以自己创造出一片绚丽多彩的天地。

培养能力

组织与实施生活活动应注意的问题

在幼儿园日常生活活动的具体操作过程中,幼儿教师要注意以下几个问题:

一、建立合理的常规

所谓常规,是幼儿必须遵守的生活活动的行为规则,也是教师组织管理幼儿日常生活行之有效的方法。常规对幼儿的行为提出了具体规范的要求,使幼儿知道什么时候做什么,应该怎样做,这有利于幼儿自制能力和行为习惯的培养。但要注意,常规应是可操作的,有助于幼儿进行活动,切忌规定过细、限制过多。教师在帮助幼儿理解掌握规则的过程,要从少到多、从易到难地逐步提出要求,形象地通过身体动作、教具学具、讲解示范等具体的行为方式,让幼儿掌握要领。在执行常规的过程中,一要持之以恒,二要有灵活性,不能操之过急。当常规成为幼儿的自觉行动时,不仅能保证生活活动的顺利进行,还能帮助幼儿形成良好的习惯,培养幼儿的自理能力。

两个托班的老师运用相同的儿歌、相同的示范教儿童洗手,"长袖变短袖,打开水龙头,小手冲一冲,抹上香香皂,搓出小泡泡,清水洗、甩三下,再用毛巾擦擦干,短袖变长袖"。两周后,一班的幼儿完全掌握了洗手的正确方法,但二班的幼儿却还未能掌握。究其原因,原来两位老师教儿歌的方法不一样。一班的老师认为儿歌包含了许多洗手的动作和要求,托班幼儿掌握起来有难度,不可能一蹴而就。于是她根据儿歌内容，把洗手分成几个步骤，每天教一步，幼儿很快就学会了正确的洗手方法。二班的老师将儿歌和洗手的动作一次性全部教下去，每天反复念诵，于是就出现了两种截然不同的结果。

二、注重生活技能的练习

任何一种生活技能都是在经常性的要求和长时间的练习中形成的。生活技能的练习过程是幼儿多种感官和身体动作参与活动的过程。幼儿通过模仿和练习边学边做，在实践活动中培养幼儿生活自理能力、养成卫生行为习惯和独立的精神。生活技能的练习可分为自然环境中的练习与特意创设的环境中的练习。

幼儿园的一日生活为幼儿提供了在自然生活环境里进行行为练习的机会。叠被子、整理玩具、穿脱衣服，这些都可以在日常的生活环境中进行教育。特意创设的环境对幼儿来说是新异刺激，会给幼儿留下深刻的印象。比如，借助某次区角活动后混乱的现场，教师可以教幼儿收拾玩具、整理区角。

三、注意个别教育

由于幼儿在生理和心理上存在着差异，每个幼儿在家庭中所受教育和养成行为习惯都不一样，因而，教师要根据不同孩子的不同情况有针对性地进行教育。

两岁半的婷婷长得又瘦又小。奶奶告诉老师，在家里，婷婷只吃一勺饭，食道细，胃口小，多吃一点，饭就含在嘴里咽不下，真是没办法。第一天上幼儿园，老师根据婷婷的情况，进餐时只给盛了一勺饭，还不时叮嘱她咀嚼的方法，婷婷很快就吃完了一勺饭。老师立即夸奖她这么快就吃完了一勺饭，别人都还没吃完呢。接着又问，是否需要添一点，婷婷高兴地同意了，于是老师给她添了半勺饭，鼓励她继续自己吃，不一会，婷婷又吃完了。老师惊喜地直夸她真好，自己吃了两碗饭。当奶奶接婷婷回家时，她大声地告诉奶奶"我今天吃了两碗饭。"奶奶诧异地问老师怎么会呢？老师悄悄地告诉了奶奶自己的教育方法，希望奶奶在家中予以配合。每次进餐，老师总是关注婷婷，及时表扬。在愉快的心情下，婷婷的饭量逐步增加，胃口好了，婷婷的小脸蛋也变圆了。

评析：这位教师的教育方法值得学习。第一，尊重幼儿的个体差异，婷婷长期的饮食习惯导致她的基本食量不如其他孩子，因此不必强求她按照一般孩子的要求去做，逐步加大食量是有效手段。第二，为孩子营造了愉快的氛围。不去触及孩子最敏感的弱点，而是用放大镜式的眼光看待孩子的点滴进步，用积极的语言去引导孩子的行为，孩子情绪愉快，就乐意听从教师的要求。第三，与家长积极沟通，让家长理解老师的用心，以便得到家庭的配合。

小张老师刚参加工作就遇到一个棘手的问题，就是孩子吃饭慢。有的孩子嘴里还有饭，但是继续往嘴里塞，再加上老师不停地督促幼儿吃干净、快点吃而导致呕吐。有的老师看到孩子们吃得慢或是不好好吃就会去喂饭。

喂食剥夺了幼儿进食技能的培养，这样不仅不能真正帮到幼儿，反而削弱了他们的吃饭能力。教师平时在工作的时候，往往关心幼儿吃饭的多少、快慢、挑食等问题，很少考虑到幼儿进食时的心情、胃口等。小张老师觉得，这样以成人的标准去要求幼儿，会出现催食、喂食等现象。教师不断催促会给幼儿带来无形的压力，进而更加恐惧甚至厌恶吃饭。对待吃饭慢的幼儿，可以先给他少盛饭，循序渐进。不要刻意强调或者批评幼儿吃饭慢、少，或者直接拿过碗勺喂饭。要经常表扬幼儿，让他们有愉快的心情吃饭。

陶冶品德

自幼儿入园到离园，与幼儿相处时间最长的就是教师，幼儿在园进行生活活动的时间也占据在园时间的大部分。因此，幼儿园日常生活活动是培养幼儿与教师感情的主要手段。一个负责任的幼儿教师，会时刻关注每一位幼儿的情况，摸摸小手就能知道是不是要增减衣物，看看午睡状态就能知道是不是身体不舒服，看参与游戏的积极性就能了解对知识的掌握程度。幼儿园教师需要爱心、耐心、责任心，这都是从平时一点一滴的行动中自然流露的。下面案例中的这位老师，看到幼儿挑食，她会想尽办法帮助幼儿克服不良习惯；看到幼儿吃饭那么香，她会发自内心的高兴。

"好吃的"胡萝卜

曹玉红　泰安新泰市实验幼儿园

每个小朋友都会挑食，尤其是小班的孩子，挑食很严重。我们每周下午的加餐会有一次是胡萝卜，胡萝卜虽然有营养，但很多小朋友都不喜欢它，说实话，我也不喜欢胡萝卜。不过幼儿正是长身体的时候，必须营养搭配均衡，所以他们还是必须要适当吃点胡萝卜的。加餐时，平时吃饭不太挑的基本能把胡萝卜吃了。但我们班里有个特别挑食的，我看见她把胡萝卜挑到一边，我走过去问她："宝贝，你为什么不吃这个呀？""它长得太难看了，一点也不好吃。""你没吃就说难吃呀！""肯定不好吃，我才不要吃呢。"我对她说："宝贝，我告诉你一个秘密，小白兔最喜欢吃胡萝卜了。你看小白兔多漂亮呀，它就是因为吃了胡萝卜才变漂亮的！"她看了看我，眨了眨眼睛，说："是真的吗？"我点点头。她夹了一块放到嘴巴里，然后又吐了出来，"不好吃！"我忙说，你刚放到嘴巴里不可能知道它的味道，要像小白兔那样在嘴里嚼嚼。然后她又夹了一块放到嘴巴里，嚼嚼咽了下去，后来我看见她把所有的胡萝卜都吃光了。呵呵，看着她吃完，自己好有成就感。从这件事以后，我会给每一种菜都编一个故事，让宝贝们不再挑食，帮助他们健康成长。

自助餐厅

幼儿园保育员的职责与工作细则

一、保育员职责

《幼儿园工作规程》规定：幼儿园工作人员应当贯彻国家教育方针，具有良好品德，热爱教育事业，尊重和爱护幼儿，努力学习专业知识和技能，提高文化和专业素养，为人师表，忠于职责，身心健康。幼儿园保育员除符合规程规定外，还应当具备高中毕业及以上学历，并受过幼儿保育职业培训。

幼儿园保育员的主要职责如下：

1. 负责本班房舍、设备、环境的清洁卫生和消毒工作；
2. 在教师指导下，照料和管理幼儿生活，并配合本班教师组织教育活动；
3. 在卫生保健人员和本班教师指导下，严格执行幼儿园安全、卫生保健制度；
4. 妥善保管幼儿衣物和本班的设备、用具。

保育员除了上述四种主要职责，还要配合教育活动的有关职责，保育员应在教师和医务人员的指导下进行工作。

二、保育员在幼儿园各项活动中的工作细则

（一）接待来园

1. 开窗通风，准备好饮用水；
2. 做好室内卫生；
3. 调节室温及采光；
4. 准备好擦拭幼儿用桌的消毒液和抹布；
5. 了解和观察幼儿的情绪；
6. 给患儿服药；

7. 组织值日生有序、认真地摆放餐具；

8. 对幼儿进行礼貌教育；

9. 主动和幼儿及家长打招呼。

（二）盥洗

1. 协助教师检查幼儿是否按正确方法洗手；

2. 照顾幼儿学会使用毛巾擦手及使用护肤油；

3. 做好幼儿口杯及毛巾的清洗并消毒；

4. 教育幼儿节约用水和使用肥皂或洗手液；

（三）如厕

1. 允许幼儿随时如厕；

2. 协助教师帮助自理能力差的幼儿；

3. 对遗尿及遗便的幼儿，耐心地为他们更换与清洗衣物和被褥；

4. 协助教师培养幼儿大小便的好习惯，如会按时小便、按时大便、便后自己擦净、便后用肥皂或洗手液洗手等；

5. 观察幼儿大小便情况，并报告给教师。

（四）进餐

1. 做好开饭的准备工作和饭后的结束工作；

2. 照顾幼儿进餐，根据幼儿的食量，及时为幼儿添加饭菜，让幼儿吃饱吃好；

3. 掌握好身体不适及病愈后幼儿的食量；

4. 关照吃饭慢的幼儿；

5. 培养和教育幼儿正确使用餐具和进餐时的正确姿势；

6. 创设安静和愉快的进餐环境；

7. 协助教师培养幼儿良好的进餐习惯，如不挑食、不浪费粮食、保持桌面和衣服的干净和专心吃饭等。

（五）午睡

1. 为幼儿准备好午睡所用的床铺和被褥；

2. 保持室内的空气流通和温度，掌握好开窗和关窗的时间；

3. 协助教师培养幼儿良好的午睡习惯，如睡前上厕所、将脱下的衣物放在固定的地方并叠放整齐、进入睡眠室要安静、不大声说话、不带玩具上床等。

（六）起床

1. 协助教师照顾幼儿起床，并在幼儿离开寝室后整理床铺及开窗通风；

2. 根据气候的变化为幼儿增减衣服；

3. 协助教师帮助幼儿穿好衣服，鼓励并教会幼儿自己穿衣服和叠被。

（七）喝水

1. 全天备足温度适宜的饮水，供幼儿随时饮用；

2. 集体饮水时，协助教师照顾幼儿取水及饮水。

（八）户外活动

1. 协助教师为幼儿做好场地、运动器具等准备工作；

2. 协助教师为幼儿做好户外活动前的要准备。如如厕、增减衣服、整理装束、系好鞋带等；

3. 照顾因身体不适不能参加活动的幼儿；

4. 协助教师在户外活动时对幼儿的照料。

（九）游戏活动

1. 游戏前配合教师准备游戏场地和玩具材料；

2. 保持游戏环境的安全与卫生；

3. 教师组织集体游戏时，照顾个别幼儿参加游戏活动；

4. 配合教师在游戏中观察幼儿，有针对性地给以帮助和教育。

（十）有组织的教育活动

1. 根据不同教育活动的需要，配合教师做好准备工作；

2. 在活动进行中观察幼儿的身体、情绪及参与活动的情况，必要时给予个别照料；

3. 在幼儿操作活动时，按教师的要求进行帮助和鼓励，避免过度帮助和代替；

4. 教育活动结束后协助教师整理环境。

（十一）预防接种

1. 预防接种前向教师和保健医生反应幼儿的身体状况；

2. 预防接种过程协助教师做好组织工作，稳定幼儿情绪，鼓励幼儿勇敢地接受预防接种；

3. 注意观察幼儿预防接种后的身体反应，有异常者及时向医务人员报告并照顾好幼儿。

（十二）离园

1. 协助教师检查或帮助幼儿整理衣装及带回家的物品；
2. 稳定幼儿情绪，与教师配合做好交接幼儿的工作，确保幼儿的安全；
3. 整理活动室，做好结束工作；
4. 照顾好个别迟接的幼儿。

项目八 家园合作

话题导入

儿童的教育是一个系统的工程，需要家庭、社区、幼儿园、小学等各种教育环境之间相互配合、相互作用。因此，要树立幼儿园与家庭、社区、小学教育衔接一体化的大教育观。在此我们重点阐述树立家园合作观点，推进家园合作实践，真正将家长从以往的"幼儿园教育的被动配合者"位置转换为"幼儿园教育的主动合作者"，重视家长的作用，鼓励家长在日常生活中进行"润物细无声"的衔接教育。

教学任务

表8-1 家园合作教学任务一览表

教学任务	掌握知识→培养能力→陶冶品德。
掌握知识	了解幼儿园与家庭合作的缘由，掌握幼儿园与家庭合作的任务和方式。
培养能力	幼儿园与家长有效沟通的策略，幼儿园家长会需要注重的问题。
陶冶品德	通过纪伯伦的小诗，让家长知道应如何形成正确的儿童观，进而使学生就业后找到家园沟通的切入点。

掌握知识

模块一 家园合作的概述

一、学前教育机构与家庭的合作

苏联著名教育家苏霍姆林斯基曾把学前儿童比作一块大理石，他说，把这块大理石塑造成一座雕像需要六位雕塑家，分别是家庭、教师、集体、儿童本人、书籍和偶然出现的因素。可见，父母要把孩子塑造成人，就必须与教师等"雕塑家"协作，共同完成塑造学前儿童的工作。

家园合作是指幼儿园和家庭双方积极主动地相互了解、支持、配合,共同促进学前儿童的身心和谐发展的活动。家园合作是双向的,但相对而言,幼儿园、幼儿教师处于主导地位。这是因为幼儿园是专业的教育机构,幼儿园教师是专业的教育工作者,懂得学前儿童身心发展的特点和规律,掌握了科学的学前教育方法。因此,幼儿教师有责任唤起家长的主人翁意识,激发他们积极合作的主动精神和态度,只有家长的主动性被激发和发挥,家园合作才能有效。

(一) 家庭教育的特点

家庭教育是指家庭中的父母及成年人对未成年孩子进行教育的过程。与幼儿园教育、社会教育相比较,家庭教育具有诸多其他教育所没有的优势和特点。

1. 家庭教育的早期性

家庭是人生的第一个课堂,家长是学前儿童的启蒙之师,所以家长对学前儿童实施的教育最具有早期性。6岁前是人生熏陶的开始,人的许多基本能力是在这一年龄阶段形成的,如语言表达能力、基本动作及某些生活习惯,性格也是在这一阶段逐步形成的。

古往今来,许多仁人志士在幼年时期受到的良好家庭教育是他们日后成才的一个重要原因。例如,德国大诗人、剧作家歌德,他的成才就得力于家庭的早期教育,歌德在2~3岁时,父亲就抱他到郊外野游,观察自然,培养其观察能力。3~4岁时,父亲教他唱歌、背歌谣、讲童话故事,并有意让他在众人面前讲演,培养他的口语能力。这些有意识的教育,使歌德从小乐观向上、勤于思索,8岁时能用法、德、英、意大利、拉丁、希腊等多国语言阅读各种书籍,14岁写剧本,25岁写成了闻名于欧洲的诗歌《少年维特的烦恼》。又如,有过一千多项发明的大发明家爱迪生,以"父子书法家"著称的王羲之、王献之,一代文学巨星郭沫若、茅盾等,他们的成长过程都说明了家庭教育对早期智力开发是十分重要的。反之,人在幼年时期得不到良好的家庭教育而影响智力正常发展的事例也有很多,所以不可忽视家庭教育早期性的作用。

2. 家庭教育的连续性

孩子出生后,几乎2/3的时间生活在家庭中,并且接受家长的教育。这种教育是在有意和无意、有计划和无计划、自觉和不自觉中进行的,不管以什么方式、在什么时间进行,都是家长以其自身的言行随时随地影响着子女,对孩子的生活习惯、道德品行、谈吐举止等都不停地给予影响和示范。其潜移默化的作用相当大,且伴随孩子的一生,所以有些教育家又把家长称为终身教师。这种终身性的教育可以反映一个家庭的家风、学风，而家风、学风的好坏可以延续几代人，甚至十几代、几十代人。例如，有些家庭的成员在工作中屡出成绩、受表彰，而有些家庭的成员却接二连三违法犯罪，这都与家庭教育的连续性有着很大的关系。

3. 家庭教育的权威性

家庭教育的权威性是指父母长辈在孩子身上所体现出的权力和威力。家庭的存在，确定了父母子女间的血缘关系、抚养关系、情感关系，子女在伦理道德和物质生活的需求方面对父母有很大的依赖性，家庭成员根本利益的一致性，决定了父母对子女有较大的制约作用。若家长能合理地利用儿童的这一特点，对孩子良好品德和行为习惯的形成是很有益处的。对学前儿童来说，当他与其他小朋友发生争执时，往往会引用父母的话证实自己的言行是正确的，他们喜欢说"我爸爸是这样说的"或"我妈妈是这样做的"等。父母在孩子心目中的权威性决定着孩子如何看待、接受学前教育机构及社会的教育。

父母权威的树立必须建立在尊重孩子人格的基础上，权威的树立不是靠压制、强求，而是采用刚柔相济的方法。父母双方在教育子女的态度上应协调一致、相互配合，应宽则宽、应严则严，在孩子面前树立起一个慈祥而威严的形象，使孩子容易接受父母的教育。

4. 家庭教育的感染性

父母与孩子之间的血缘关系和亲缘关系的天然性和密切性，使得父母的喜怒哀乐对孩子有强烈的感染作用。孩子对父母的言行举止往往能心领神会，以情通情。在处理发生在身边的人与事的关系和问题时，孩子与家长所持的态度很容易引起共鸣。如果父母缺乏理智而感情用事，脾气暴躁，会使孩子盲目地吸收其弱点。家长在处理一些突发事件时，表现出惊恐不安、措手不及，对子女的影响也不好；如果家长处变不惊、沉稳坚定，则会使子女遇事沉着冷静，这样对孩子心理品质的培养能起到积极的作用。

5. 家庭教育的及时性

家庭教育的过程是父母长辈在家庭中对孩子进行的个别教育行为，比学前教育机构的教育及时。常言道"知子莫若父，知女莫若母"，家长与孩子朝夕相处，对孩子的情况了如指掌，孩子身上稍有什么变化，即使是一个眼神、一个微笑都能使父母心领神会，因此父母可以通过孩子的一举一动、一言一行及时掌握他们的心理状态，发现孩子身上存在的问题，及时教育，及时纠偏，使不良行为习惯消灭在萌芽状态之中。相对家长而言，教师需要面对几十个孩子，只能针对这一年龄段的孩子进行共性教育，不可能照顾到每个孩子。因此，家长对孩子进行正确的家庭教育，既可以使孩子在入园前形成良好的行为习惯，为接受集体教育奠定良好的基础，又可以弥补集体教育的不足。

(二) 家园合作的可能性

1. 父母和教师有着共同的教育目标

家、园虽然在教育场所、教育内容、教育途径、教育形式等方面存在较大差异，但他们的教育目标却完全一致，都是为了促进学前儿童的和谐发展。

2. 父母是在帮助教师完成教育任务

从幼儿教育法规看，《幼儿园工作规程》中明确指出："幼儿园应主动与幼儿家庭配合……共同担负教育幼儿的任务。"《幼儿园教育指导纲要（试行）》也强调："幼儿园应与家庭、社区密切合作，综合利用各种教育资源，共同为幼儿的发展创造良好的条件。"从教师考评来看，学前教育机构的家长工作是上级主管部门评价其办园质量的核心指标之一，家长参与活动能使教师在考评中有机会获得高分。

3. 教师喜欢配合工作的家长

华东师范大学李生兰教授带领的研究团队曾随机访谈了80位教师，在回答"你最喜欢怎样的父母"这一问题时，99%的被访者最喜欢"和教师配合的父母"。可见，积极参与学前教育机构的活动、能与教师配合的家长是最受教师欢迎的。

(三) 家园合作的有效性

家园合作能有效提高学前教育质量已成为众多幼儿教育专业人员的共识。近几年，许多关于家园合作共育的研究表明，父母与教师密切联系、相互配合，不仅能使父母自身的教育能力得到提高，学前儿童的发展更加完善，还大大提高了学前教育机构的教学质量。这突出表现在以下方面：

1. 家长能更深刻地理解学前儿童

学前儿童主要生活在家庭和学前教育机构这两个不同的地方，父母参与学前教育机构的教育，就能耳闻目睹孩子的生活、游戏和学习，获得孩子成长的感性经验，从而加深对孩子权利的认识和对孩子发展的理解。例如，一位父亲在学前教育机构观看孩子的游戏活动，明白了"游戏是学前儿童最重要的活动""学前儿童是在游戏中成长"的道理。

2. 家长能更全面地了解教师

父母参与到学前教育机构的教育中，能亲身感受到教师工作的具体和艰辛，清楚地认识到教师工作的复杂和细致,从而学会宽容教师、体谅教师。比如,一位母亲通过"家长开放日",在学前教育机构观看女儿的一日活动,就发出了"教师热爱孩子胜过妈妈"的感叹。

3. 家长之间的沟通变得多样

参与学前教育机构教育活动的父母,不仅能在接送孩子时进行交流,还能利用其他时机(如经验交流、问题研讨、家长学校、家长会、亲子运动会等)进行沟通,分享彼此教养孩子的酸甜苦辣,切磋家庭教育的技艺。例如,在学前教育机构举行的"孩子与电视"的研讨活动中,父母各抒己见,纷纷说出自己的想法和做法,增进了家长间的了解,增强了彼此间的情感。

4. 学前儿童个体的发展更为完整

从资料"父母参与幼儿园工作的程度对幼儿发展的影响"中可以看出,家长参与学前教育机构教育能切实提高学前儿童的整体发展水平。

(四)家园合作的任务

1. 取得教育共识

家园合作的首要任务是促使家长与学前教育机构在教育理念、教育目标、教育内容、教育原则和教育方法等方面获得共识。家庭教育个性化强,对学前儿童的教育有着自己的价值追求和理想,其教育内容和方法各异。虽然家长都希望把孩子培养好,但现实的教育效果并不都是很理想的,事与愿违的现象也不少。只有遵循学前教育规律、适合学前儿童年龄特点和个别差异的教育才是高质量的教育。因此,幼儿园方面要以双方共同的责任和目的为基础,增进家长对学前教育规律的认识,树立现代教育理念,明确国家颁布的促进学前儿童发展的教育目标,掌握教育原则,了解与学前儿童身心发展特点相适应的教育内容和方法,这是实现合作共育的前提。

2. 有效互动

家园合作的第二个任务是要求幼儿园教师应主动与家长沟通,促进双方有效互动,了解学前儿童在家和在园的发展情况,商讨和实施共育策略。携手合作共育必须争取家长的理解、支持和主动参与,需要双方建立相互间的信任关系。其不但要求家长信任教师,更要求教师相信家长有参与教育的能力,只有这样才能提高合作的有效性。当然,对幼儿园的活动,目前多数家长参与的程度不够深入具体,只是形式上的参与,这就使得家长既体会不到合作的成功,也不能深入具体地了解自己的孩子,久而久之,家长就会对这种合作失去兴趣。所以,在制订教育活动计划时注意引导家长的深度参与，让家长在参与过程中不仅能更多了解自己的孩子，还能习得一些教育经验，这种成功的体验必然会调动家长长期参与学前教育机构教育的积极性。

3. 优化整合家庭教育资源

家园合作的第三个任务是引导家长关心、支持学前教育，与孩子积极互动，力所能及地参与园、班的教育教学活动，不断提高保教质量，实现教育效益最大化。

家庭有着极其丰富的学前教育资源，不要让其流失或浪费。学前教育机构除了使家长明确其自身负有育儿的社会责任，还要让家长行动起来，通过合作共育体验到他们自己育儿的潜能是很大的，体验到亲自参与丰富多彩的学前教育的无限乐趣和孩子凸显进步的喜悦。教师要想办法发掘家长的教育资源，使家长重视并积极配合教育机构的教育活动，积极参与教育机构开展的家长开放日、家长助教等活动。

模块二 家园合作的方式

一、家园合作的主要方式

（一）家长集体参与方式

1. 家长会

家长会是对家长群体进行指导，解决学前儿童普遍性问题的一种合作方式。根据不同的目的和要求，可以分别召开由爸爸、妈妈、爷爷、奶奶等不同家长参加的家长会；也可根据不同任务，分别召开不同类型学前儿童的家长会，如新生家长会、毕业生家长会、开学初家长会等。会议要定期举行，会上可以报告学前教育机构的工作情况，提出一般性教育要求，回答家长普遍关心的问题，也可针对性地征求家长意见，使家长了解园、班面临的实际问题与困难，取得家长的协作与帮助。

家长会的内容灵活、新颖、多样，最重要的是要切合实际。家长会的内容可以是一直讨论的热门话题"如何提高小班学前儿童的自理能力"，也可以是"孩子穿脱衣服的比赛"，还可以是观看小朋友平时在园所学的儿歌、舞蹈、故事、游戏。无论内容是什么，切记不能太繁杂，也不能太简单。内容太繁杂，会导致所有问题蜻蜓点水一样一带而过；内容太简单，又会让家长有来不来无所谓的感觉，增加对家长会的消极心理。内容的选择要以家长的需求为前提，以孩子的发展为原则，除了为家长介绍本阶段孩子的活动情况、下阶段将要开展的活动之外，最好能为家长解决几个在教育孩子方面最迫切的问题。

2. 家长委员会

家长委员会由各班家长自愿推选组成，每班2~3名成员。家长委员会的主要任务是参与学前教育机构的管理，向园方反馈全园家长对改进教育工作的建议，向家长传达学前教育机构的要求，参与讨论学前教育机构发展规划、资金筹措等问题。同时，家长委员会可作为学前教育机构的一个部门定期开展工作，发挥家长在学前儿童社会教育方面的优势。例如，在医院工作的家长可以给孩子们介绍卫生知识，当交警的家长可以给孩子们介绍交警的工作特点和交通常识等，这样不仅可以增强家长的教育责任感，还能提高家长参与教育的意识和热情。

3. 家庭教育讲座

家庭教育讲座是由学前教育机构教师或幼儿教育专家就某一主题开展的讲座，以帮助家长树立正确的教育观念，为家长提供家教方面的指导。幼儿园可以根据学前儿童的年龄阶段分期、分批地对家长进行培训；也可以按学前儿童年龄的增长，对家长进行跟踪培训；或进行全园性的专题培训。例如，以"关注孩子的性格培养，为孩子社会性的发展打好基础"为主题的家庭教育讲座，不仅可以使家长认识到良好的性格在儿童社会性发展过程中的重要性，还可以使家长了解在家庭教育中容易出现的误区，以及家园配合、共同培养学前儿童良好性格的方法等；以"如何提高孩子的自我保护意识"为主题的家庭教育讲座，可以使家长了解更多的教育孩子自我保护的方法，提高家长在这方面的警惕性等；以"关注孩子的心理健康"为主题的家庭教育讲座，可以使家长了解和重视孩子的心理健康问题，提高家长的教育意识等。讲座内容要有针对性、实践性，要生动、易懂、深入浅出，能吸引广大家长参加。

4. 家长交流经验

许多问题都可以通过经验交流的方式解决，如有的家长在培养孩子的独立性方面有独到的方法，有的家长在处理孩子看电视的问题上做得不错，家长们可以互相学习、互通有无，使孩子们更加受益，也使学前教育机构的教育更加顺利。组织交流教子经验的关键在于教师要始终保持中立，为家长搭建一个平等交流的平台，让家长感受到教师对他们的理解和信任，把家长引入理性思考、妥善解决问题的思路中。

许多家长在教育孩子的过程中，积累了很多宝贵的经验，学前教育机构应该为家长搭建一个交流的平台，发挥家长之间的教育作用，这也是家园合作、指导家庭教育的一种很好的形式。通过组织"家长沙龙"，把部分家长聚集在一起，以漫谈的形式对班里发生的某一事件进行讨论，可以形成共识，寻找最佳解决策略，从而悟出育儿的道理，增进家长之间的交流和理解，为家长提供倾诉和讨论的平台，让他们能更理性地对待发生在孩子身上的问题。

5. 家教宣传栏

这种形式是学前教育机构普遍采用的形式。家长在接送孩子时，可以随时从这一园地获取家教知识或其他教育信息，宣传栏应根据情况的变化及时更换内容。宣传内容要有针对性，夏季到来时可向家长宣传"学前儿童不宜多吃冷饮"，传染病多发期可宣传学前儿童保健知识，如"手足口病的防治"等。宣传栏的内容应根据不同年龄学前儿童的特点进行选择，如向小班家长宣传如何培养孩子的独立生活能力，向大班家长宣传如何为孩子做好入小学的准备工作等。宣传栏还要为家长提供彼此交流的机会，鼓励家长将自己的建议及孩子的进步情况展示出来，共同办好家教宣传栏。

6. 亲子活动

幼儿园邀请家长和孩子一起参加园长和教师组织的各种各样的活动，亲子活动可以分为户外亲子、亲子体验、主题活动、家庭游戏，包括各种节日性的文艺娱乐性的才艺活动，体育竞赛式的比赛，还有季节性的出园观览活动等。

随着现代社会竞争的日趋激烈，年轻的父母大多把大部分精力都用在工作及不断学习提高中。曾几何时亲子间的接触不再像往日般频繁，与孩子共同游戏的时间更是明显减少。古希腊的哲人曾说过：感情是由交流堆积而成的，任何一种感情的升华都有赖于交流。组织家长与孩子的亲子活动，有利于增进家长和孩子之间的情感交流。其次，亲子活动寓教于乐，寓知识于游戏中，同时开发孩子的智力，提高其动手能力、反应力、创造力，使孩子能在德、智、体、美、劳各方面得到全面发展。再次，家长在观摩幼儿园的教学活动时，孩子往往表现特别出色。其实，每个孩子都有这样一种心理，希望有人看着他，希望自己是亲人视线的焦点。父母鼓励的目光是他们不断进取的动力，也往往能激发他们的内在潜能。

7. 家长开放日

家长开放日是幼儿园定期向家长开放，邀请家长听课或参观，让家长了解孩子在学前教育机构的生活、学习、游戏等情况，便于教师与家长面对面交流的一种合作形式。开放日活动不但使家长以直观方式了解教师的教育水平和教育方法，而且可以通过对同一年龄学前儿童行为和能力的对比，侧面认识自己的孩子，改进自己的教育方式。

资料室

幼儿园组织家长开放日需注意的问题

一、活动前对家长进行必要的提示和指导

首先，教师要帮助家长了解开放日的意义，让家长理解活动的目标及活动对学前儿童发展的意义，使家长意识到活动可以给自己更多观察、了解孩子的机会。

其次，教师要给予家长必要的指导，重点指导家长在活动中如何观察孩子的各方面表现。例如，注意孩子在活动中积极性、主动性、创造性的发挥，观察孩子在遇到问题时怎样应对，看看自己的孩子与别的孩子相比有哪些特点，比较孩子在园的表现与在家是否一致等。教师也要指导家长掌握介入学前儿童活动的恰当时机和方式，如家长在发现孩子遇到困难想放弃时要给予及时的鼓励，在孩子无法解决难题时可以给予适当地指导和帮助。同时，教师要提醒家长在参与活动的过程中不要干扰教师正常的教育教学和孩子的各项活动。

二、活动中面对家长不恰当的介入要给予及时、委婉的提示

在活动过程中部分家长情急之下仍会不自觉地介入并干涉学前儿童的活动，发现这种情况，教师要给予学前儿童及时的鼓励，使学前儿童相信凭借自己的能力完全可以完成任务；同时也给予家长委婉的提示，使家长明确自己作为观察者、支持者的角色。

三、活动后开展适当的讨论

开放日活动后，教师可以和家长一起座谈，既可向家长渗透先进的教育理念，传递前沿的教育信息，也可从家长那里更多地了解学前儿童在家的表现，听取家长对学前教育机构、对教师、对开放日活动的意见和建议，从而更好地实现家园的沟通与合作。

（二）家长个别参与方式

随着学前儿童教育水平的逐步提高，社会和家庭希望学前儿童在获得共性发展的基础上，也获得个性化的发展。因此，学前教育机构在与家庭联系的过程中，不仅要与所有儿童的家长进行交流，还要和家长个体进行沟通，个性化家庭教育指导工作日益成为学前教育机构研究的重点之一。家长个别参与方式主要有家访、

接送交谈、家园联系手册、电话、书信与便条、网络沟通等方式，每一种方式都有其特殊的存在价值。彼此相互补充、相互配合，发挥其不可替代的作用。

1. 家访

随着通信手段的日新月异，人与人之间的交往越来越便捷，坚持家访的教师也越来越少了，而与家长电话联系、网上交流、微信交流正成为许多教师采取的更高效的联系方式。但是，家访的确是一种有效的家园合作方式，通过家访，教师不仅可以深入了解学前儿童在家的表现及其家庭情况，还可以向家长汇报学前儿童在园的表现。

2. 接送交谈

每天早晚家长都会来接送孩子，教师可以直接接触到家长，这是最好的交流机会。虽然只有短短几分钟，教师可以及时了解孩子的情况，并主动与家长沟通。接送交谈的内容主要包括两个方面：一方面，教师可以有针对性地反映孩子在园的具体表现，包括好的表现和不太好的表现，让家长认识到自己孩子的优点和缺点，意识到孩子需要鼓励与改善的方面，让孩子向更好的方向发展；另一方面，通过与家长的沟通，教师可以对比学前儿童在家与在园的表现是否一致，在家的生活对在园的学习与生活有什么影响，以便及时与家长讨论，改进教育方法，共同培育孩子。

3. 家园联系手册

家园联系手册是教师与家长围绕学前儿童的发展与教育进行书面联系与交流的有效形式。家园联系手册是目前家园合作中一种简便有效的工具，许多家长工作繁忙，难以抽出时间与教师交流，家园联系手册灵活方便，传递信息及时，家长可从联系手册中了解孩子的进步、问题及学前教育机构对家庭教育的具体要求；教师可了解学前儿童在家中的表现，得到家长的意见和建议，促进教育工作更加细致、具体。

家园联系手册的内容主要包括学前儿童的基本信息（姓名、班级、家庭基本情况等）、在园表现、在家表现、教师个人信息、教育箴言等。家园联系手册学前儿童人手一册，根据学前教育机构的不同要求，每周或每月定期反馈一次。一般每周五下午由学前儿童带回家，第二周周一早上带回学前教育机构。

4. 电话联系

电话联系具有方便、快捷的特点，能及时沟通学前儿童在家或在园情况，迅速处理些应急性的问题，已经成为家园沟通的重要渠道。许多家长工作忙，没有时间亲自来学前教育机构，就连接送都要孩子的爷爷奶奶代替，遇上这种情况，教师就可以随时通过电话告知家长儿童的在园情况。如果孩子多日没有来园，教师也可以向家长打电话询问，关心孩子。

5. 网络或微信沟通

互联网让世界越来越小，让人类的沟通越来越紧密。在家园合作上，也可以充分利用网络平台，如qq、微信等。由于网络具有即时性、敏捷性、协作性、互动性等特征，教师和家长可以在没有时间和地域的限制下进行交流，以达到共享资源和互相传递信息的目的。许多学前教育机构建立了网站，把本园的管理制度、工作动态、教师个人情况、学前儿童学习情况等展示在网站上，便于家长随时了解学前教育机构工作和孩子的学习、生活情况。

总之，学前教育机构与家庭的合作应是全面的、广泛的，要结合自身的实际情况和家长需要，广开渠道，建立自己的家园合作工作体系，与家长交流教育信息、共享教育经验、共担教育责任。

培养能力

一、幼儿园与家长进行有效沟通的策略

《幼儿园教育指导纲要（试行）》明确指出："家庭是幼儿园重要的合作伙伴。"因此，在教育幼儿的过程中，家园合作是非常重要的。幼儿能够健康成长，是教师和家长的共同愿望。但是，由于教师和家长之间教育观念、思考角度的不同，往往在对待孩子的问题上存在着分歧。面对这些分歧，幼儿教师应与家长进行有效的沟通，在对幼儿的教育上取得共识，形成教育合力，促进幼儿教育质量的提高。

（一）换位思考，尊重家长

幼儿教师日趋年轻化，许多教师尚没有为人父母的角色体验，这使得一些教师在面对孩子发生的状况时，无法体会家长的心情和需求。例如，有的孩子在游戏中手或脚擦破了皮，家长来接孩子时既吃惊又心疼，有的教师却对此表现得若无其事，认为家长大惊小怪。面对小事，教师截然不同的态度，立即会使家长觉得教师对自己的孩子不够关心，对工作不够负责。相反，如果教师从父母的角度去心疼孩子，或是换个角度想想，受伤的是自己的孩子，就会很自然地理解家长的心情，处理事情的态度也会大不相同。家长会觉得孩子虽然受伤了，但这是意外，教师也和自己一样心疼与不舍，自然与教师的心贴得更近了，家园沟通也不

会因此受阻。

(二) 客观评价，取得信任

在教师与家长的沟通过程中，有相当一部分的内容离不开教师对孩子的评价，这些评价往往直接影响到家长与教师间的关系。处于成长过程中的孩子，有时表现好，有时会犯上一点小错误，作为教师，应客观地向家长告知孩子在幼儿园的情况，而不能掺杂主观色彩和情绪。例如，有的孩子比较好动，教师在向家长反映孩子情况时，今天说孩子上课不认真，明天又告状说孩子玩游戏时满操场跑，不听指挥，似乎没看到孩子的优点，时间一长，往往使家长难以接受。所以，教师应该用平和的语气、委婉的态度、一分为二的观点与家长交流。同时，教师要克服偏见，防止出现对一些发展较好并善于表现的幼儿评价过高，对较为内向、发展较为迟缓或不守纪律的幼儿评价过低的倾向，以及只从认知方面甚至只从知识掌握方面去评价孩子的片面做法。

教师应善于发现每一个幼儿的优点，并给予充分的重视和鼓励。事实证明，无论是调皮好动的孩子，还是文静乖巧的孩子，他们都有优点和缺点，只不过有的幼儿优点外露，而有的缺点明显。教师必须真诚的热爱每一个孩子，对孩子做出客观的评价，与家长进行沟通，取得家长的信任。

(三) 讲究方法，艺术沟通

1. 从孩子角度出发

幼儿园的许多工作都需要家长的配合，教师在与家长进行沟通时，一定要让家长明白，我们之所以有这样的要求是为了孩子更好地成长与发展。如开展"玩具分享"活动时，要求家长给孩子准备一件心爱的玩具带到幼儿园，有些家长会认为："幼儿园连玩具都没有吗？还要自己带玩具回园？"这时，教师应该告诉家长，现在的一些孩子在家都是小皇帝，习惯了以自我为中心，缺乏与人分享的意识，我们让孩子带上自己心爱的玩具回幼儿园是为了让孩子学会与他人分享，增强孩子的社会交往能力。为了孩子的健康成长，相信家长一定会乐意配合的。

2. 有技巧地拒绝

孩子到幼儿园后，家长会发现幼儿园的生活与家庭生活有很大差别，有些家长会以自己家庭的标准来要求老师。面对家长的一些不合理要求，教师应坚持自己的原则，但在拒绝时一定要注意技巧。比如孩子刚上幼儿园时，因为在家没有午睡的习惯，一到午睡时间，孩子就哭闹，于是家长要求教师："中午他不睡就算了，让他玩玩具吧。"这个在家长看来很简单的要求，在幼儿园的集体管理中却显然行不通。一位教师说："那当然不行,如果让他玩玩具,他就更不愿意睡了,其他孩子也会受影响,时间一长,全班孩子的午睡习惯都被破坏了。"另一位老师说："幼儿园之所以要安排午睡是有科学依据的。孩子每天保证12个小时的充足睡眠,有利于身体的健康成长,您的孩子中午在幼儿园不肯睡觉,可能是原来在家没有养成习惯。您可以试试让他早上早点起床,把他在家睡觉时用的小枕头和小被子拿来幼儿园,周末在家你们陪他一起午睡,慢慢让他养成习惯。"两种截然不同的回答,虽然都是拒绝家长的要求,但很显然,家长对前者的说法不太容易接受,反而会认为教师让她的孩子睡觉仅仅是为了方便管理;但后者的说法就高明了很多,一方面让家长意识到孩子午睡的重要性,另一方面又为家长提供解决问题的方法。这样,家长不但乐意接受,而且会对教师心存感谢,更重要的是,家长对教师的专业知识产生了认可,有利于今后工作的开展。

3. 避免"兴师问罪"

对于犯错的孩子,教师在与家长沟通时一定要把握好语言的"度",有时孩子一个小缺点经教师渲染后,家长会觉得孩子不争气。例如,新生入园时,有些孩子因为对新环境不适应会产生一些攻击性行为,对教师又咬又踢。教师放学时就恼火地告诉孩子妈妈:"从没见过这样的孩子,对教师又咬又踢,今天我被他狠狠咬了一口。"说完还让家长看自己手臂上的孩子咬人的"罪证"。面对教师的"兴师问罪",孩子的妈妈除了道歉,最大的感受就是做母亲的失败。因此,教师的语言引导直接关系到家长的心理感受,教师不当的语言和态度会不同程度的伤害家长望子成龙的心理,使家长在今后的家园沟通中产生隔阂。因此,教师在评价孩子缺点时,要分次、逐项地告诉家长,不要一次性说出来。俗话说:"物极必反",虽然教师的出发点是基于对孩子成长的关心,但当家长第一时间听到孩子的诸多缺点时,会觉得焦虑、反感,认为教师在给孩子挑刺,误会教师的良苦用心,作为教师,可以先向家长介绍一些孩子的优点和近期的进步,再慢慢引入孩子不足之处或需改正的地方,这样更易于家长接受。

4. 软化矛盾,冷静处理

幼儿天性活泼,在幼儿园时难免有磕磕碰碰的事情发生,随着孩子社会交往能力的发展,有时还会与小伙伴们发生争执,有些家长爱子心切,难免会有些过激言行,也有个别家长小题大做,大吵大闹,遇到这样的家长,教师们一定要冷静对待,妥善处理。有时家长吵闹或投诉,可能是借题发挥,把平时对老师的不满,一并发泄出来。这时,教师千万不要急于反驳,与家长你一言我一语的"对着干",反而应该专注、耐心地倾听,让家长觉得教师对他的意见非常用心与在意。同时教师还可以采取转移的办法,说说孩子在幼儿园的趣事,不经意间把孩子在园的可爱之处描述出来。而家长将自己心里的想法宣泄出来后,心情也会平静下来。这时,教师采取上述方法,会令家长冷静地认识到他所掌握的情况可能是片面的,教师是有爱心和负责任的,而且在深深地关爱自己的孩子。这样,家长可能会转怒为喜,能在和谐轻松的气氛中解决矛盾。另外,从家长的倾诉中,教师容易了解家长的真实想法,有利于日后更为细致地开展工作,达到令家长满意的效果。

总之,教师在与家长沟通的过程中,要经常换位思考,善于与不同类型的家长相处,遭到家长误解时要保持冷静,善于自控;遇到矛盾时,要主动反思,妥善处理;运用自身的专业知识,改变家长的育儿观念,使教师与家长间的沟通深入而有效,使幼儿园教育与家庭教育同步进行,形成教育合力,达到良好的教育效果。

二、幼儿园组织家长会需要注意的问题

(一)树立民主、平等的思想观念

教师与家长虽然角色不同,但教育目标相同,教育责任相同,两者在人格与尊严上是平等的,没有高低、贵贱之分。因此,在开家长会时,教师应以真诚的态度同各位家长交流、沟通,倾心听取他们的意见及建议等,帮助他们分析孩子的现状、问题,寻找最佳的教育途径,共同做好孩子的教育工作。

(二)确定主题,做好充分准备

确定主题对开好家长会至关重要,因为家长会的主题关系到能否调动教师和家长的积极性、能否让家长积极参与。准备充分则是高质量开好家长会的基本条件,只有准备充分了,家长会才能开的流畅、自如,才有可能获得成功。

(三)公开表扬,含蓄批评

家长会是为了帮助家长了解情况、解决问题的,少不了表扬和批评,这就要求教师要处理好表扬与批评间的关系,基本原则是"公开表扬,含蓄批评",这样才能既解决问题,又维护家长和孩子的尊严。如遇个别孩子问题比较突出,需要与家长进行交流,也要个别接触,切忌在公开场合点名批评。

(四)给予交流、沟通的时间与机会

召开家长会的时间有限,教师要留出足够的时间供教师与家长交流、沟通,

尽量避免教师一言堂，因为一些问题单靠教师是无法解决的，必须在相互了解、信任的基础上达成共识，才能得到圆满的解决。

三、幼儿园教师进行家访需注意的问题

1. 提前预约，约定家访的时间和地点。
2. 对被访孩子做一些日常记录，以利于谈话的深入。
3. 和家长谈话的语气和态度应是平等合作的，避免其中的一方居高临下。
4. 注意谈话的技巧，尽量避免贬义词的出现，以免家长反感。

表 8-2　孩子在园活动观察记录表

孩子的表现	评　价
孩子做早操的动作与教师的动作	① 完全一致 ② 基本一致 ③ 不一致
孩子吃早点	① 比同伴快 ② 与同伴差不多 ③ 比同伴慢
课堂老师提问时，孩子	① 马上举手 ② 过一会儿举手 ③ 不举手
孩子回答问题的声音	① 响亮 ② 一般 ③ 较轻
孩子对问题的回答	① 准确 ② 模棱两可 ③ 错误
孩子做游戏时	① 自己会玩 ② 和同伴一起玩 ③ 自己不会玩
孩子收拾玩具时	① 动作较快 ② 动作一般化 ③ 动作较慢
孩子吃晚饭时饭菜	① 不掉出来 ② 掉下一点 ③ 掉出很多
孩子吃午饭时吃得	① 比同伴快 ② 和同伴差不多 ③ 比同伴慢
孩子午睡时脱衣服	① 动作较快 ② 与同伴差不多 ③ 动作较慢
孩子午睡时入睡	① 很快 ② 与同伴差不多 ③ 较慢
孩子起床时穿衣服	① 又快又好 ② 能自己穿 ③ 需老师帮助
孩子自由活动时参加的活动有	① 一项 ② 两项 ③ 三项以上
孩子在活动中遇到困难时	① 自己解决 ② 和同伴商量 ③ 请教师帮助
孩子在园一天的情绪	① 很愉快 ② 一般化 ③ 不愉快

陶冶品德

论孩子

纪伯伦

你们的孩子，都不是你们的孩子，

乃是"生命"为自己所渴望的儿女。

他们是借你们而来，却不是从你们而来，

他们虽和你们同在，却不属于你们。

你们可以给他们以爱，却不可给他们以思想，

因为他们有自己的思想。

你们可以荫庇他们的身体，却不能荫庇他们的灵魂，

因为他们的灵魂，是住在"明日"的宅中，那是你们在梦中也不能想见的。

你们可以努力去模仿他们，却不能使他们来像你们，

因为生命是不倒行的，也不与"昨日"一同停留。

你们是弓，你们的孩子是从弦上发出的生命的箭矢。

那射者在无穷之中看定了目标，也用神力将你们引满，使他的箭矢迅疾而遥远地射了出去。

让你们在射者手中的"弯曲"成为喜乐吧；

因为他爱那飞出的箭，也爱上了那静止的弓。

有人说，孩子的世界是最难懂的，大人常常会被他们弄得抓狂。但是，孩子是最单纯的，只是大人把他们想得太复杂了。

坐公交车的时候，常常会听到孩子哭闹的声音，声音洪亮得几乎盖住了公交车里报站的广播声音。无论孩子的父母怎么哄，怎么凶，孩子还是大声地哭着，惹来了其他乘客的侧目。着急的父母更加手足无措了，弄不清楚孩子好好地怎么哭起来了。最后才知道原来孩子想要趴在车窗上看外面的风景，弄得父母哭笑不得，终于还车厢一个清静了。

孩子常常会画出大人看不懂的东西，大人就会跟他说应该怎么画，用什么样的颜色，甚至说他们画得不好看，却很少问他们为什么要这样画，为什么要用这个颜色。其实，孩子就像一张白纸，随着他们的长大，白纸上就会有越来越多的图案和颜色。白纸上的一切都是他们在这个世界中看到的，融合了他们对这个世界的理解，变成他们的世界。

孩子的世界有时很难懂，但是只要我们耐心地了解他们那些行为背后的原因，不要用太复杂的眼光看待他们，就会发现孩子其实很单纯。

自助餐厅

一、丰富家园合作内容

家长开放日（幼儿园小班），幼儿有一项活动是双脚并拢、跳过横在地上的一个接一个的长条积木。过去家长只是看着有趣，或为孩子拍手鼓励或哈哈大笑，活动结束就完了。后来让家长有目的地观察之后，效果就大不一样了。例如，让家长看：孩子跳时是双脚并拢的呢，还是单脚跨的，跳过去后是站稳的呢，还是站不稳，跳过一条积木后是接着跳下去呢，还是要重新调整一下再跳等。这些观察对于家长的要求并不高，家长只需要根据行为观察量表，就能很容易地发现孩子动作的发展水平。然后家长与教师商定，下一步回家后如何个别辅导。如有的家长看到孩子的问题是大肌肉发展不好，就与教师商定办法，回家后不再抱孩子上楼梯，而让他自己爬；孩子跳跃后站不稳，是动作协调、平衡不好，教师就指点家长，在接送孩子时多让其自己走，少坐车；回家后可在地上画一条线，让孩子做沿线走的游戏等等。这样家庭教育与幼儿园课程内容联系在一起，教师与家长通力合作，大大提高了教育的整体效果。

二、深入提高家园合作水平

家长到幼儿园最想做的事是看看自己的孩子学了什么。为了避免漫无目的地浏览，幼儿园可以引导家长有效地进行观察，如事先告诉家长活动内容，针对这一活动的目的，请家长注意孩子哪几点。有一定经验后，可给家长提供一张简单的幼儿行为观察表，供其逐项对照画圈，对每项的意义向家长作适当的解释，活动后一起讨论观察的结果。待家长更清楚地了解孩子后，共同制定一个帮助幼儿的个别学习计划，并明确和落实各自的责任，特别是家长在家里要做的事，然后定期再交换意见。观察表可保存起来，既可作教师的参考，又可让家长与日后的观察再作比较，去发现孩子的进步或变化，不断总结教育经验，改善家庭教育的方法。

三、促进幼儿健康全面发展

1. 家长在家应引导孩子多读书

幼儿园可给家长提供关于幼儿听故事情况的简单记录表（一本书一张），表上列出关于阅读这本书的一些简单问题，只需家长画几个圈即可。如这样一些问题：是孩子主动要你讲这本故事书的，还是你叫孩子听的？在看书的过程中，孩子用手指着图书上的文字吗？孩子听故事时，在什么地方插话了？他说了些什么？孩子喜欢书中的谁、不喜欢谁？你讲完了以后，孩子自己还去翻阅那本书吗？等等。教师看了记录后，和家长一起议一议孩子的情况，让家长了解这些问题的意义，如哪些表现了孩子对图书、文字的兴趣程度，哪些表现了孩子对事物的态度、认识，哪些说明孩子关心什么，其思维水平怎样等。然后和家长商量有针对性地帮助幼儿学习阅读的方法。多次的积累，不仅能使家长更了解自己的孩子，学会初步的指导方法，提高家庭教育的质量，还为教师组织教育活动、因人施教，特别是针对个别差异指导幼儿的早期阅读，提供了极其宝贵的参考资料。平时，一个教师面对几十个幼儿是不可能作如此详细的记录的。

2. 幼儿园"我长大了"的主题活动，可以把课堂延伸到家庭。

园方与家长一起拟定活动方案，使家长明白如何配合活动需要，具体做些什么、怎么做等。于是，除了幼儿园的活动之外，家长也同步在家里为孩子做一个小时候的物品展览，让孩子看婴儿时的照片、用具、玩具、衣服等，和孩子一起回忆小时候的趣事，然后把东西带到幼儿园，在教师的指导下分类、整理，和班上其他家长、幼儿一起办展览，爸爸妈妈还兴冲冲地给教师和其他小朋友当解说员。活动促使家长更加关注孩子的成长，亲子关系更亲密；孩子具体地看到自己的成长，更加感受到父母的爱，他们也更爱自己的父母，幼儿园教育活动的效果也会因此而倍增。

项目九　早期教育

话题导入

3岁前是人一生中最终要的阶段，人们在日后的工作、学习、生活中所用的基本技能，几乎都是在这个阶段中形成。蒙台梭利曾说过，人生的头3年胜过以后发展的各个阶段，胜过3岁以后直到死亡的总和。马卡连柯也曾说过，教育的基础主要是5岁以前奠定的，它占整个教育过程的百分之九十。哈佛大学教授怀特曾说，没有什么工作比抚育出生头3年的婴儿更重要。可见，虽然孩子在人生中的前3年能够记得起的事情非常少，但是，却影响着人的一生。

教学任务

表9-1　早期教育教学任务一览表

教学任务	掌握知识→培养能力→陶冶品德。
掌握知识	能够掌握早期教育的意义、原则、内容等基础理论知识；能掌握0~3岁婴幼儿教育的要点。
培养能力	学生能运用早期教育的相关知识与孩子进行亲子游戏。
陶冶品德	让学生知道早期教育对培养孩子自制能力、坚强等性格的重要性。

掌握知识

模块一　早期教育的概述

随着时代的进步，我国越来越重视儿童的早期教育。《中国儿童发展纲要（2011~2020）》中指出，应积极开展3岁前儿童科学育儿指导。积极发展公益性普惠性的儿童综合发展指导机构，以幼儿园和社区为依托，为3岁前儿童及其家庭提供早期保育和教育指导，加快培养3岁前儿童早期教育专业化人才。《国家中长期教育改革和发展规划纲要（2010~2020）》中指出，应重视发展3岁前婴幼儿教育。随着国家一系列文件的出台，3岁前早期教育逐渐走入了人们的视线中，越来越多的人关注到这一阶段儿童发展的重要性，这也能从我国多数城市的亲子园和早教机构得以反映出来。

一、什么是早期教育

有的学者认为，早期教育是针对3岁前婴幼儿进行的教育，是面向每一位3岁前的婴幼儿，让其快乐、健康成长的社会公共事业；有的学者认为早期教育就是亲子教育；有的学者认为早期教育就是到早教机构进行学习；也有的学者认为早期教育就是让孩子玩。其实，这些观点都有其代表性，但又都有局限性。早期教育应该是以家庭中的亲子教育为主，以亲子园、早教机构、幼儿园等为辅助培养地点，抓住儿童发展的敏感期，对3岁前婴幼儿的动作、语言、认知、情感与社会性进行保育和教育的过程，随着人们对儿童发展的要求越来越高，胎教也逐渐成为早期教育重要的一个环节。

二、早期教育的对象

虽然很多学者认为早期教育是对3岁前的婴幼儿进行的教育，但是在实际操作过程中，特别是我国目前的亲子园、亲子机构的培养模式，主要面向的是婴幼儿的家长。

1. 婴幼儿发展的特点

婴幼儿处于人一生中比较特殊的阶段，且这个阶段儿童的发展更具有被动性。据现代心理学研究发现，人在3岁前获取的经验能够影响其一生的发展。这个阶段的儿童发展较为迅速，多数敏感期形成于3岁前，例如大肌肉发育的敏感期(1~2岁)、语言的敏感期(1.5岁~2.5岁)、自我意识的敏感期(1.5岁~3岁)、社会规范的敏感期(2.5岁~4岁)等。成人必须利用好儿童的这些敏感期，对儿童进行适时、适度的教育，才能使得婴幼儿的发育、发展事半功倍。

敏感期[1]

敏感期，也成为"关键期"、"临界期"等，指的是人或动物特定的能力和行为发展的最佳时期。在这个时期，人或动物表现出对于某种事物或活动特别敏感或是产生一种特殊的兴趣和爱好，他们在接受这种事物或学习某种行为时，变得相对比较容易，是教育的最佳时期。在敏感期里所形成的行为、能力或影响持续时间最长，且不容易被遗忘和改变。

---

[1] 万迪人、谢庆主编：《0-3岁婴幼儿早期教育事业发展与管理》，[M].上海：复旦大学出版社。

狼孩的故事

1920年，印度加尔各答的人们在山林里发现了一群狼，其中狼群里有两个小女孩，赤裸着身体，披头散发。当人们把她们救出来之后，发现她们关于人的一切心理现象已经被完全埋没了。她们不肯穿衣服，没有人的羞耻感；她们也不吃熟食，只吃一些生肉、生鸡，甚至腐肉也吃；她们不能直立行走，睡觉的时候也不肯盖被子，喜欢趴在地上；她们不会说话，只能到户外嗥叫；喜欢黑暗等。当时人们对她们进行了精心的教育，小狼孩被发现时才3岁，等训练一段时间后能够发出简单的语言、能开始说话，但是7个月后就死了。大狼孩被发现的时候大概在7~8岁，人们在正常的社会环境中对她进行教育，但是直到2年之后才学会两个单词，等到第6年的时候，学会了35个短语，直到17岁死去时，只会说45句常用的话。

2. 家长

基于婴幼儿这个阶段被动发展的特点，早期教育的对象不仅包括了3岁前这个阶段的婴幼儿，更应该重视对于家长的教育，这也是与其他教育阶段最大的不同，但应明确的是教育的最终指向是婴幼儿。

3岁前的婴幼儿，由于不具备独立生活的能力，所以他们的日常生活起居均依赖于家庭成员，主要的活动范围也是在家庭中，家庭对于儿童发展的影响是第一位的。所以我们发现，目前我国的早教机构，更重视的是对于家长的教育。

三、早期教育的意义

3岁前是婴幼儿大脑神经系统、身体各项技能、各种潜能开发最为关键的时期，根据敏感期和大脑发育理论，人类多种行为和能力发展的敏感期都集中在刚出生的这几年，这个时期是人一生中独特和重要的发展阶段，也是婴幼儿获得智慧的最佳时期，可见早期教育对于婴幼儿的意义非同小可。著名小提琴演奏家铃木镇一曾说过，不论哪个孩子，只要精心培育，都能成为人才。或许他的观点否认了儿童发展的生理因素，但不可否认的是，家庭、环境以及教育确实能对婴幼儿产生深远的影响。

对于儿童个体而言，早期教育首先能帮助家长抓住儿童发展的敏感期，为幼儿未来的发展奠定了基础；其次，早期教育能对贫困家庭的儿童提供补偿教育，保证他们能正常发展；最后，早期教育能帮助家长尽早发现儿童在发展过程中的不足，预防问题的严重化。

对于社会发展而言，早期教育能从根本上提高人口素质，为社会地发展提供更多的人才；其次，对于处境不利的儿童提供补偿教育，能够促进社会公平，最大程度地缩小公民收入差距，减少社会矛盾。这个年龄段投资回报率相对较高，美国幼儿教育家大卫·维卡特等进行了一项长达20多年的关于早期教育的社会效益的研究，他们发现，良好的早期教育有利于打破不利处境中儿童贫困愚昧的恶性循环，早期补偿教育的投入与产出比是1:7.61，也就是说在学前期投入1美元，可以对儿童未来的发展产生7.61美元的效益[①]。

四、早期教育的原则

（一）尊重儿童的自然发展规律

鉴于人与其他动物之间的差异性，很多动物在刚一出生大脑已基本定型，而新生儿出生后，除了其本身具有的几种条件反射，如眨眼反射、抓握反射、吸吮反射等，儿童的大脑就如同白纸一样，急需成人利用各种教育方法促进其发展。

3岁之前是儿童大脑发育最为迅速的阶段，成人一定要利用适当的教育方法对其进行教育。这里所指的尊重儿童的自然发展规律，并非让其自由发展，也不是人们通常所指的消极的教育方式，人们应该合理利用儿童的各种敏感期，顺应其发展规律，在恰当的时间做正确的事。但是，作为教育者不能否认人与人之间的差异性，成人切勿死扣标准，要求儿童必须达到某种能力。例如，很多家长看到别人的孩子在1岁半的时候已经开始说出词句，比较着急，在对自己孩子进行教育时，会强制性地要求孩子去复述自己所说的话。这种做法往往会适得其反，每个孩子都有自己的发展特点，当成人遇到这种情况时，首先应该明确语言发展的敏感期，在排除掉儿童生理问题之后，应为儿童创设好一种良好的语言环境，顺应其语言发展的自然规律。

（二）合理利用周围的各种资源

目前，随着我国的经济水平快速发展，家庭的收入逐渐增多，人们越来越重视儿童早期的环境创设。例如很多家长为孩子报了早教课，希望孩子从小接触同伴，接触良好的环境；很多家长为孩子购买各种绘本，希望孩子能从小接触到良好的教育。

但是孩子的教育并不是用钱堆砌出来的，很多时候，我们应该合理的利用周围的资源对儿童进行教育。家长可以利用家庭中的资源，使得儿童能够形成劳动的意识；利用社区的资源，对儿童进行社会化教育；利用图书馆、博物馆、科技馆、公园等，使儿童接触更多的人和事。只要家长能够利用周围的资源，适时地对儿童进行教育，寒门并非难以出贵子。

---

① 万迪人、谢庆主编：《0-3岁婴幼儿早期教育事业发展与管理》[M].上海：复旦大学出版社.

成功的美国儿童救济会[①]

美国纽约有一个儿童救济会,这个机构收容和抚养弃儿、孤儿和贫苦人家的孩子,它的做法和普通的孤儿院不同,其方针是必须让这些孩子到可靠的家庭里接受良好的教育。

这个机构收容和照顾的孩子大多是乞丐、流浪者和贫民窟的孩子。从人种改良论者的观点看,他们都是一些毫无希望的孩子。但是,这个救济会的成绩极为优秀。他们的报告指出,有87%的孩子成为了出色的人物。其中,有的当了州长,有的当了阿拉斯加的总督,有的当了高级法院的审判官,有的就任大城市的市长,有的当了州会计检察官,被选为下院议员的有24人,州议会议员的有9人,任重要官职的20人,牧师24人,律师35人,医生19人,记者16人,银行家29人,教师86人,中学校长7人,督学官2人,大学教授2人。此外,在农业、商业部门卓有成绩者也举不胜举。最后剩下的8%回到纽约,2%死亡,2.25%逃亡,0.25%犯轻罪判刑,这些人都是在长大后受到引诱而走了下坡路。总之,这家机构培养孩子的效果非常好。为什么会有这么好的结果呢?道理何在呢?这用一句话可以回答,即良好的教育和环境。

模块二 早期教育的内容

一、身体的发育

3岁前是儿童身体各项指标发育的高峰期,在这个阶段中,儿童的体重、身高等都发生了剧烈的变化,同时这个阶段也是儿童最柔弱的时期,家长要为儿童的各项发展做好防护。

孩子从母体内的"寄生"到母体外的"独立"生活,对这一突然的改变,还不能完全适应,他们的生理功能在进行着重大的调整以适应周围环境的巨变。在调整的过程中,因为孩子的身体比较弱,抵抗力比较差,大脑、身体、神经系统、各种器官等发育尚未成熟,所以需要家长对婴幼儿的日常护理工作加以重视。

新生儿时期的护理:新生儿是指从出生到出生后28天的孩子,因为这个阶段年轻的父母刚刚升级,家长也在逐渐地适应新生儿,所以家长在护理这个阶段的儿童时应特别注意。例如,在新生儿期,妈妈应注意尽量用母乳喂养,而且要掌握正确的母乳喂养方式。家长还应注意这个阶段往往会出现新生儿生理性黄疸。

---

① (日)木村久一著,河北大学日研所教育组译:《早期教育和天才》[M].石家庄:河北人民出版社.

二、智力的发展

婴幼儿可以通过自身的活动进行看、听、触摸、摆弄以及操作等活动,接触并认识周围的环境和人们,发展他们感知觉和初步的思维能力;发展婴幼儿运用和理解语言的能力;增加婴幼儿的直接经验,培养他们认识和探究周围环境的兴趣。

三、社会交往行为的发展

培养婴幼儿与抚养人之间的信任感与依赖,培养他们的安全感和愉快的情绪,成人要以愉快、亲切、温柔的态度和情感照看婴幼儿,给他们提供精神和身体上的满足感;成人应为婴幼儿提供同伴交往的可能性,培养他们与同伴之间友好的交往;知道自己的行为应有所限制,能明白哪些事情是该做的,哪些是不该做的。

四、对美的感受和兴趣方面

婴幼儿喜欢听儿歌、故事、音乐和唱歌,喜欢看一些色彩和形象,喜欢看简单的图画,应培养婴幼儿对美好事物的快乐情绪。同时,成人应利用大自然以及丰富的生活事物引导婴幼儿感受美,体验美的乐趣,陶冶性情。

表9-2 社交行为测查表[①]

月龄	社交行为
1	眼球能跟踪走动的人
2	逗引时能发生反应
3	灵敏模样;见到妈妈后会发笑
4	能够辨认出亲人
5	见到食物后比较兴奋
6	会躲猫猫;能够自己吃饼干
7	对镜子里的自己有游戏反应;能认生人
8	模仿他人声音;懂得成人的面部表情
9	能够表示欢迎和再见;能表示不要
10	能表述常见物的名称
11	懂得"不";模仿拍娃娃
12	当家长为其穿衣服时,懂得配合
24	能表述常见物的用途
36	能够自己扣扣子

[①] 0-6岁小儿神经心理发育商测查,中国科学研究院儿童研究所制定。

培养能力

动作教育要点与亲子游戏

婴幼儿动作的发展区别于动物动作的发展。动物降生后不久,就已经具有较好的动作能力,可以站立自由行动。而人类在出生后的一段时间内,只有两种身体活动,一种是新生儿为了适应周围环境,使自己得以生存下去,在人类进化史上遗传下来的反射动作,如吸吮、抓握反射等;另外一种是一般性的身体反应活动,如扭动身子、摇晃胳膊等,这是新生儿自发的动作,没有目的性。随着时间的推移,第一种反射动作中有的会自动消失,比如游泳反射等,而后一种会伴随着新生儿的成长,进一步发展。

婴幼儿的动作发展主要包括躯体的粗大动作的发展和手指精细动作的发展。

表9-3 0-3岁儿童动作发展[1]

月龄	婴幼儿动作发展
0~1个月	抬起下巴;颈能直起,抬头。
2个月	抬起胸。
3个月	用肘支撑身体;试着用手抓东西。
4个月	有支撑时可坐;从俯卧位转向仰卧位。摇动手里的手摇鼓并注视它。
5个月	坐在膝上;用手掌去抓握东西,握不紧。
6个月	坐在椅上;身体弯着时用手去支撑;从俯卧位转向俯卧位;开始能握住东西。
7个月	在帮助下能站立;用手掌(不用拇指)能握住东西。
9个月	扶着牢实东西能站起来;用手掌和拇指握着东西,用拇指和指尖捏起小弹子。
10个月	会爬行(用手臂,不用膝)。
11个月	能扶着走;能扶住身旁的东西(椅)迈步;用手臂和膝爬行。
12个月	用膝盖跪着休息;拉着能站立起来;在抓握东西时开始用食指。
13个月	爬阶梯;抛球。
14个月	独立站起。
15个月	开始行走;用手指与拇指抓握东西。
18个月	独立行走;用三块积木搭塔有些难;倒退地爬下楼梯。
24个月	能跑,但突然转弯会跌跤,能上下楼梯;用拇指与食指捏起弹子。
3岁	能堆砌10块积木,用蜡笔涂画,折纸。

---

[1] 黄人颂主编:《学前教育学》[M].北京:人民教育出版社.2009。

一、婴幼儿粗大动作的发展

婴幼儿粗大动作的发展主要是按照抬头、坐、爬、站立和行走、跳的顺序发展。要根据儿童发展的关键期和动作发展的顺序和规律选择亲子游戏。

从整体动作到分化动作——婴幼儿最初的动作是全身性的、笼统的、散漫的。比如，新生儿受到疼痛刺激后，会边哭喊边全身乱动。以后，婴幼儿的动作逐渐局部化、准确化和专门化。

从上部动作到下部动作——婴幼儿最早的动作是俯卧抬头。其他如俯撑、翻身、坐爬、站立及行走，则是按一定的顺序发展起来的。

从中央部分动作到边缘部分动作——婴儿最早出现的是头的动作和躯干的动作，然后是双臂和腿部有规律的动作，最后才是手的精细动作。这种发展趋势可称为"远近规律"，即靠近头部和躯干的部位先发展，然后是远离身体中心部位动作的发展。

从无意动作到有意动作——婴幼儿动作的发展越来越多地受心理、意识的支配，呈现从无意动作向有意动作发展的趋势。

[亲子小游戏]

爬过洞洞（8个月）

此阶段婴幼儿随着活动范围的扩大，好奇探索的内容也多样，可以制造一些"悬念"让他们去探索，去操作，使幼儿获得经验。

目的：促进身体和智力的发育。

材料：带有洞的纸板箱、布偶。

过程：①家长拿出一只纸箱，箱口对着婴幼儿说："这里有个洞洞，你可以从这里爬进去，从那头出来。"

②家长将演示娃娃爬进去、钻出来的过程。

③家长给婴幼儿一个纸箱，在纸箱的开口处逗引婴幼儿爬过洞洞。

④当婴幼儿熟悉爬"洞洞"了，可以将纸箱连接，增加爬行长度。

总结：如果婴幼儿不敢爬进纸箱，不要勉强，可以再次示范钻爬的动作，或和婴幼儿一起爬过纸箱。

二、手指精细动作的发展

前苏联的苏霍姆林斯基曾经说："儿童的智慧在他们的手指尖上。"不仅如此，孩子手指的精细动作也正是按照神经系统的发育、肌肉骨骼的成熟这样的正常生理规律来发展的。

6个月前,准备一些可以让婴幼儿抓满手的玩具进行触摸训练,例如,铃铛、海绵、橡皮玩具等,反复练习握掌、伸掌的动作。

7~12个月,准备一些面包片、香蕉丁等大小软硬都适中的食物,让婴幼儿自己用手抓着吃,以锻炼手眼协调能力。

13~16个月,培养婴幼儿用笔涂画的兴趣,例如,妈妈可以画一棵小树,引导婴幼儿划竖线;画一条马路,引导婴幼儿划横线。

17~24个月,准备一款安全环保的橡皮泥玩具,让婴幼儿尽情发挥,让他随意揉捏,不限制他的想象力,使婴幼儿能够充分发挥创造力;还可以多让婴幼儿玩串珠游戏,培养他对事物的专注力。

2岁,能搭六七块积木的"塔",模仿搭"火车",但没有"烟囱"。能开门把手,能拧开瓶盖。

2岁半,能搭出8块积木的"塔","火车的烟囱"也有了。会用握拳的样子拿笔,能模仿画直线和圆圈。

3岁,可用9块积木塔"高楼",能模仿塔积木和画简单的线条,会脱穿衣服,会系扣子。

[亲子小游戏]

干洗澡 (4个月前) [1]

游戏准备:干浴巾。

游戏方法:婴幼儿洗澡后,将他放在干浴巾上,仰躺、俯卧、侧卧均可,抓起浴巾的一角,在宝宝的身上轻轻的搓。大腿、背部、手臂、臀部、肚子等都要搓到。

游戏提示:做的时候要仔细观察婴幼儿的表情,弄清他到底是喜欢还是不喜欢?是喜欢在大腿上搓呢,还是喜欢在小肚子上搓。如果他表现的非常安静,则表示这个游戏正在发挥刺激脑神经的功效;如果婴幼儿不喜欢,则表示要减轻力度或是变换位置了。

当结束后,家长一定要记得鼓励一下自己的孩子。可以用浴巾将婴幼儿包裹的紧一点,像个小粽子一样抱上一会儿,这是孩子目前最需要的了。

如果孩子喜欢这个游戏,那么每天早上孩子起床后,可以用干布从婴幼儿的

---

[1] 朱立欣编著:《0~3岁亲子游戏》[M].北京:中国人口出版社,2009。

手、脚开始往心脏来摩擦身体，最初可以是三四分钟，习惯后可以增加到十几甚至二三十分钟，反复地摩擦，直到孩子的身体开始轻微变红。

成长目标：

①发展触觉，促进脑神经发育——我们平时在对婴幼儿的照顾过程中，或多或少会触碰按压到婴幼儿的身体，婴幼儿需要比这更强烈一点的刺激，这个游戏既可以刺激脑神经的发育，又能矫正容易感冒、哮喘、流鼻水等体质异常的现象。

②培养个性品质——身体能承受稍微强烈一点的刺激，也能激发婴幼儿坚强、勇敢的个性品质。

总结：如果婴幼儿俯卧位时只会把头仰起，上肢的力量不能把自己的身体撑起，胸、腰部位不能抬高，腹部不能离床时，家长可以用条毛巾放在婴幼儿的胸腹部，然后提起毛巾，使婴幼儿胸腹部离开床面，全身重量落在手和膝上，反复练习。待婴幼儿小腿的肌肉结实，能支撑身体重量时，也就渐渐地学会爬行了。

同时在婴幼儿8个月后可以进行扶站训练了，家长可以用一些好玩的和颜色比较鲜艳的玩具引导婴幼儿去拿，并且借住家长的身体让婴幼儿站起来。在家里可玩以下亲子小游戏。

语言教育要点与亲子游戏

1岁前是婴幼儿语言发展的萌芽期和预备期。随着婴儿对外界生活环境的适应，以及与周围人的接触，婴儿不断感知和倾听各种声音，回应家长的讲话，模仿用表情、动作、微笑、咿呀声与他人交流，逐渐提高对语言的感知能力，学习分解、理解和发音，迅速地发展语言，为开口说话奠定了良好的基础。

一、为婴幼儿创设良好的语言环境

父母应经常和婴幼儿交流，并通过与婴幼儿爱抚的方式与婴幼儿进行说笑，通过这种亲子间的情感和语言交流，不仅能让婴幼儿感到父母之爱，同时还使听力得到启蒙训练。亲子间的语言和笑声交流，能够让婴幼儿很快识别爸爸妈妈的声音，即使孩子听不懂父母说什么，但他们也可以尽早听出父母的声音，从而表现出快乐情感的动作或发出快乐的类似语言信号的单音节。

同时，家长可以利用给婴幼儿喂奶的时间播放轻缓的音乐，这样不仅可以使婴幼儿放松心情，又能使婴幼儿产生最初的节奏感和乐感。

另外，可以在婴幼儿的周围轻轻摇晃有声玩具，引导婴幼儿转头寻找声源。包括训练婴幼儿听辨周围的声音，如汽车行驶声、雨声、脚步声等。

二、结合场景向婴幼儿介绍日常生活的内容，做到语言上地理解

有意识地运用语言介绍环境。婴幼儿身处的语言环境十分重要。在日常例行的活动中，就有很多教婴幼儿学习说话的机会，父母要做的是"花时间"。婴幼儿7个月时，成人要教婴幼儿认识周围生活中常接触的事物名称，如床上用品、餐具、家具、食品、家用电器、玩具等。又如早晨成人边给孩子穿衣服边对孩子说："把手伸进袖子里，真能干！""穿裤子了，小脚用劲蹬。"孩子起初听不懂，不能配合妈妈的话，妈妈可以帮助孩子做动作。某句话经常与具体动作结合，婴幼儿头脑里就建立了暂时神经联系，能根据妈妈的语言做相应动作了。

三、对婴幼儿发出的声音，家长应积极地回应

目前社会上"低头族"越来越多，其中就包括了很大一部分家长。有些家长在带婴幼儿时也不忘低头玩手机，当婴幼儿发出一些声音时，家长也不予以回应，长久之后，会使婴幼儿不再想发出声音，这样会严重地影响婴幼儿的语言发展。当家长听到婴幼儿发出一些声音时，家长应做出积极的回应，特别是要做到音义结合，直观感知。家长应结合具体的人、事、物，帮助婴幼儿说出想要表达的内容，引导婴幼儿模仿正确的发音，促使婴幼儿的声音向成人的语言靠近，如："宝宝会叫爸爸了，看，这就是爸爸，爸爸。"

四、帮助婴幼儿多与他人接触，让婴幼儿体验交流的快乐

家长在婴幼儿3个月后，应经常抱婴幼儿到户外活动，引导婴幼儿多与周围人接触，倾听模仿周围人的说话，附和婴幼儿的发音与周围人交流。经常让婴幼儿与周围生活中更多的人接触和交流，当婴幼儿依依呀呀时，家长应配合相应的词语帮助表达。例如，"宝宝是在问阿姨好，对不对？阿姨好！"

[亲子小游戏]

你会怎么办？（30~36个月）

1. 发展婴幼儿的思维能力。
2. 增强婴幼儿对生活当中遇到的情景的认识以及处理方法。
3. 发展婴幼儿的语言表达能力。

过程：这个游戏的主要玩法都是由妈妈或者爸爸向婴幼儿提出一些问题，然后让婴幼儿思考，如果他遇到这些问题的时候，会怎么办？

1. 当你在路上捡到钱的时候，你会怎么办？
2. 当你看到火灾的时候，你会怎么办？

3. 当陌生人叫你跟他走的时候，你会怎么办？

4. 当你看到别人的东西掉了的时候，你会怎么办？

5. 当你迷路的时候，你会怎么办？

总结：家长可以事先想好一些常见的生活当中的会遇到的问题，来向婴幼儿提问，让婴幼儿既可以感受游戏的快乐又可以学到一些生活知识和技能。

先仔细地听婴幼儿的回答，如果婴幼儿答得好的话，应该及时给予鼓励和表扬；如果婴幼儿确实不知道该怎么办时，家长就应该详细得向婴幼儿说明遇到上述问题是的处理方法以及理由。

认知教育要点与亲子游戏

如果对婴幼儿学什么、玩什么都抱着一种无所谓的态度，婴幼儿就会缺乏学习的热情，那么就会限制他的智能发展。婴幼儿对自己喜欢的事情会有学习的热情，并能集中精神去做，因此父母必须了解婴幼儿感兴趣的方面，用兴趣带动婴幼儿学习的热情。父母可以在实际生活中观察婴幼儿的兴趣，但不要勉强婴幼儿去学习各种东西。在未发现婴幼儿的兴趣之前，要尽量培养婴幼儿玩游戏的热情，而且在婴幼儿玩耍的过程中，不要打断他或加以干涉，而应该多夸奖他。兴趣长时间的维持就是学习的原动力，进而产生意志并集中精神去完成学习。

婴幼儿6个月后，开始有自我意识，家长在家里可以和婴幼儿玩指认物名的训练游戏，可以让婴幼儿认字卡，了解了诸如灯、花、鸡、猫等简单的物品名称后，鼓励婴幼儿在听到物名后不但用眼睛看，而且要用手去指。这种做法是让婴幼儿练习听声音与物品的联系，记住学过的东西，婴幼儿要经过逐件物品反复温习才能记牢。也可以给婴幼儿一些可以滚动的圆柱体，如圆柱体饮料瓶，放在地上，让婴幼儿用两只手推动它向前滚动。待婴幼儿玩熟练后，再让他用一只手推动滚筒，并把它滚到指定地点。婴幼儿做对了，家长应给予鼓励。婴幼儿在戏耍中逐渐建立起"圆柱体物体能滚动"的概念。

[亲子小游戏]

太阳圆(28个月)

此阶段婴幼儿可以利用图书、画片、玩具、实验进行观察。

目的：让婴幼儿了解太阳的形状、颜色。

材料：太阳的图片、图画纸、红色彩笔。

过程：日出时，带婴幼儿观察太阳的形状、颜色。

1. 培养婴幼儿喜爱太阳的情感。

2. 妈妈用红色彩笔为婴幼儿画太阳，边画边唱，使婴幼儿能自然地掌握边画边唱的技巧。

3. 请婴幼儿自己画一画圆圆的太阳。

总结：在指导婴幼儿观察中要尽量使婴幼儿的各种感觉器官协同参加，从看、听、触等各种不同方面获得经验。家长可以利用婴幼儿的好奇心去接触有兴趣的事物，组织婴幼儿进行观察、操作，这些都可以激发婴幼儿的注意力。

情感与社会性教育要点与亲子游戏

婴幼儿在3岁前时，与家长、同伴的交往及遵守一些规则是这个阶段社会性发展的重要部分。

一、建立安全的亲子依恋

在3岁前，婴幼儿的亲子依恋有不同的表现方式。婴幼儿刚出生的时候就会哭，到了2个月左右的时候会出现笑的表情，哭和笑就是他们与人们交往最初的信号，是为了寻求家长满足他们生理和情感的需要，维护其生存。但是，直到3~7个月的时候，哭和笑才有了其真正的意义。家长在对婴幼儿进行抚养时应注意慈爱、温和，经常与婴幼儿进行沟通，以促使婴幼儿建立亲子依恋的纽带。

不良的亲子关系一般是由于父母对孩子错误的认识造成的，错误的认识必然导致父母对孩子的异常态度。久而久之就会成为影响良性亲子关系的形成。所以作为家长必须改变这种态度。孩子是个独立的个体，不要认为孩子是自己的，喜欢用什么方式对待孩子就用什么方式；不要拔苗助长，要考虑孩子的年龄特点；不要认为父母的教育作用不大就让孩子顺其自然地发展；不要认为父母和孩子交往没用，没必要浪费时间，所以很少聆听孩子的心声，更不要说沟通了；要站在孩子的立场去说话做事，考虑孩子的接受能力。父母和孩子是两个个体，两者有不同的思维，父母一般是强势的一方，所以父母不要把成年人的思维强加给孩子等。

二、同伴关系的建立

一般情况下，婴幼儿到了六、七个月之后，才开始意识到其他婴儿的存在，他们之间偶尔会有一些交流和接触。在成人的影响下，他们能够共同玩一会，表示友谊。但是他们还不知道如何与同伴进行交往，也不知道如何尊重别人，如何做到玩具的分享等。这时候，成人或大一点的儿童的分享行为，为婴幼儿做出榜样，使他们能够进行模仿。随着婴幼儿的逐步成长，他们逐渐可以了解到别人的行动和语言，初步了解到别人也是有感情的，能初步地分辨是非。家长在婴幼儿们游戏的过程中，应逐步培养婴幼儿们之间的友情，鼓励和表扬婴幼儿之间友好的行为和表现。对于表现不好的行为，家长应首先了解原因，用适当的方式向他们做出说明，并进行示范。在他们产生矛盾时，家长应作为一名中立者的身份出现，而不应该偏袒于其中的某一方。

[亲子小游戏]

正反前进（12个月）

1岁左右的婴幼儿，当家长拉着手时已经可以站立起来了。

目的：1. 培养婴幼儿的逆向思维。

2. 增进亲子之间的感情。

材料：气球（或用其他婴幼儿感兴趣的物体代替也可）。

过程：

1. 取一个气球，妈妈和婴幼儿一起玩，引起婴幼儿对气球的兴趣后，妈妈将气球放到场地的另一个方向。

2. 婴幼儿背对妈妈，双脚踩在妈妈的脚背上，妈妈双手扶稳婴幼儿的身体，挪动双脚，边走边说："妈妈和宝宝一起前进，去摸一摸气球。"将婴幼儿带到气球旁边。

3. 重新回到原点，婴幼儿面对妈妈，双脚踩在妈妈的脚背上，妈妈双手稳住婴幼儿的身体，移动双脚，边走边说："妈妈前进，婴幼儿后退，一起来找打气球。"带着婴幼儿来到气球的位置。

总结：让婴幼儿踩在妈妈的脚上，分别感受前进和反向前进，不仅可以帮助婴幼儿感受二者相同的效果，有助于培养婴幼儿的逆向思维，同时也培养了母子之间的感情，特别是妈妈扶着婴幼儿踩在妈妈的脚上时，更能增进婴幼儿对妈妈的信任感。

资料室

胎 教

我国古代社会中，就已经开始有了胎教的记录，最早源于西周时期。《大戴礼记·保傅》中提到"古者胎教，王后腹之七月，而就寝室。"古人们认为所谓的胎教，即妇女怀孕之后应该遵从我国的道德礼仪，因为胎儿能被孕妇的情绪和语言同化。据刘向的《列女传》中记载，周文王的母亲在怀孕期间，应做到"目不视恶色，耳不听淫声，口不出傲言"，孟子的母亲也曾"席不正不坐，割不正不食"。虽然中国的胎教历史源远流长，为我国后期胎教的发展提供了理论基础，但是，这些古代的胎教内容往往带有封建迷信的色彩。

胎教的作用

胎教的目的并不是像人们所说的那样，希望每个孩子能成为一个天才，而是通过胎教使得孩子能够健康、稳定地发育。

首先，胎教能使得孩子的心理发育良好。因为在胎教期间，妈妈经常听一些舒缓的音乐，本身就能对孕妇的心情起到积极的作用，而孕妇的心情是影响胎儿心理健康发展最重要的因素之一。

其次，胎教能使孩子的适应能力增强。受过胎教的儿童，能更好地适应出生后的环境，并且容易养成良好的生活规律，当他听到播放的胎教音乐时，可以轻松地入睡等。

此外，胎教还能发展儿童的语言能力。受过胎教的儿童，能比其他孩子更早地发音，并且能够较早地理解他人的表情，容易与其他人交流，社会性发展也很迅速。

胎教的方法

一、音乐胎教法

现代医学研究证明，胎儿在28周左右时听觉系统已经发育成熟，能够感知到外界的声音。所以孕妇可以利用这个时间，对胎儿进行音乐胎教。女性在怀孕期间，应避免出现在嘈杂的环境中，尽量能保持周围环境相对安静。在休息时，可以为胎儿播放一些轻音乐，这样既能舒缓孕妇的情绪，又能起到美化心灵的美育功能，这样可以带动胎儿的发展，减小胎儿发育不正常的概率。

二、对话胎教法

父母可以随时与胎儿进行交谈。晚上时，父母可以将自己一天的工作和生活内容讲给胎儿听，只要是一些积极的事情，父母均可以告诉胎儿，甚至包括今天天气情况等。同时，父母也可以为胎儿读故事、念图书给胎儿听，讲故事时应注意情感丰富，声音尽量轻缓。

当然，胎教还有其他很多的方式方法，例如父母的情绪稳定，到大自然里去放松心情，观看美丽的风景，倾听自然的声音等。无论哪种方法，父母间的互相爱护，特别是爸爸对妈妈的呵护，使得孕妇能够舒缓心情，对于胎儿来讲是最重要的。

陶冶品德

宋庆龄[①]
——坚强，不做温室中的花朵

宋庆龄（1893~1981），原籍广东文昌，生于上海，著名的政治家、社会活动家，中华人民共和国主要领导人之一，被认为"二十世纪的伟大女性"和"国之瑰宝"。早年在上海中西女中读书，1913年毕业于佐治亚州梅肯卫斯理女子大学，1915年与孙中山结婚。1949年，新中国成立之后，她长期担任了大量的国务活动，与此同时，她把许多精力投入到妇女与儿童的文化、教育、卫生与福利事业中，1981年5月29日于北京病逝。

宋嘉树夫妇总共养育了六个子女，其中三个女儿——宋霭龄、宋庆龄、宋美龄，在中国现代史上留下了特殊的贡献。宋嘉树在教育子女时表现出的"敢为天下先"的精神，受到了人们的称赞。

第一个孩子出生后，宋嘉树就制定了一套教育孩子的方案，并为实施这个方案倾注了大量的心血。孩子蹒跚学步时，他买了一箱子皮球给孩子玩。孩子摔倒了，他不去扶，反而笑着鼓励孩子自己爬起来。待孩子稍微大一些的时候，他就开始实行"沐于大麓，烈风雷雨而不迷"的教育，选择一个狂风骤雨的日子，带领孩子在雨里挨淋，还经常带孩子到野外去徒步旅行。他有时还和孩子一起禁食，以学会忍饥挨饿求生的本领。他让孩子学会自控和忍耐，培养孩子坚强的性格。他对孩子要求很严格，反对无节制的满足孩子的欲望，主张培养孩子的自制能力。他强调如果想要把孩子培养成为一个伟大的人物，就应该有比钢铁更坚强的意志。

有一次，兄弟姐妹们在玩"拉黄包车"的游戏，宋霭龄装作黄包车夫，宋庆龄扮成乘客，小妹小弟在后面又蹦又跳。正玩得开心的时候，不料"车夫"拉车用力过猛，双手失去了控制，一下子把"乘客"抛了出去。"车夫"愣在那里傻了眼，知道自己闯了祸，"乘客"又疼痛，又委屈，满脸的不高兴。

这件事被宋嘉树知道了，他慈爱地对宋霭龄说："做游戏也要有分寸，'黄包车夫'可不光是使力气呀！伤了乘客还怎么拉生意？"

小霭龄不好意思地笑了。

[①] 章程编著：《从捣蛋鬼到大人物》[M].合肥：安徽教育出版社，2010。

宋嘉树又笑着对宋庆龄说:"我们的'乘客'这样宽宏大量,这样的勇敢和坚强,真是了不起!"

小庆龄受到父亲的夸赞和鼓励,一脸的阴云散去了。

请问:

当孩子走路时,不小心摔倒了,你是怎么做的呢?

你是否认为这个阶段的孩子很弱小,需要时时刻刻地照顾他们?

自助餐厅

出生三个月的婴儿也懂巴赫组曲[①]

索尼公司为了解决双职工 2~3 岁幼儿的入托问题,办起了幼儿园。曾有人对园内的幼儿进行了调查,调查内容是关于儿童最喜欢什么样的音乐,结果出乎人们的意料,幼儿们最感兴趣的竟然是贝多芬的《命运交响曲》,居第二位的是电视台从早到晚播送的轻音乐,最不受欢迎的则是那些专门为幼儿编写的儿歌。

对于复杂的古典音乐,我们大人都有点望而生畏,而孩子们很感兴趣。大概幼儿从一生下来就具有能够理解复杂的古典音乐的灵感吧。我[②]曾从一对夫妇那里听到过下面这样的一件事情。

这对夫妇很喜欢听古典音乐。所以,婴儿出生后,就让他每天反复听几个小时的巴赫组曲。过了 3 个多月,婴儿居然能够伴随着巴赫组曲的旋律手舞足蹈。组曲接近尾声时,旋律更加激昂,婴儿也显得更加活跃。曲子奏完,婴儿就显出不高兴的样子。即便是婴儿哭闹的时候,只要一放组曲,他就立刻高兴起来。然而,有一天,他们让孩子听爵士音乐,结果孩子一听就大哭起来。听他们这么一说,我确实很惊讶,难道出生 3 个月的婴儿也懂得巴赫组曲么?我再次领教了幼儿非凡的音乐灵感。

[①] (日)井深大著,童心、朱秋云译:《0~3 岁幼儿教育》 [M].北京:知识出版社。

[②] 指井深大,编者注。